H. J. Stammel:
Die Sioux
Amerika und seine Indianerpolitik

Deutscher
Taschenbuch
Verlag

dtv

Sämtliche Fotos in diesem Buch wurden von H. J. Stammel zur Verfügung gestellt

Ungekürzte Ausgabe
November 1979
Deutscher Taschenbuch Verlag GmbH & Co. KG, München

ISBN 3-421-01736-0
Titel der Erstausgabe: ›Solange Gras wächst und Wasser fließt‹
Umschlaggestaltung: Celestino Piatti
Gesamtherstellung: C. H. Beck'sche Buchdruckerei, Nördlingen
Printed in Germany · ISBN 3-423-01497-0

Das Buch

Hundert Jahre waren seit der amerikanischen Unabhängigkeitserklärung vergangen, als die USA vor einer ihrer schwersten Krisen standen: Nach dem Ende des Bürgerkrieges wurden 300000 Soldaten arbeitslos, die Industrie hatte eine Kapazität erlangt, die jede Wirtschaftsordnung in Friedenszeiten sprengen mußte. Da kamen findige Bankiers auf den Gedanken, das drohende Chaos durch die Lenkung der Kräfte nach dem Westen zu verhindern, insbesondere mit Hilfe des Baus von Transkontinental-Eisenbahnlinien. Doch diesen Plänen standen die Sioux im Wege, durch deren Gebiet, das man ihnen 1868 garantiert hatte, der Schienenstrang der Northern Pacific verlegt werden mußte. Es kam zu erbitterten Kämpfen, die am 25./26. Juni 1876 ihren Höhepunkt in der legendären Schlacht am Little Big Horn River erreichten. H. J. Stammel, einer der besten Kenner der Pioniergeschichte des amerikanischen Westens, schildert in einem packenden Bericht den Verlauf und die Hintergründe jenes Massakers, das das Schicksal der letzten freien Indianer der USA besiegeln sollte.

Der Autor

H. J. Stammel, geboren 1926 in Köln, studierte Chemie. Von 1945 bis 1950 arbeitete er als Journalist in den USA. In den folgenden Jahren war er neben zahlreichen anderen Beschäftigungen abwechselnd in Deutschland und in Amerika als Journalist und Pressefotograf tätig. Stammel verfaßte Sachbücher über amerikanische Geschichte und Fachbücher über angewandte Waffentechnik sowie anspruchsvolle Western.

Inhalt

Erst wenige Tage waren seit der Niederlage des siebten Kavallerie-Regiments am Little Big Horn vergangen, als Charles Frederick Henningsen in mehreren Briefen an den Präsidenten des Kongresses[1], Samuel Jackson Randall, die Ansicht vertrat, »alle unsere Indianer, die geborene Jäger sind, könnten zweifellos in Hirtenvölker verwandelt werden. Von den nördlichen bis zu den südlichen Prärien könnten sie Pferde, Rinder und Schafe züchten, alle Voraussetzungen hierfür wären geradezu ideal«. Diese Menschen seien seit undenklichen Zeiten mit den Lebensbedingungen dieser Region vertraut wie niemand sonst auf der Welt. Als nomadische Völker seien sie nicht an feste Wohnsitze und damit an bäuerliche Ökonomie gebunden. Seßhafte Zivilisation sei in diesen überwiegend ländlichen Regionen nicht möglich, aber eine Viehwirtschaft, wie man sie in Asien und Nordosteuropa seit Jahrtausenden finde, sei in den Prärieräumen nicht nur denkbar, sondern entspräche direkt allen natürlichen Bedingungen und Gegebenheiten.

»Heute sind die USA dabei, völlig sinnlos die riesigen Mustang- und Rinderherden der Prärien und die Indianer auszurotten. Dies wird zur Zerstörung der ganzen Landschaft führen, zum Aussterben der Tier- und damit auch der Pflanzenwelt, denn diese bedingen einander, was die jahrtausendealte Existenz der Mustang-, Büffel- und Wildherden der Prärie beweisen. Man braucht dem jagenden Indianer nur das zu nehmen, was seine kriegerischen Jägergewohnheiten beseitigt: Feuerwaffen, Büffel und ein Großteil der Pferde. Aber dann muß man an deren Stelle Rinder und Schafe und ein Mindestmaß an Sicherheit vor kriegerischen Überfällen setzen. Ohne die elementaren Voraussetzungen für ein Jägerleben werden sie in kurzer Zeit ein Hirtenleben führen können, ohne ihre herkömmlichen Lebensgewohnheiten ablegen zu müssen. Als Hirtenvölker aber würde sich – wie auch anderswo in der Welt – zwischen ihnen und ihren bäuerlichen Nachbarn eine sehr fruchtbare Wechselbeziehung entwickeln können. Sie wären sehr bald selbständig und unabhängig und könnten mit ihrer Produktion von Fleisch, Häuten, Talg, Wolle etc. ein sehr wichtiger und wesentlicher Faktor nationalen Reichtums werden.«

Der Beginn eines solchen Prozesses sei nur am Anfang kostspielig. Man müsse jede Familie oder Sippe mit dem nötigen Rüstzeug versehen und sie einige Jahre unterstützen. Aber dann nähmen die Kosten allmählich ab und entfielen schließlich ganz, während die Indianer ökonomisch unabhängig würden. »Unsere heutige Politik, die auf Zerstörung des natürlichen Gleichgewichts der Prärie gerichtet ist (Mustangs und Büffel werden ausgerottet), diese ›Reservationspolitik‹, die darauf beruht, den Indianern jegliche Existenzgrundlage zu nehmen, sie abzuschlachten, ihrer Waffen, Pferde und jägerischen Lebensweise zu berauben und die Überlebenden in Reservationen zu pferchen, wo sie tatenlos Almosenempfänger der Regierung sein müssen, die nichts, aber auch absolut nichts zu ihrem eigenen Unterhalt beitragen können, ist nicht nur gleich kostspielig, solange es Indianer gibt, nicht nur fantastisch sinnlos, absurd, inhuman und geradezu zerstörerisch, sondern sie belastet die Zukunft der USA mit einem widersinnigen Behörden- und Beamtenapparat, mit immensen Kosten, die nichts anderes als andauernde Konflikte hervorbringen und darüber hinaus auch noch ein großes, von der Natur gesegnetes Landgebiet in nutzlose Wüste verwandelt.« Die bisherige Entwicklung deute aber ohne jeden Zweifel darauf hin, daß man solch eine natürliche Lösung, die Prärieindianer zu integrieren und die ungeheuren natürlichen Ressourcen in die Ökonomie der Vereinigten Staaten sinnvoll einzufügen, niemals anwenden werde.

»Die unheilvollen Folgen dieser Politik werden viele Generationen unserer Nachkommen beschäftigen. Es gäbe vielleicht nur einen Ausweg: Wenn man schon die Ausrottung des Indianers beschlossen hat, so sollte man sie so schnell und so gründlich wie möglich und mit aller Kraft betreiben. Das allein würde künftige Probleme, an denen dieses Land eines Tages ersticken mag, vielleicht verhindern. Alle anderen halbherzigen Lösungen bedeuten langzeitige sinnlose Zerstörung, nicht nur des Sendungsbewußtseins einer stolzen Rasse, sondern auch unserer Ideale, unserer agrarischen Ökonomie, und damit der ganzen ›amerikanischen Zukunft‹, die die Väter unserer Nation gewollt haben.«

Als »Custer-Mythos«, »Schlacht am Little Big Horn« oder als »Custer-Massaker« beschäftigt ein Ereignis, bei dem ein paar tausend Sioux-, Cheyenne- und Arapahoe-Indianer ein paar hundert US-Soldaten töteten, seit genau einem Jahrhundert seriöse amerikanische Historiker ebenso wie leichtfertig oder bewußt manipulierende Kollegen – und wird es auch künftig noch tun.

Manche Story-Schreiber ließen keine noch so fantastische Variante aus, das blutige Scharmützel zum amerikanischen Heldenepos hochzustilisieren, die Unterhaltungsindustrie bemächtigte sich des historischen Ereignisses als ein immerfort schwelendes Feuer, das nationalamerikanische Emotionen entzünden konnte. Noch hatten die beamteten Leichenbestatter die Gebeine der Getöteten nicht einmal katalogisiert, da erschienen die fantastischen 5-Cent-Geschichten im Blätterwald der Ost- und West-Verlage, und eine nicht enden wollende Flut gigantischer Tragödien- und Opfergang-Geschichten ergoß sich über das Land. Heftchen, Zeitschriften, Zeitungen, Illustrierten, Magazine, Paperbacks, leinen- und ledergebundene Bücher stapelten sich in Kiosken und Läden. Später folgten Kurzfilme, abendfüllende Streifen, Hörspiele, Theaterstücke, Schallrollen und Schallplatten, dann Tonfilme, Wochenschauen, Kulturfilme, schließlich Fernsehserien und Fernsehspiele und verklärten den Vorfall zum Mythos, verwandelten einen Lieutenant Colonel (Oberstleutnant) und seinen verlorenen Soldatenhaufen in vom Schicksal ausersehene Helden nordamerikanischer Lebensart, das an sich unbedeutende – wäre es nicht exemplarisch für die amerikanische Weise, Minderheiten zu behandeln – Lokalereignis in ein Drama von geradezu antik anmutendem Ausmaß.

Manche Schreiber gingen mit einer Gründlichkeit zu Werke, die im Lauf der Jahrzehnte jeden bis dahin gewohnten Rahmen sprengte. Schon die ersten Lebenden, die das Schlachtfeld betraten, fertigten mit äußerster Akribie Lageskizzen und Messungen, Berichte und Protokolle an. Die nachfolgenden Untersuchungen ergaben Wagenladungen von Aussagen, Analysen und Planskizzen. Geschosse und Patronenhülsen wurden gezählt, mit Ausrüstungslisten verglichen. Militärs und Historiker verfaßten unzählige Dokumentationen, die West-Point-Akademie erstellte in langwieriger Kleinarbeit eine gipserne Schlachtfeldrekonstruktion. Militärgerichtsverfahren klärten letzte Einzelheiten, und als die Indianerfrage gelöst war, es keine »wilden« Indianer mehr gab, wurden die indianischen Zeitgenossen und Beteiligten am Massaker unermüdlich befragt, ihre Aussagen archiviert und analysiert, Wahrscheinliches herausgefiltert.

Historiker und Hobbyhistoriker, hartnäckige Journalisten und Indianerkenner verfaßten eigene Untersuchungen, beleuchteten dokumentarisch das Geschehen von den verschiedensten Seiten, füllten eine Bibliothek nach der anderen mit großvolumigen Fach- und Sachbüchern, Privatdrucken und Dissertationen, Kartographen durchforsteten den Dokumentenberg und rekonstruierten jeden Schritt der »Custer-Kolonne« mit minutiöser Genauigkeit. Seriöse Verlage veröffentlichten Briefe und Tagebücher von Gefallenen, deren Ehefrauen und Bräuten, Brüdern, Schwestern, Vettern, Eltern und Freunden. Ein Wust von Fotografien aller Beteiligten wurde zusammengetragen, allein mehr als vierhundert von Custer selbst, vom Babyfoto auf dem Topf bis zur letzten Aufnahme zwölf Stunden vor seinem Tod. Private, städtische, historische, Armee- und Universitäts-Museen füllten sich mit Relikten, von der Skalplocke bis zum letzten Hosenknopf, von blutgetränkten Erdkrümeln bis zu Geschossen. Kein Detail hätte so unwichtig sein können, nicht erfaßt, berücksichtigt und mikrofilmarchiviert zu werden.

Aber eins sucht man in diesem inzwischen unüberschaubar gewordenen Wust von Facts und Fiction vergeblich: die historische Erklärung von Ursache und Wirkung, die Beziehung zu den entscheidenen Realitäten: den massiven Kapitalinteressen parteilicher Innenpolitik, den privaten und staatlichen Finanzen, der ökonomischen Industrieplanung, den armeeinternen Querelen, den agrarwirtschaftlichen Zwangslagen, den Absichten des »Dollar-Raubrittertums«! Es fehlt sowohl in der Unterhaltungsliteratur wie in den sachlichen Dokumentationen jeglicher Hinweis auf die wirtschaftlichen Hintergründe des historischen Geschehens, die erklärbar machen, was bisher als unerklärlich ganz einfach unbeantwortet blieb.

Aufgabe dieses Buches wird es sein, Zusammenhänge aufzuzeigen, Hintergründe zu beleuchten und dem Leser den für das Verständnis dieser Hintergründe notwendigen historischen Rahmen zu geben. Die Schlußfolgerungen daraus mögen weitgehend dem Leser überlassen bleiben.

Wenn man die Beweggründe aller militärischen Aktionen der

USA, innerhalb wie außerhalb ihrer Grenzen, untersucht, stößt man bei jedem Engagement auf massive wirtschaftliche Interessen. Dies führt zu der Frage, ob sich wohl hinter dem Glamourbild »Custer-Massaker« ähnliches verbergen könnte. Vor dem politischen und ökonomischen Hintergrund enthüllt sich bei näherem Hinsehen die »Custer-Schlacht« als ein fesselndes Schauspiel, bewegt von innenpolitischen und militärischen Ränken, bestimmt von ökonomischen Zwangslagen und gespielt von kapitalistischen Hasardeuren, die plötzlich die mythischen Heldenfiguren zu Chargen und Statisten degradieren.

Was sich bisher als lokale Tragödie einer militärischen Einheit, als menschliches Versagen eines heldenhaften Haudegens innerhalb des Gesamtheldenepos amerikanischer Pioniergeschichte und Pioniergeistes darstellte und sich stets fugenlos in das moralisierende Selbstverständnis und puritanische Sendungsbewußtsein einordnen ließ, erhält nun plötzlich im Zusammenhang dieser wirtschaftlichen, innenpolitischen, militärischen und agrarökonomischen Hintergründe mit den privaten Kapitalinteressen und -konflikten nicht nur erstrangige Bedeutung, das den Historikern und Hobbyisten als Leckerbissen zugeschobene »Custer-Massaker« erweist sich für den Ruf der Armee, kompromittierte Generale und Indianeragenten nun geradezu als rettendes Blutbad, das außerdem die Schmiergeldpraktiken und Schiebungen von Indianerhandelsgesellschaften verschleierte, der Regierungspartei hochnotpeinliche Untersuchungen, der Northern-Pacific-Eisenbahngesellschaft und den Flußschiffahrtsgesellschaften sowie zahllosen Bankinstituten und Städtebauindustrien den drohenden Bankrott ersparte, dem US-Präsidenten das innenpolitische Gesicht wahrte, fragwürdige illegale Regierungspraktiken verdunkelte, zwei feindliche Presselandschaften miteinander versöhnte und eine akut drohende nationale Wirtschaftskatastrophe verhinderte.

Die Gefahr einer drohenden moralischen Niederlage gegenüber berechtigten indianischen Interessen, der inneren Selbstreinigung von brutalen Dollarmachtstrukturen, der Kreuzigung heuchlerischer Scheinmoral und Entlarvung feudalistisch anmutender Ansprüche einer Minderheit von Industriefürsten war mit dem Tod des verlorenen Haufens beseitigt, die US-Geschichte wieder ins Profit-Lot gebracht.

In welchen verborgenen Winkel dieser Geschehnisse man auch leuchtet: Etwas Besseres hätte überhaupt nicht passieren können. Wenn man sich die Folgen vor Augen hält, die unvermeidlich eingetreten wären, hätte es das »Custer-Massaker« nicht gegeben, so bleiben dem kritischen Betrachter nur zwei Möglichkeiten: entweder angesichts einer nahezu lückenlosen Indizienkette an fast perfekte menschliche Manipulation zu glauben – oder an eine göttliche Fügung geradezu biblischen Ausmaßes.

Gewiß ist die menschliche Historie voll von schicksalhaften Zufällen, aber in solcher Anhäufung, wie sie uns »Gottes eigenes Land« in seinen Berichten, Geschichten und Histörchen glauben machen möchte, darf man den Begriff »Zufall« (amerikanische Übersetzung: Act of God = das Walten Gottes) wohl nicht strapazieren, ohne den eigenen Sinn für Logik zu leugnen.

Natürlich weisen amerikanische Historiker jeden Gedanken an manipulierte Abläufe zurück. Sie neigen dazu, an göttliche Fügung zu glauben. Ich bin dagegen der Ansicht, daß wirtschaftliche, finanzielle und politische Macht nicht ohne Manipulation zu errichten noch zu erhalten ist. Und diese Manipulationen decken sich mit dem, was die Strafgesetze aller Völker ahnden, von der simplen arglistigen Täuschung bis zum klaren Mord! Deshalb traue ich moralinsauren Mythen nicht, und religiöser Heuchelei noch weniger. Wer einen Blick hinter die Kulissen der Massaker-Balladen und über die Lupenbrillen der Historiker hinweg riskiert, entdeckt aber auch hinter den sensationsträchtigsten Ursächlichkeiten wieder Banalitäten. An der menschlichen Natur und an ihrem Umgang mit Macht ändert sich nichts. Der Unterschied zwischen Höhlenmenschen und dem Homo sapiens des technischen Zeitalters ist so oberflächlich wie die Koketterie damit.

Alpirsbach, im Frühjahr 1976 H. J. Stammel

1. Die Entstehung der Custer-Legende

»Kein einziges Ereignis in der Geschichte der Vereinigten Staaten, oder vielleicht sogar in der Weltgeschichte, ist Gegenstand solch heftiger Kontroversen gewesen, wie Custers ›letzter Widerstand‹ in der Schlacht am Little Big Horn am 25. Juni 1876.«[2]

Diese Äußerung von Don Russell aus dem Jahre 1968 zeigt, in welchem Maß auch seriöse amerikanische Historiker – und Don Russell gilt als sehr ernsthafter und gründlicher – ein historisches Ereignis überbewerten, das innerhalb der Geschichte der Vereinigten Staaten für sich genommen nur von geringer, lokaler Bedeutung war. Wenn sie dabei sogar die Weltgeschichte zum Vergleich heranziehen, so erweckt dies den Eindruck, als ob den amerikanischen Historikern im Lauf der Jahrzehnte der Sinn für historische Dimensionen abhanden gekommen sei. Die verwirrende Fülle der seit einem Jahrhundert produzierten Publikationen belegt ein Phänomen, das man in den USA »Custeriana« nennt: Die Dustin-Bibliographie zum Thema Custer enthielt bereits 1953 641 (wissenschaftliche und pseudowissenschaftliche) Publikationen, 1974 waren es 1318. In diesen 21 Jahren wurden mehr Bücher, Pamphlete und Artikel über das »Custer-Debakel«, das »Custer-Massaker«, »Custer's Last Stand«, die »Schlacht am Little Big Horn« etc. veröffentlicht, als in neunzig Jahren zuvor. Don Russell verzeichnet mehr als 800 graphische Darstellungen, vom monumentalen Ölgemälde Edgar S. Paxsons – der zwanzig Jahre lang alle Berichte studierte, ehe er den amerikanischen Opfergang für die Zukunft des 20. Jahrhunderts auf Leinwand verewigte – bis zum Miniatur-Porträt auf einem Milchflaschenverschluß.

Die zahllosen Kolportage- und »So war es wirklich«-Stories in Trivialliteratur und Boulevardpresse, die ebenfalls ungezählten Filme und Filmchen, Bühnenstücke, Fernsehspiele, TV-Monumentalschinken, »Dokumentationen«, Berichte über Jahrzehntfeierlichkeiten, Touristenattraktionen, »Re-Unions« der noch lebenden Veteranen (beider Seiten), dann deren Nachfahren, schließlich die Verbrüderung demonstrierenden Aufmärsche der US-Armee-Vertreter und der Reservationsindianer in publicity-trächtiger Kostümierung, und endlich der Auftritt der Red-Power-Agitatoren, eine unübersehbare Zahl von Vorträgen, Referaten und Vorlesungen in historischen Zirkeln, alles das ist noch niemals zahlenmäßig erfaßt worden, übersteigt aber europäische Vorstellungen bei weitem. Dieses historische (und pseudohistorische) Spektakel, das die Amerikaner aus jenem Gefecht in den Little-Big-Horn-Bergen machen, begann am 6. Juli 1876 mit einer Extra-Ausgabe der ›Bismarck Tribune‹ im (damaligen) Dakota-Territorium mit einem wahren Trommelfeuer von Schlagzeilen:

Massakriert
General Custer und 261 Soldaten die Opfer
Kein Offizier noch Soldat von fünf Kompanien blieb am Leben, das Drama zu schildern
Drei Tage verzweifelter Kampf von Major Reno und den Überlebenden der Siebten
Vollständige Einzelheiten der Schlacht
Liste der Gefallenen und Verwundeten
Der Sonderberichterstatter der ›Bismarck Tribune‹ getötet
Squaws verstümmeln und plündern die Toten aus
Lebend gefangene Opfer in satanischster Weise zu Tode gemartert
Was wird der Kongreß jetzt unternehmen?
Soll das der Anfang vom Ende sein?

»Man wird sich erinnern, daß die ›Bismarck Tribune‹ den Sonderberichterstatter Mark Kellogg zu General Alfred Terry entsandte, und daß er der einzige Presse-Korrespondent war, der an der Expedition teilnahm. Kelloggs letzte Nachricht lautete: ›Morgen verlassen wir den Rosebud River, und zu der Zeit, in der Sie diese Nachricht lesen, werden wir die roten Teufel gestellt und sie bekämpft haben – mit einem Ergebnis, das sich zeigen wird. Ich gehe mit Custer, und wenn es bis zum Tode sein sollte.‹

Wie wahr! Am Morgen des 22. Juni begann Custer den Marsch auf der Suche nach den Indianern, die Reynolds [Scout Charley Reynolds] am Rosebud gesichtet und gemeldet hatte. General Terry, der schwere Gefahr befürchtete, drängte Custer, zusätzliche Einheiten mitzunehmen, doch Custer, der volles Vertrauen in seine Männer und ihre Fähigkeit hatte, mit den Indianern fertig zu werden, wie zahlreich sie auch sein mochten, lehnte die angebotene Hilfe ab und marschierte mit seinem Regiment allein los. Er erhielt die Anweisung, die Spur der Indianer zu finden und ihr zu folgen, bis er ihre Position festge-

General George Armstrong Custer in Bürgerkriegsuniform, 1865

stellt hatte, dann einen Kurier zu General Terry zu schicken, der in Eilmärschen die Mündung des Little Big Horn am Abend des 26. erreichen und sich dann mit ihm vereinigen würde, um die Indianer zu schlagen.

Um 4 Uhr am Nachmittag des 24. berichteten Scouts von einem erst vor kurzem verlassenen Dorf, woraufhin Custer lagern ließ und gegen 11 Uhr abends wieder den Marsch bis zum Tagesanbruch fortsetzte, um erneut zu lagern. Er war 15 Meilen vom Indianerlager am Little Big Horn River entfernt, 20 Meilen vor seiner Mündung in den Big Horn River. Nach dem Lunch drängte Custer weiter voran. Die Indianer hatten ihn zu dieser Zeit entdeckt, und bald konnte man sie in großer Hast hin und her reiten sehen, wie es aussah in vollem Rückzug. Dieser Eindruck wurde noch verstärkt, als man ein in Eile abgebrochenes Zeltlager fand mit einem Zelt, in dem sich ein Toter befand, etwa sechs Meilen von der Stelle entfernt, an der dann die Schlacht entbrannte. Custer setzte mit größtem Nachdruck nach und hatte bis dahin 78 Meilen ohne Schlaf in diesem Gewaltmarsch im Sattel gesessen. Er griff das Zeltdorf der Indianer an seiner Basis mit den Kompanien C, E, F, I und L der 7. Kavallerie an, während Major Reno inzwischen mit drei Kompanien den Kopf des Dorfes anging. Aber dieser wurde umzingelt und konnte die Umklammerung nur durch harten Nahkampf brechen, wobei viele Soldaten getötet und verwundet wurden, und zu einem 300 Fuß hohen Hügel entkommen, wo er sich mit vier Kompanien der 7. Kavallerie unter Colonel Benteen vereinigte. Um diese Position zu erreichen, mußte Major Reno den Little Big Horn wieder überqueren, und an dieser Furt entbrannte der härteste Kampf. Hier fielen die Lieutenants McIntosh, Hodgson und Dr. DeWolf; Charley Reynolds wurde in ein Handgemenge mit einem Dutzend oder mehr Sioux verwikkelt. Dabei gab er ein paar Schüsse aus seinem Revolver ab, wovon jeder eine Rothaut niederbrachte, bevor er selbst, durch das Herz geschossen, niedersank. Es war an dieser Stelle, an der auch Bloody Knife, ein Krähen-Scout, im Kampf gegen die natürlichen und ererbten Feinde seines Stammes und der Weißen aufgab. Die Sioux griffen die fliehenden Soldaten von allen Seiten an, hieben sie von den Pferden und töteten die Wehrlosen, wie es ihnen beliebte. Dies war der Fall mit Lieutenant McIntosh, der aus dem Sattel geworfen und waffenlos gemartert und schließlich von den roten Teufeln ermordet wurde. Es war hier, wo Fred Girard, von der Truppe abgedrängt und die ganze

Major Marcus Reno

Nacht in einem Gebüsch versteckt, Zeuge wurde, wie die roten Bestien seine Kameraden, nur wenige Fuß von ihm entfernt, zu Tode marterten. Schließlich gelang es ihm, sich seines schwarzen Hengstes, auf den er so stolz war, zu bemächtigen, die Furt zu durchqueren und den Hügel zu erreichen.

Die an diesem Unternehmen beteiligten Kompanien waren die von Captain Boyland, French und McIntosh, angeführt von Colonel Reno, der große Mühe hatte, die angreifenden Rothäute fernzuhalten, bis Colonel Benteen mit seinen vier Kompanien zur Stelle war und das Reno-Bataillon vor dem Schicksal bewahrte, das in diesem Augenblick Custers Truppe gerade erlitt. Die Indianer griffen immer wieder den Hügel an, wurden aber von den tapfer kämpfenden Verteidigern stets zurückgeschlagen. Aber bald erreichten sie Hügelkuppen, die höher als die Verteidigungsstellung lagen, und eröffneten von hier aus ein vernichtendes Feuer aus Entfernungen, die von den Kavalleriekarabinern nicht mehr sicher erreicht werden konnten. Von

US-General Alfred Terry, Custers unmittelbarer Vorgesetzter

Custer war nichts mehr zu hören. Colonel Weir erhielt den Befehl, sein Kommando am Flußufer entlang zu führen, in die Richtung, in der Custer vermutet wurde, aber er wurde zurückgeschlagen und erreichte nur unter sehr großen Schwierigkeiten seine Ausgangsstellung. Zu dieser Zeit erhielten die Indianer große Verstärkungen und bedeckten in regelrechten Schwärmen die Hügel und Plains, und sie kamen so nahe, daß unbewaffnete Wilde sogar Steine in Renos Kommando hineinwarfen. Angriff folgte auf Angriff, und oft kam es zu Handgemengen. Aber schließlich zogen sie sich zurück und verschwanden in den Hügeln und Schluchten. Colonel Benteen griff eine solche Gruppe, die sich in eine dieser Schluchten geflüchtet hatte, an und trieb sie heraus. Sie hatte offenbar auf ihre Übermacht vertraut und nicht mit einem solch heftigen Angriff der Verteidiger gerechnet. Auf der Flucht kamen sie nahe an den Seilkoral heran, in dem man die Kavalleriepferde untergebracht hatte, und verletzten einige Packer, C. J. Wagoner z. B. am Kopf, und sie erschossen zahlreiche Pferde und Maultiere. Gegen 10 Uhr endeten die Kämpfe, und die Soldaten arbeiteten die ganze Nacht, ihre Brustwehren zu verstärken, wobei sie Messer, Teller und Tassen anstelle von Spaten und Piken benutzten. Am nächsten Morgen begann der Kampf erneut. Am Nachmittag dieses zweiten Tages wurde der Durst unerträglich. Die Verwundeten flehten um Wasser, und die Zungen der Soldaten schwollen an, die Lippen rissen. Es gab keine Ruhe, und die Erschöpfung wurde größer. Man unternahm einen verzweifelten Versuch, Wasser aus dem Fluß zu holen. Dabei wurde ein Wasserholer getötet und mehrere verwundet. In der Nacht wurden die Tiere getränkt, und am anderen Tag begann der schwere Kampf wieder bei Tagesanbruch und dauerte bis zum Nachmittag des 27.

Plötzlich gab es unter den Indianern eine Panik. Sie verließen die Stellungen in den Hügeln und Senken und brachen das große Zeltdorf ab. Als General Terry mit seiner Infantrietruppe in Sicht kam, fielen sich die erschöpften tapferen Kämpfer um den Hals und weinten. Von Custer aber war noch immer nichts zu hören. Das Händeschütteln und der Jubel der Erleichterung waren kaum vorüber, als Lieutenant Bradley von Terrys Truppe erschien und berichtete, daß man Custer und 190 Kavalleristen gefunden habe: tot. Man stelle sich die Wirkung dieser Nachricht vor! Worte vermögen nicht die Gefühle der überlebenden Kameraden und Soldaten zu beschreiben. General Terry suchte die Stelle und fand, daß das Unvorstellbare Wirklichkeit war. Von den tapferen Männern, die Custer gefolgt waren, lebte keiner mehr, einen Bericht über den verzweifelten Kampf zu geben. Sie lagen dort, wo sie ihre Offiziere postiert hatten, von Kugeln durchlöchert, die Offiziere dahinter in der korrekten Position der Schlachtordnung. Lieutenant Colonel Custer, der in Brust und Kopf getroffen war, schien als einer der letzten gefallen zu sein. Um ihn herum lagen die Leichen seiner Brüder Tom und Boston, seines Schwagers Colonel Calhoun und seines jungen Neffen Reed, der die Expedition aus ›reinem Vergnügen‹ begleitet hatte. Colonel Cooke und die Mitglieder des Stabs lagen alle tot da, entkleidet und schrecklich verstümmelt. Es sah so aus, als ob Squaws über das Schlachtfeld gelaufen wären und die Schädel der Verwundeten und Toten mit Keulen und Steinbrocken eingeschlagen hätten. Manchen Leichen waren die Köpfe abgeschlagen, anderen die Geschlechtsteile abgeschnitten, bei einigen fand man Anzeichen dafür, daß man die Männer noch lebend gemartert und ihnen Pfeile in die Geschlechtsteile geschossen oder die Leiber aufgeschnitten hatte. [...] Die einzigen Zivilisten, die die Expedition begleitet hatten, waren tot: Boston Custer, Mr. Reed, Charley

Reynolds, Isiah, der Dolmetscher von Fort Rice, und Mark Kellogg, der Korrespondent der ›Bismarck Tribune‹. Der Körper von Kellogg aber war weder entkleidet noch verstümmelt, vielleicht weil sie den harmlosen ›Krieger des Bleistifts‹ respektierten, ebenso wie den großen Häuptling Custer, dessen Leichnam ebenfalls verschont blieb.

Die Verwundeten wurden auf Stangen-Travois gebettet und zum Dampfer ›far west‹ gebracht, der am Big Horn River ankerte. Die ›far west‹ dampfte mit der traurigen Fracht am Montagnachmittag nach Bismarck. Die Bestattung der Toten war eine erschütternde Arbeit, aber sie wurden alle ordentlich begraben. Viele konnten nicht mehr identifiziert werden, darunter einige Offiziere. Hiernach bewegte sich die Truppe der Überlebenden zurück zu General Terrys Basis.

Die Indianer zählten etwa 1800 Zelte [pro Zelt zwei bis drei Krieger und sechs bis zehn Angehörige], während jene, die Tage zuvor General Crook angegriffen hatten, sich ihnen angeschlossen haben mögen, was die Zahl ihrer Krieger auf etwa 4000 erhöhte. Sie wurden von Häuptlingen angeführt, die Fähnchen verschiedener Farben in die Schlacht trugen. Neun von ihnen fand man in einem Grabzelt, viele andere getötete Indianer auf dem Schlachtfeld. In einem Grab lagen zehn getötete Squaws, das Werk der Krähen-Scouts. Eine große Anzahl Indianer wurde getötet; ihre Leichen wurden gefunden, weil die Sioux in zu großer Hast vor General Terry geflohen waren, um sie noch aufsammeln und nach Indianerart mitnehmen zu können.

Wir haben zwar gesagt, daß niemand aus der Custer-Truppe mit dem Leben davonkam, aber ein Krähen-Scout, der sich während des Kampfes verbarg, überlebte die Schlacht. Sein Bericht ist erschütternd und wird auch anerkannt, aber wir haben an dieser Stelle keinen Raum für ihn.«

Es folgt die Liste der Verwundeten und Getöteten. Dann fährt der Bericht fort:

»Die Zahl der insgesamt Gefallenen beträgt 261, der Verwundeten 52, von denen 38 mit der ›far west‹ nach Bismarck gebracht wurden. Drei von ihnen starben auf dem Transport. Die anderen werden im Feldlazarett versorgt. DeRudio gelang es auf seltsame Weise, dem Tod zu entgehen: Er bemerkte, wie Biber während des Kampfes in den Fluß sprangen und davonschwammen, und folgte ihnen bis zu ihrem Damm, wo er sich unter dem Astwerk zwölf Stunden lang unsichtbar verstecken konnte. Die Leichen von Lieutenant Harrington, Lieutenant Sturgis und Lieutenant Porter konnten nicht gefunden werden. Es wird angenommen, daß sie lebend in die Hand der Indianer gefallen und von diesen gemartert und getötet worden sind.«

Soweit der historisch erste Schlachtbericht der ›Bismarck Tribune‹, der die Amerikaner zwischen den Ozeanen aufrüttelte, wie kaum etwas anderes zuvor in ihrer kurzen, turbulenten Geschichte. Der meinungsbildende ›New York Herald‹, der seinen Korrespondenten Mark Kellogg an die ›Bismarck Tribune‹ sozusagen für diese eine Expedition »ausgeliehen« hatte, nutzte die unwiederbringliche Gelegenheit, die ein in »heroischem Kampf von blutrünstigen Wilden abgeschlachteter« Korrespondent bot, mit emotionsgeladenen Berichten über die »heldenmütig trauernde Witwe« und zwei »einem vaterlosen Schicksal standhaft in die Augen sehenden Kindern«, die Auflagen zu erhöhen. Extraausgabe folgte auf Extraausgabe. Hatte man noch Wochen vorher mit sendungsbewußter Vehemenz – und das schon seit Jahren – die Sache der »edlen roten Männer im Westen« vertreten, so nutzten die Redaktionen der führenden Zeitungen und Zeitschriften in den Atlantikstaaten den Wind, der ihrer »Menschenfreundlichkeit gegenüber den Naturkindern dieses Kontinents« jetzt ins Gesicht blies, eine vollkommene Meinungsschwenkung zu vollziehen: Statt – wie bisher – um Verständnis für die Naturgewohnheiten der Indianer zu werben, die US-Regierung, US-Armee und Indianeragenten der Korruption und Menschenverachtung und die Amerikaner des Westens urweltlicher Instinkte anzuklagen und auf Erfüllung vertraglicher Verpflichtungen den Indianern gegenüber zu drängen, ging es jetzt den »Steinzeitmenschen im fernen Westen« mit allen Regeln journalistischer Kunst an den Kragen.

Zunächst war »General« George Armstrong Custer (er war im Bürgerkrieg rasch in den Generalsrang aufgestiegen, verlor diesen Kriegsrang wie alle übrigen aber nach Beendigung des Krieges und war nun als befehlsgebundener stellvertretender Kommandeur Lieutenant Colonel, wurde aber in den meisten Fällen immer noch mit »General« angeredet) der Kristallisationspunkt, um den herum sich das schillernde Bild einer amerikanischen Heldenlegende entwickelte: der eigenwillige Tatmensch, der schon als West-Point-Kadett mit Mühe und Not die theoretischen Exerzitien absolvierte, aber dann als junger Kavallerieoffizier im Bürgerkrieg Meriten auf Meriten häufte, als 23jähriger »Boy-General«, also als jüngster General, schließlich sogar kriegsentscheidende Attacken ritt. Da fehlte nichts, was das Herz eines echten Amerikaners höher schlagen ließ. Aussichts- und ausweglose Niederlagesituationen, Schlachtgetümmel, das Pfeifen von Musketenkugeln und das Bersten schwerer Mörsergranaten, überwältigende Südstaatenübermacht und ein ehemaliger West-Point-Freund und Stubengefährte, der plötzlich als Südstaaten-Kavalleriegeneral auftaucht: Man zieht chevaleresk in Freundschaft und Hochachtung die Hüte voreinander und drischt anschließend aufeinander ein, daß die Fetzen fliegen. Sieg! Die verwegene Tapferkeit des jüngsten Generals, seine Todesverachtung, sein unerschrockenes Draufgängertum, gepaart mit der Fähigkeit, in bedrohlichen Situationen blitzschnell im richtigen Augenblick das Richtige zu tun, Eigenschaften, die in ihrer Vollkommenheit an die Taten griechischer Halbgötter erinnern, amerikanischer Achill und Hektor zugleich: Über all den Frustrationen, die der amerikanische Traum bisher beschert hatte, begann man mit der Zwangsvorstellung zu kokettieren, daß ohne die Heldentaten von George Armstrong »Autie« Custer selbst der Bürgerkrieg verloren gewesen wäre. Hinzu kam, daß man sich – besonders in den dreizehn Gründungsstaaten der Ostküste – auf dem Höhepunkt der Feierlichkeiten für die Hundertjahrfeier der amerikanischen Unabhängigkeit befand, schon seit Monaten in vaterländischen Gefühlen schwelgte und die freiheitlichen Gedanken der Gründungsväter pries. Von einem Indianerkrieg im Westen war nichts bekannt. Man wähnte Präsident Grants Friedenspolitik und die messianischen Bemühungen der zumeist Quäker-Indianeragenten im fernen Westen Herr der Lage.

Nun platzten plötzlich die Katastrophenberichte über das Massaker an einem populären Freiheitskampf-Idol und an einem Großteil des berühmtesten Regiments der Armee wie Bomben ins öffentliche Bewußtsein. Der ›New York Herald‹ berichtete, »daß die Bürger von New York bis in die Seele schockiert sind, und das bedrückende Gefühl eines schweren Verlustes spüren«. Die Presse des Ostens wie des Westens entsandte eiligst Reporter, Korrespondenten und Fotographen zu den Armeehauptquartieren, nach Fort Abraham Lincoln, zum Armeehospital, um sich der wildesten Gerüchte und Erlebnisschilderungen der Überlebenden zu versichern. Reporter belagerten die Telegraphenstationen und funkten die abenteuerlichsten Halbwahrheiten und Phantastereien zu ihren Redaktionen.

Und dort fanden diese »Recherchen« Aufnahme in die Zeitungsspalten und formten das öffentliche Bewußtsein. So gingen alle jene Mythen, denen man in späteren Jahrzehnten überall in mehr oder weniger seriöser Aufmachung immer wieder begegnete, in Trivialliteratur und Geschichtsschreibung ein:

Wochenendzeitschriften und ›Gartenlaube‹-ähnliche Familien-Monatsschriften bemächtigten sich der biographischen Lebensgeschichte der Gefallenen der »Custer-Tragödie«: Die Reporter belagerten Mrs. Elizabeth Custer und Mrs. Calhoun, Custers Schwester, folgten ihnen auf Schritt und Tritt, notierten jede Äußerung der Damen. Andere stöberten um die West-Point-Akademie herum, befragten Custers ehemalige Lehrer und Mitkadetten. Man vertiefte sich in die banalsten Stories von Custers Jugend, bis weit zurück ins Babyalter. Man interviewte seinen Vater, verbreitete phantastische Geschichten eines mustergültigen Knaben und jungen Mannes, bei dem immer schon alle Anzeichen auf einen ungewöhnlichen Lebensweg deuteten. Die gleichen Strickmuster, die man bereits in der trivialen Berichterstattung über die alten Nationalhelden Daniel Boone und Jim Bowie angewendet hatte, wurden nun zur Vollkommenheit entwickelt: Man erfand sensationelle Notizbücher von beteiligten Gefallenen, unmittelbar vor der Schlacht abgeschickte Briefe. Die Eltern, Verwandten, Familien, Freunde und Bekannten der Gefallenen wurden in grellstes öffentliches Licht gerückt. Unaufhörlich war die Flut der »Intim-Berichterstattung«. Selbst Captain Keoghs Pferd »Comanche«, das verletzt in der Nähe des Schlachtfeldes aufgefunden worden war, wurde von der Presse zum vermenschlichten Schlachtroß hochstilisiert.

Die Spezialpresse der Armee- und Marinepublikationen beschäftigte sich mit den detaillierten Untersuchungen der Armee und des Kriegsministeriums, so daß man bald den Eindruck hatte, als gäbe es außer der Archivierung von zerfetzten Fahnen, Untersuchungen von Schlachtfeldwunden, Leichenbefunden, Spurensicherung und Bestattungsdetails absolut nichts anderes mehr, das Armee und Ministerium beschäftige. Die nüchternen Details der Armeepresse wurden von der allgemeinen Presse »aufbereitet«, d.h. zu oft grotesken Dimensionen aufgeblasen.

Man durchforstete die Bürgerkriegs- und Truppen-Stammrollenarchive nach Detailberichten über Custers militärische Rolle und Karriere, polierte seinen Werdegang publikationsreif auf und drapierte um seine Ehe mit »Lilly« Custer die waghalsigsten Stories von einem klassisch amerikanischen Liebespaar, das selbst unmittelbar vor gewaltigen Schlachten untrennbar blieb. Lilly Custer wurde zur exemplarischen Offiziersgattin hochstilisiert, die auf die Bequemlichkeit von Heim und Herd verzichtete und ihrem Helden bis fast an die vorderste Front folgte, in Fouragewagen und Feldzelten nächtigte, das Pfeifen von Granaten und Schrapnells in Kauf nahm, um ihrer unsterblichen Liebe hautnah zu sein, und das auch noch bis in die Nachkriegszeit und ins trostlos öde Indianergebiet hinein. Lilly Custer war immer dabei, eine mustergültige US-Armee-Heldin, die Feldbett und Hartzwieback, Strapazen und Beschwernisse, Einsamkeit und vaterländische Kinderlosigkeit mit ihrem »Autie« teilte. Lilly Custer und die Witwen der Gefallenen paßten so ganz in die amerikanische Pioniermutter-Schablone, die schon hundert Jahre zuvor von den spirituellen Einpeitschern des gesamtamerikanischen Grenzer-Mythos geprägt worden war und im beiderseitigen »Freiheitskampf« des Bürgerkrieges einen vorläufigen Höhepunkt erreicht hatte. Die Frau galt nicht nur als Stamm-Mutter immer neuer Generationen von amerikanischen (und daher besseren?) Menschen, sondern auch als Beispiel dafür, wie man einer Welt von Tatmenschen Impulse geben und gleichzeitig das Gedenken ihrer Helden bewahren konnte. Um die Witwen der »Custer-Tragödie« rankten sich die sendungsbewußten Mythen eines neuen Erdteils, dessen Presse etwas begriffen hatte, das in der noch rein patriarchalisch strukturierten Alten Welt noch Jahrzehnte auf sich warten ließ: Durch die Hände der Frauen ging der weitaus höchste Anteil des Volksvermögens, Frauen waren die potentiellen Leser von Geschichten, die das Ziel hatten, dem Leser eine Identifikationsmöglichkeit mit dem Titelhelden zu bieten.

Der ›New York Herald‹ begann eine Geldsammelaktion für die Errichtung eines Custer-Denkmals. Immer neue Schlachtdetails erschienen, und täglich wuchs die Zahl der Spendenzuschriften. Der Brief einer Schülerin ist typisch für die Sentimentalität dieser Kampagne:

»Ich lege 10 Cents bei, alles was ich habe, für ein Denkmal des edlen General Custer. Ich bin ein Schulmädchen, aber ich kann die Zeitungen lesen, und mein Herz war von Trauer erfüllt, als ich über das entsetzliche Massaker las, das die Indianer an General Custer und seiner Armee verübt haben. Wir Mädchen schwärmen für tapfere Männer [...] und General Custer war so furchtlos und so jung und hübsch, wie die Zeitungen schreiben.

Ich könnte Tränen über sein schreckliches Schicksal vergießen. Ich glaube, alle Frauen und Mädchen müssen so wie ich empfinden für solche Helden, die so selten sind.«

Für die politischen Meinungsmacher kam das »Custer-Massaker« in dem bitteren Vorwahljahr 1876 wie ein Geschenk des Himmels: Präsident Ulysses Grant, der gefeierte General des Bürgerkrieges, der sich als schwacher, tatenloser, desorientierter und auf der innenpolitischen Bühne einigermaßen hilflos agierender Präsident erwiesen hatte und der republikanischen Partei angehörte, wurde von den demokratischen Zeitungen augenblicklich für das Debakel verantwortlich gemacht:

Am 7. Juli 1876 eröffnete der demokratische ›New York Herald‹ den Wahlkampf mit der massiven Anschuldigung, daß »Präsident Grant der Urheber des augenblicklichen Indianerkrieges« sei. Ein Trommelfeuer von Leitartikeln ging auf die Regierung nieder. Das Custer-Debakel hielt dazu her, die Grant-Administration der Unfähigkeit, Heuchelei, des Betruges, der Bestechung und Bestechlichkeit, des Diebstahls und des Totschlags anzuklagen. Am 16. Juli heizte die Zeitung unter der Schlagzeile »Wer brachte Custer um?« den Wahlkampf weiter an und beantwortete die Frage gleich selbst: »Die gefeierte Friedenspolitik von General Grant, der die Indianer füttert, kleidet und beschützt, während sie unsere Truppen abschlachten, das ist es, was Custer umgebracht hat! [...] Diese Diebesbande, die sich Indianerbüro nennt, mit seinen diebischen Agenten und seinen protegierten Indianerhändlern, mit seiner Humanitätsduselei und Naturkinder-Pietät, das ist es, was Custer umbrachte.« Die ›Indianapolis Sentinel‹ bestätigte, daß des Präsidenten »furchtsame, schwankende, unentschlossene« Politik »mit ihrer gleichzeitigen Abhängigkeit und Verwobenheit mit betrügerischen Agenten und korrupten Handelsringen« für die Lage verantwortlich sei. Die Presse des Südens schlug sich auf die Seite der Demokraten, um Präsident Grants militärische Besatzungspolitik in den (im Bürgerkrieg) besiegten Südstaaten aus den Angeln zu heben. Das ›Mobile Register‹ und der ›New Orleans Picayune‹ forderten Grant auf, die Besatzungstruppen »von ihrer ebenso sinnlosen wie verderblichen Präsenz im Süden abzulösen und sie dorthin zu schicken und dort einzusetzen, wo es die Ehre der Fahne tatsächlich erforderlich machten«. Nahezu die gesamte Presse des Südens stimmte darin überein, daß die Unmenschlichkeit den eigenen Brüdern gegenüber und die törichte Dummheit der republikanischen Administration verantwortlich zu machen sei. Der ›Norfolk Landmark‹ empfahl General Terry, »sich in die letzte Reihe« irgendeiner Kompanie im Westen »mit seiner Exzellenz dem Präsidenten einzuordnen«, damit sie wenigstens die Früchte ihrer Unfähigkeit am eigenen Leibe zu spüren bekämen. Die ›Raleigh News‹ beschuldigte das »Grant-Regime«, daß »es das Blut von Custer, Canby und von Hunderten von US-Soldaten an den Händen kleben« habe.

Die Presse des Westens, die immer schon – gleich welcher parteipolitischen Couleur – die Interessen der Pioniere im Westen vertreten hatte, stimmte ein in ein nie dagewesenes Donnerwetter über die »Friedenspolitik des Ostens«. Der ›Yankton Dakotian‹ eröffnete es mit der Schlagzeile »Custer und sein ganzes Kommando von den Wächtern der Nation und den Trabanten östlicher Oratoren aus dem Leben gefegt!« Der ›Cheyenne Daily Leader‹ meinte, daß »Indianer keine Menschen, sondern Bestien sind«, und stellte die höhnische Frage, ob man »diese mörderischen Sioux, sobald der Winter naht, wieder in den Reservations-Agenturen willkommen heißen und ihnen Regierungswohlfahrt angedeihen lassen« wolle, »die von den Brüdern [...] derer, die sie abgeschlachtet haben, auch noch bezahlt werden« müsse. Der ›Dodge City Globe‹ schrieb: »Man muß weiße Frauen und Kinder gesehen haben, die von Indianern getötet oder gefangen genommen wurden, man muß Männer gesehen haben, die bestialisch zu Tode gefoltert und noch im Tode auf das schändlichste verstümmelt wurden, ehe man sich eine Meinung über diese Teufel erlaubt.« Der ›Omaha Republican‹ empfahl, Freiwilligen-Regimenter aufzustellen und »die ganze Bande von unnatürlichen Feinden unseres Volkes von der Landkarte zu fegen«.

Gemäßigte Zeitungen, wie die ›Chicago Times‹, sahen keine Veranlassung, solche Verluste hinzunehmen, sondern »die Öffentlichkeit des Grenzgebietes verlangt, daß solche Greueltaten bestraft« würden. Nur sehr wenige Presseorgane nahmen die Indianer, die Administration und den Präsidenten in Schutz. Aber immerhin, einige wenige mahnten zu Besonnenheit: Die ›New York Times‹ vom 11. Juli nannte die emotionsgeladenen Kommentare schlicht »Partisanenpresse« und lastete ihr an, aus einer zweifellos erschütternden lokalen Armeetragödie politisches Kapital zu schlagen, indem sie einfach blindwütig auf Custers Vorgesetzte losschlage: »Es gibt weder einen Grund noch irgendeine Entschuldigung dafür, sowohl Custers Andenken als auch die Reputation von General Terry zu beschmutzen. Auch die Zwangslagen und dringenden Bedürfnisse des gegenwärtigen politischen Wahlfeldzuges rechtfertigen solche Grausamkeit und solches Unrecht nicht [...] Auch die Vergeltungssucht und die Tendenz der Presse, Grants Friedenspolitik verantwortlich zu machen, ist zu verurteilen [...] Was immer auch die Fehlleistungen der jetzigen Regierung gewesen sein mögen, die Geschichte wird die Friedenspolitik letztlich doch als einen Versuch werten müssen, die Indianer gerecht zu behandeln [...] Aber jetzt, da der Krieg da ist, muß man ihn mit Entschlossenheit führen. Wir müssen die Sioux schlagen, aber es ist nicht notwendig, sie auszurotten!«

Der alte Skavereigegner Wendell Phillips stellte im ›Boston Transcript‹ sogar die Frage: »Was ist das eigentlich für eine Art von Krieg, in dem man es Tod nennt, wenn wir Gegner töten, und in dem man es Massaker nennt, wenn er unsere Leute tötet?«

Die Rolle, die das Militär spielte, war von Anfang an zwielichtig. Zahlreiche Handlungen der Custer-Vorgesetzten bleiben von Anbeginn unerklärlich, wenn man sich lediglich an die publizierten »Realitäten« und an offizielle Versionen hält. Sie gewinnen erst Sinn in einem Zusammenhang, in den die amerikanische Presse und Geschichtsschreibung das Geschehen nie gestellt hat.

General Alfred Terry, zum Beispiel, der Custers Oberkommandierender war und am 27. Juni 1876 mit seiner Infanterietruppe auf dem Schlachtfeld am Little Big Horn eintraf, nahm nicht nur eine sorgfältige Bestandsaufnahme des Schlachtfeldes vor (die Toten wurden provisorisch bestattet, und – falls identifizierbar – leere Patronenhülsen mit einem Zettel mit Namen und Rang versehen und in einen Holzpfahl getrieben, so daß das Stück Papier für spätere Umbettungen witterungsbeständig verwahrt blieb), sondern verfaßte gleich am ersten Tag einen kurzen Lagebericht für die Presse. Er schilderte lediglich die simplen Tatsachen und enthielt sich jeder persönlichen Wertung. Diesen offiziellen Report übergab er dem erfahrenen Armee-Scout Muggins Taylor, der ihn nach Fort Ellis brachte, von wo er über Salt Lake City nach Chicago telegraphiert werden sollte. Am 2. Juli verfaßte General Terry einen vertraulichen und ausführlichen Bericht an seine unmittelbaren Vorgesetzten, General Philip Sheridan und General William Tecumseh Sherman, in dem er seine Meinung zur Ursache des Debakels kundtat: »Ich denke, daß ich es mir selbst schuldig bin, Sie über die letzten Operationen mit detaillierteren Tatsachen zu versehen.« Er beschrieb im einzelnen den Aufmarschplan der Truppenteile von General John Gibbon, General Crook und Lieutenant Colonel Custer und seine eigene Eingreifstrategie. Und gleich hier schon hat man es mit dem ersten Mysterium zu tun; denn dieser Aufmarsch- und Einsatzplan war nicht nur den Generalen Sheridan und Sherman bestens bekannt, sondern gemeinsam von Sheridan, Sherman, Crook, Gibbon und Terry »ausgeheckt« worden! Wenn Terry also detailliert diesen Aufmarschplan niederschrieb, so erscheint dies einigermaßen überflüssig. Es sei denn, dieser zweite »vertrauliche« Bericht wäre nur offiziell für die Oberkommandierenden und inoffiziell für die Öffentlichkeit bestimmt gewesen. Terry fügte der ausführlichen Beschreibung des Plans seine persönliche Beurteilung hinzu, indem er fortfuhr: »Es ist sehr wahrscheinlich, daß unser Plan erfolgreich verlaufen wäre, hätte Custer ihn korrekt ausgeführt.« Es folgte die Erwähnung seiner konkreten Befehle an Custer, lediglich das Gelände zu erkunden, Anzahl und Kampfkraft des Feindes festzustellen und keinen Angriff zu unternehmen, sondern zu warten, bis am 26. 6. die anderen Truppenverbände ihre Zangenbewegung vollendet hätten. Custer habe diese klaren Anweisungen jedoch mißachtet und solcherart das Desaster verschuldet. Ein außergewöhnlicher »Rapport« fürwahr; denn er enthielt nicht nur Überflüssiges, das den Adressaten ohnehin bestens bekannt war, sondern eine nach den damaligen militärischen Gepflogenheiten ganz und gar unübliche persönliche Wertung der Ursachen, die normalerweise erst nach einer ausgedehnten kriegsgerichtlichen Prüfung der Angelegenheit möglich und üblich gewesen wäre. Der Stabsoffizier Captain E. W. Smith brachte den inzwischen als »streng vertraulich« deklarierten Rapport persönlich nach Bismarck. Und hier geschieht wieder Unerklärliches: Statt die paar Meilen bis Fort Lincoln weiterzureiten, das eine Armee-Telegraphenstation besaß, ging Smith zur Post in Bismarck und ließ dort den streng vertraulichen Rapport ganz schlicht und wenig geheimnisvoll vom öffentlichen Telegraphisten nach Chicago ins Divisions-Hauptquartier telegraphieren, wo er am 6. 7. eintraf und sofort an den Oberkommandierenden Divisionskommandeur Sheridan in Philadelphia weitergeleitet wurde. Sheridan schickte den Rapport an den Oberkommandierenden des Departments Missouri weiter, der nun seinerseits etwas tat, was vollkommen unerklärlich ist. Sherman hat später diesen Vorfall als einen durchaus normalen Zufallsirrtum heruntergespielt: Er wünschte, daß auch der Kriegsminister den Bericht Terrys zu sehen bekäme, und überreichte ihn dem ersten besten (zivilen) Menschen, der ihm begegnete und den er irrtümlich für einen Armeekurier hielt, mit der Maßgabe, ihn dem Kriegsminister zu übermitteln. Daß dieser angebliche Kurier in Wirklichkeit ein Reporter des ›Philadelphia Enquirer‹ war, will Sherman weder gewußt noch geahnt haben! (Wobei anzumerken ist, daß Sherman grundsätzlich in seinem Hauptquartier keine Journalisten duldete, die ihm und allen Offizieren nicht persönlich seit Jahren bestens bekannt waren.)

Das Ergebnis dieser drei unerklärbaren Vorfälle allein schon bei der Verfassung des streng vertraulichen Rapports Terrys, der Übermittlung per öffentlichem Posttelegraphen ans Hauptquartier und schließlich der Übergabe des Berichts durch Sherman an einen namhaften und allseits bekannten Journalisten, war natürlich unvermeidlich: Terrys zweiter Bericht geriet augenblicklich in die Schlagzeilen der Presse, wo er wortwörtlich am 7. 7. in allen großen amerikanischen Tageszeitungen in sensationeller Aufmachung erschien. General Terry wurde angegriffen, weil er einen toten Helden, der sich nicht mehr verteidigen könne, des Ungehorsams zeihe und ihm die alleinige Verantwortung für die Tragödie aufbürde. Da es sich aber um einen offenbar irregeleiteten, strenggeheimen internen Bericht handelte, der nicht für die Presse bestimmt war, verfuhr man ziemlich glimpflich mit dem General. So schrieb zum Beispiel die ›Indianapolis Sentinel‹: »Die allgemeine öffentliche Meinung befindet sich unzweifelhaft im krassen Gegensatz zu General Terrys Ansicht, der sich mit unbegreiflicher Hast Mühe gibt, die Schuld auf einen tapferen Mann zu schieben, der beim Versuch, unpraktikable und stupide Aufmarschpläne auszuführen, sein Leben verloren hat.«

Hätte man in der höchsten Armeeführung die Absicht gehabt, die Presse von der Frage abzulenken, was denn nun eigentlich ein Armeeaufmarsch solchen Ausmaßes – mitten im Frieden mit den Sioux – in einem den Sioux vertraglich als unantastbar garantierten Gebiet überhaupt gerechtfertigt erscheinen lasse – solche Fragen hätten peinliche militärische Hintergründe angerührt –, so erschiene Terrys zweiter »streng vertraulicher« Rapport in einem ganz anderen Licht: Was ohne solche Fragen nach geheimnisvollen Hintergründen ganz einfach als dummdreiste Anmaßung, Verletzung militärischer Gepflogenheiten und schließlich sogar als ausgemachte Dummheit und Leichtfertigkeit, teils auch lupenreine Unfähigkeit erscheint, hätte gar nicht raffinierter und ausgetüftelter geplant und durchgeführt werden können. Denn nun, da die Frage nach Custers Ungehorsam einmal auf dem Tisch der öffentlichen Diskussion lag, bestand keinerlei Gefahr mehr, daß unangenehme Fragen bezüglich des militärischen Aufmarsches überhaupt gestellt würden. Und tatsächlich blieben solche Fragen nach den Hintergründen bis auf den heutigen Tag aus. Die kontroversen Untersuchungen und Ansichten nahmen alle Kapazitäten der Spekulationen so sehr in Anspruch, daß niemand auf solche Gedanken kam.

Die Reporter und Redakteure stürzten sich geradezu auf dieses Problem von Custers »Renitenz« und Custers »brennendem militärischen Ehrgeiz«. Noch während der Mythos vom Ritter ohne Furcht und Tadel auf großer publizistischer Flamme kochte, schwärmten die Journalisten landauf, landab aus, um alle greifbaren Militärs zu befragen.

So erklärten Stabsoffiziere des Chicagoer Hauptquartiers der Armee vorsichtig, daß »manche Ursachen für das Debakel auch in jenem törichten Soldatenstolz begründet« seien, »der so oft in der Militärgeschichte der Menschheit zu Niederlagen geführt« habe, und daß »Custer möglicherweise in dem blinden Verlangen, seinen Vorgesetzten Terry in den Schatten zu stellen, vorgeprescht und in einen Hinterhalt geraten« sei. Das alles klang sehr gemäßigt und plausibel, auch menschlich verständlich, und es tat dem verwegenen Heldenmut des vaterländischen Symbols Custer gar keinen Abbruch. Die Presseleute griffen diesen vorsichtigen Armee-Tenor begierig auf. Custer hatte immer schon Kopf und Kragen riskiert, das Glück herausgefordert und – gewonnen. Nun hatte der Tapfere Pech gehabt. Die ›New York Tribune‹ bescheinigte, daß »die höheren Armeeoffiziere darin übereinstimmen, daß er [Custer] Befehle mißachtet habe und ihm selbst dann noch ein Kriegsgerichtsverfahren gedroht hätte, wenn er überlebt hätte«.

Amerikas erster Soldat, der General-Präsident Ulysses Grant, erklärte im ›New York Herald‹: »Ich betrachte Custers Massaker als eine Opferung von Truppen, die Custer selbst verschuldete, die vollkommen unnötig – vollkommen unnötig war.«[3] Die Generale Sherman und Sheridan äußerten die vorsichtige

Meinung, daß Custer »wohl im hohen Maße unvorsichtig gewesen sei, solch eine große Anzahl Indianer anzugreifen«. Aber im späteren Jahresbericht des Kriegsministeriums für das Jahr 1876 schwächten sie diese Ansicht noch so weit ab, daß sie nicht mehr für eine sonst automatisch stattfindende Untersuchung des ganzen Aufmarschplanes reichte.

General Samuel D. Sturgis, der einen Sohn durch das Massaker verloren hatte, griff den toten Helden frontal an: »Custer war ein tapferer Mann, kein Zweifel, aber ein sehr selbstsüchtiger, geradezu wahnsinnig ruhmsüchtig, und seinen Untergebenen gegenüber tyrannisch und ohne jegliches Mitgefühl für Soldaten. Am Little Big Horn griff er sorglos und leichtfertig und 36 Stunden früher an, als es ihm geboten worden war, und mit Männern, die von Eilmärschen total erschöpft waren.«

Aber auch ehemalige Offiziere der konföderierten Armee des Bürgerkrieges wurden von den Reportern befragt. So erklärte zum Beispiel Südstaaten-General John McClausland aus West-Virginia, daß er an Custers Stelle in der gleichen Situation das gleiche getan hätte: »Der einzige Weg, mit Kavallerie zu kämpfen, ist der berittene Angriff – ich kann deshalb seinen [Custers] Angriff nicht für falsch halten.« General Thomas L. Rosser, der vor dem Bürgerkrieg Custers Stubengenosse in West Point, anschließend im Krieg sein Gegner und von Custer einige Male geschlagen worden war, warf in einem Brief an die ›St. Paul Pionier Press‹ zur Verteidigung seines Freundes und Kriegsgegners eine völlig neue Frage auf: Er behauptete, daß nach seiner Meinung Custers Angriff auf die Indianer durchaus erfolgreich gewesen wäre, hätte Major Reno ihn nicht »im Stich gelassen und wäre in Panik geflohen«, womit er Custer und seine Truppe ihrem Schicksal überlassen habe. Zwar setzte sich Major Reno heftig zur Wehr, doch der Südstaatler blieb bei seiner Ansicht, deren kontroverse Diskussion in der Presse schließlich zu einem Ehrengerichtsverfahren führte, das Reno gegen sich selbst beantragte.

So trägt von Anbeginn die vielgestaltige amerikanische Presse ein hohes Maß an Schuld daran, daß unzählige subjektive Meinungen, Erfindungen, Irrtümer, Falschbekundungen und Fälschungen, Verleumdungen, Eifersüchteleien, Verschleierungen und rührselige Verdrehungen sich schließlich in dem Begriff der »Custer-Kontroverse« zu einem undefinierbaren Mythenbrei vermischten. Da sich die Berichterstattung über viele Jahre erstreckte und immer wieder neue »Tatsachen« und neue »Quellen«, immer neue »Wie es wirklich war«-Geschichten geboren wurden, wurde somit die Arbeit späterer gründlicher historischer Rechercheure in eine ganz bestimmte Richtung gewiesen. Bis heute haben sich die zahllosen Aufklärungsbemühungen auf nichts anderes konzentrieren können, als eben diese »Custer-Kontroverse« von aller unqualifizierten publizistischen Dekoration zu befreien und das historische Geschehen in mühseligster Kleinarbeit wieder auf historisch relevante Dimensionen zurückzuschrumpfen.

Daß hierbei die Aspekte weiterer Hintergründe vollkommen außer acht gelassen wurden, ist nicht weiter verwunderlich, obwohl diese Hintergründe – nicht weniger gründlich recherchiert und geordnet – ebenfalls in den Regalen der amerikanischen Geschichtsschreibung griffbereit daliegen und in einem nur mäßig die Phantasie strapazierenden Puzzlespiel nur um den Kern des Custer-Mittelpunkts herum zusammengesetzt zu werden brauchen, um ein durch und durch logisches Bild faszinierender, nackter Machtpolitik zu ergeben.

2. »Indianer sind keine amerikanischen Bürger« oder Die Vertreibung der Cherokees

»Die Friedensverträge, die die Institution der Indianer-Reservationen begründeten, waren nur ein Schritt im unnachsichtigen und schonungslosen Prozeß, in dem eine höhere Kultur und eine erheblich zahlreichere Volksmasse sich eines an Naturschätzen überreichen Landes bemächtigte. Gebrochene Versprechungen, Bestechung, Einschüchterung waren nur zufällig; der Untergang der Steinzeitkultur war unvermeidlich. Die entscheidende Prozedur wurde 1831 vom Obersten Richter Marshall im Falle der Cherokees in einem Urteil für die Zukunft festgelegt: Indianer sind keine amerikanischen Bürger, sie genießen nicht die Vorteile des legalen Verfassungssystems, sind aber deshalb auch nicht an die Pflichten und Gesetze dieser Verfassung gebunden. Sie sind binnenländisch abhängige Nationen, bilden aber keine fremden Staatswesen, sondern nur sozialpolitisch unabhängige Gesellschaftsgruppen.«[4]

Michael S. Kennedy, langjähriger Präsident der »Montana Historical Society«, faßt in diesem kurzen Zitat die Überzeugung einer bedeutenden Zahl amerikanischer Historiker zusammen, die das barbarisch kriminelle Verhalten der USA und der Amerikaner gegenüber den Indianern ganz einfach als eine naturgesetzliche und entwicklungsgeschichtliche Unvermeidlichkeit abtun. Dies ist zwar einfach, historisch redlich aber kann es nicht genannt werden. Recht und Gerechtigtkeit kann der nicht für sich in Anspruch nehmen, der die Verantwortung für eine politische Entscheidung auf die Schultern eines Obersten Richters wälzt. Wen kann es wundern, wenn dieser dann – von dieser Aufgabe überfordert – lediglich einen Opportunitätsspruch fällte: Die Indianer als »binnenländisch abhängige Nationen« zu klassifizieren, bedeutete einfach, sie außerhalb der allgemeingültigen Völkerrechtsgepflogenheiten anzusiedeln. Indianer werden zwar durch den »Friedensvertrags-Prozeß« geschleust, aber da man sie nicht als unabhängige Nationen anerkennt, sind die mit ihnen geschlossenen Verträge nicht solchen gleichzusetzen, die man mit fremden Nationen schließt. Indianer bilden zwar separate Nationen, sind und bleiben aber der souveränen Obermacht des US-Kongresses unterstellt. Im Klartext heißt dies eindeutig, daß alle Verträge, die die USA mit den Indianern schließen, völkerrechtlich überhaupt nicht existent sind. Damit werden diese Verträge – auch formaljuristisch – in eben jene Dunkelzone der Kolonialpolitik verwiesen, gegen die der freiheitliche und angeblich menschenfreundlich-demokratische Geist der Amerikaner erst knapp fünfzig Jahre zuvor mit dem Mut der Verzweiflung gekämpft und gesiegt hatte. Dies stellt nicht nur einen eklatanten Verstoß gegen diesen seither vielgepriesenen »Geist der amerikanischen Verfassung« dar, es hebt ihn auf, kehrt ihn ins krasse Gegenteil um. Was Seine Ehren, Oberrichter Marshall, 1831 als Leitmotiv der Rechtsprechung – ausdrücklich in direktem Bezug auf die US-Verfassung – als rechtsverbindlich für die zukünftige Stellung der Indianer verkündigte, ist unverhüllter Kolonialismus.

»Dieser Schiedsspruch hatte damals einen praktischen Sinn, weil er mit den Tatsachen übereinstimmte. Indianer waren ohne jede Frage nicht mit Bürgern der Vereinigten Staaten zu vergleichen und mußten deshalb auf eine spezielle Art behandelt werden. Es war ebenfalls eine Tatsache, daß die Souveränität der USA die der Indianerstämme überlagerte. Diese Vorrangigkeit der Autorität der Bundesregierung einerseits und die Abhängigkeit – damit die Unterordnung der Indianer – sind seither regelmäßig vom Obersten Gericht der USA in allen Urteilen bestätigt worden. Erst jüngst legalisierte das Oberste Gericht eine Zwangsenteignung von Indianergrundstücken im Staate New York, auf denen ein Wasserreservoir angelegt werden soll, mit der Begründung, daß die Seneca-Indianer ›gegen solche Maßnahmen genauso ungeschützt sind, wie andere Bürger der USA, und das auch angesichts der Tatsache, daß sie im Besitz eines von George Washington persönlich unterzeichneten Vertrages sind, der ihnen den dauernden Besitz des betreffenden Landes garantiert‹.«[5]

In hundertdreißig Jahren (und bis heute) hat sich also Richter Marshalls Zukunftsprogrammierung als der stabilste und unwandelbarste kolonialistische Rechtsspruch der neueren amerikanischen Geschichte erwiesen. Das Oberste Gericht der USA berief sich 1961 – ebenso wie 1831 – auf die simple Tatsache, daß die USA den Indianern in Verträgen niemals Eigentumsrecht garantiert hätten, sondern stets nur Besitzrechte zugestanden, wobei es als selbstverständlich verstanden wurde, daß der Landeigentümer USA jederzeit Besitz und Nutzung dieser Landgebiete wieder beanspruchen konnte, sobald dies das »öffentliche Interesse« erforderlich machte.

Nach der Praxis der Rechtsprechung befanden sich also die

Amerikaner formal von vorneherein im Recht, was immer sie auch mit Indianern vereinbarten, weil sie in bezug auf Völkerrechtsgepflogenheiten krasse kolonialpolitische Rechtsnormen anwendeten. So blieben sie, auf der internationalen Völkerrechtsbühne umgeben von autoritären Feudalstaaten und Kolonialmächten, durchaus auf dem Boden traditionellen Machtrechts, das sich seit der Steinzeit in der Grundsubstanz (dem Mächtigen gehört, was er sich nimmt) nicht geändert hatte. Geändert hatte sich in der Verfassung der Vereinigten Staaten lediglich die Machtstruktur, nicht aber ihre traditionellen Prinzipien. Was man mit messianischem Sendungsbewußtsein als eine »Revolution der Menschenrechte« verkündet hatte – und auch als solche empfand –, erwies sich nicht erst auf dem Höhepunkt der industriellen Revolutionierung lediglich als eine simple Umschichtung feudalistischer Strukturen: Der erbliche Adel traditioneller Herkunft wurde zwar abgeschafft (die Frage der Enteignung solchen Adels stellte sich gar nicht erst), aber an seine Stelle traten »Dollar-Fürsten«.

Die Masse der Amerikaner, die zum großen Teil die Hoffnungslosigkeit einer unterprivilegierten Schicht noch selbst in den Feudalstaaten erlebt hatten, blickten voller Faszination auf die sich entwickelnden Formen des Kapitalismus, die sich am unbehindertsten in jener Staatsform ausbreiteten, die man mit dem gesellschaftlichen Sammelbegriff »Demokratie« zu nennen sich angewöhnt hatte. Im »Land der unbegrenzten Möglichkeiten« hatte tatsächlich jedermann die Chance, sich durch Ansammlung von Kapital und Eigentum auf der Stufenleiter des privilegierten Dollar-Adels emporzuschwingen. Es erwies sich allerdings sehr rasch, daß die oberen Stufen durch Arbeit und Sparsamkeit allein im allgemeinen unerreichbar blieben, hingegen mit einem übermäßigen Einsatz von Habgier, Gewalt und Skrupellosigkeit verhältnismäßig rasch und sicher erklommen werden konnten. So prägten die Verhaltensweisen eines neuen »Dollar-Raubrittertums« die ganzen ökonomischen Impulse des von der technischen Revolution geprägten Typus eines vollkommen neuartigen Barbarentums, das allein den materiellen Erfolg als Ziel allen menschlichen Strebens programmierte.

Dem Leitmotiv dieses pragmatischen Kapitalismus (alles ist gut, was funktioniert) ordnete sich der geistige Habitus eines Großteils dieser amerikanischen Gesellschaft bedingungslos unter: Den Erfolgreichen schützten die Gesellschaftsordnung, Recht und Gesetz in weitestgehendem Maße, den Erfolglosen traf die ganze Wucht des Desinteresses einer auf maßlose Expansion programmierten Jagd nach Besitz und Eigentum um jeden Preis. So standen hinter den Entwicklungen mannigfaltigster Art häufig handfeste wirtschaftliche Interessen: Das trifft für die Pelzhandelsära, den Goldrausch, die Rinderbonanza, den Eisenbahnboom, die Heimstättenbewegung und die Ausdehnung der Binnenschiffahrt ebenso zu wie auf das große Büffel- und Mustangschlachten, den großen Holz-Kahlschlag, das Ölfieber und ganz besonders auch auf die Indianer-Reservationspolitik. Je stärker sich diese massiven materiellen Interessen ausdehnten, um so mehr nahmen auch die Versuche zu, sie zu kaschieren, hinter religiösen und philantropischen Phrasen zu verbergen.

Zu Beginn der Reservationspolitik standen massive materielle Interessen noch mit brutaler Offenheit und nahezu unverborgen hinter dem »Indianer-Evakuierungs-Gesetz« (Indian Removal Bill), das am 26. 5. 1830 in zweiter Lesung (erste Abstimmung: 99 dafür, 99 dagegen) mit 102 gegen 97 (sic) Stimmen vom Kongreß verabschiedet wurde. Das US-Senat-Dokument Nr. 512[6] wendet mehr als 4000 Seiten Text in fünf Bänden auf bei dem Versuch, nur einen einzigen lapidaren Gesetzes-Satz von »atemberaubender Brutalität« (Bischof Whipple) zu rechtfertigen:

»Durch dieses Gesetz hebt die Legislatur alle Rechte, Privilegien, Freiheiten und Bürgerrechte, die jene Personen, die sich Indianer nennen, besitzen, beanspruchen oder deren sie sich erfreuen, durch welche Rechtskraft irgendeiner Art von Politik, Gewohnheitsrecht oder Lebenssitten sie auch immer erworben, versprochen oder zugesagt sein mögen, innerhalb der verfassungsmäßigen Grenzen dieses Staatenbundes auf.« (Seite 361 des Dokuments)

Dieser Satz, der nicht seinesgleichen in Gesetzestexten der gesamten Menschheitsgeschichte hat, hebt die in der Verfassung der Vereinigten Staaten festgeschriebenen Menschenrechte auf. Wie selbstverständlich stellt dann das »Evakuierungsgesetz« es in das Ermessen der US-Regierung, »Indianer unter Anwendung aller passend erscheinenden Maßnahmen, auch der unmittelbaren Gewalt, von Landgebieten innerhalb der staatlichen Souveränität der Vereinigten Staaten zu entfernen, und ihnen andere Landgebiete zur Nutzung anzuweisen«. Diese gesetzliche Maßnahme war allerdings noch so offen und unverschleiert getroffen worden, daß sie die Opposition auf den Plan rief (was zwar keine Wirkung hatte mit Ausnahme jener, daß man in Zukunft für solche Aktionen brutaler Machtpolitik nach »plausiblen« Gründen suchte).

Zur Ehrenrettung vieler Amerikaner muß aber gesagt werden, daß nicht nur nahezu die Hälfte aller Parlamentarier Gegner dieses Menschenverachtungsgesetzes waren, sondern mehr als die Hälfte aller Bürger der dreizehn US-Gründerstaaten. Vor allem waren es die Politiker und Bürger der nördlichen Neu-England-Staaten, die sich mit Vehemenz gegen die »Removal Bill« stemmten und in ebenso emphatischen wie bitteren Petitionen an den (aus rein persönlichen Gründen) die Indianer hassenden Präsidenten Andrew Jackson Visionen des moralischen Bankrotts beschworen.

Vor allem Männer wie William Wirt, der große Verfassungsanwalt und ehemalige Generalstaatsanwalt der USA, Senator Daniel Webster, der Führer der Removal-Opposition im Senat, und Jeremiah Evarts aus Boston, seit 1830 Chefredakteur des ›Christian Herald‹, wetterten in zahllosen, die Nation aufrüttelnden Artikeln (Evarts im ›National Intelligencer‹ unter dem Pseudonym William Penn) gegen die »verbrecherische Geisteshaltung« dieses Gesetzeswerks: »Es ist im Naturgesetz eine feststehende Tatsache, daß jemand, der einem anderen ein Versprechen gibt, diesem damit ein tatsächliches Recht überträgt, das Versprochene von ihm zu verlangen; die Konsequenz hieraus ist eindeutig, daß der Bruch eines bestimmt umrissenen Versprechens gleichbedeutend ist mit der Verletzung des Rechts eines anderen und damit ganz klar ein Akt von Ungerechtigkeit darstellt, der auf der gleichen Ebene liegt, wie wenn er einen Menschen seines Eigentums berauben würde.«

Andere Stimmen wurden noch konkreter: »Dieses Gesetz legalisiert einwandfrei Illegales. Und hierbei ist anzumerken, daß es sich nicht einmal nur um kleinere Gesetzwidrigkeiten wie arglistige Täuschung, Diebstahl oder Betrug handelt, sondern um Kapitalverbrechen, die in jedem zivilisierten Staate dieser Welt nur mit einer Strafe bedroht sind, nämlich mit dem Tode! Die Regierung dieses Landes hat die Indianer als Menschen und souveräne Nationen anerkannt und mit ihnen zahllose Verträge geschlossen, wovon allerdings kein einziger erfüllt und eingehalten wurde. Ob die Erfüllung solcher Verträge beabsichtigt war, ob sie überhaupt möglich oder unmöglich war, ob böser Wille oder höhere Gewalt die Regierenden dieses Landes daran hinderte – das ist eine Sache, über die zu reden wäre und deren man sich eventuell schämen müßte. Aber es ist eine ganz andere Sache, kraft eines Gesetzes alle Rechte und Pflichten, Moral und Rechtschaffenheit, die den Menschen vom Tier unterscheiden, nun einfach außer Kraft zu setzen und damit Kapitalverbrechen gesetzlich zu sanktionieren! Wohl verstanden: Es geht um Landeigentum, also um materielle Werte. Und in jedem von Menschen definierten Gesetz dieser Erde – vom römischen Recht über das Völker-, Kriegs-, Besatzungs- und Kolonialrecht – ist die Aneignung fremden Eigentums gegen den Willen des Eigentümers ein Kapitalverbrechen. Wenn diese Gesetzesinitiative Bestand unserer Verfassung wird, so wird eben diese Verfassung zur verbrecherischen Waffe, die nichts anderes als Gewalt und Aggression für die Zukunft der Menschheit hervorbringen kann. Damit aber ist der ursprüngliche Geist dieser Verfassung außer Kraft gesetzt.«[7]

Horace Everett, Kongreßrepräsentant des Staates Vermont, richtete am 19. Mai 1830 an die Mitglieder des Repräsentantenhauses einen beschwörenden Appell: »[...] diese Politik kann nichts Gutes ergeben [...] sie muß und wird die Indianer entmutigen und zerstören [...] Es ist unverfälschtes, vollständiges Böses. Es gibt ohnehin schon genug Böses [in diesem Indianerproblem], aber nichts davon ist auch nur annähernd mit dem abgrundtief Bösen dieser Evakuierung vergleichbar [...] Die Bösartigkeit ist ungeheuerlich, die Gewaltanwendung das Äußerste, der Bruch des öffentlichen Vertrauens erbärmlich, das unvermeidlich hieraus folgende Leiden unkalkulierbar. Beschmutzen Sie nicht den ehrlichen Namen dieses Landes.«

Schließlich konnten einige wenige Abgeordnete der Opposition »überzeugt« werden, daß es für das »Schicksal der USA besser sei, für die Verabschiedung zu stimmen, wenn auch schweren Herzens«. Diese »Begründung« entsprach jener selbstgefälligen Standard-Rechtfertigung, mit der Amerikaner bei derartigen Übeltaten seit den Tagen der Pilgerväter ihr Gewissen beruhigen: Es ist einfach eine naturgesetzliche Notwendigkeit, daß primitivere Menschenrassen der höheren Kultur und Zivilisation einer stärkeren Rasse weichen müssen. Oder auch: Die menschliche Entwicklung ist unaufhaltsam. Humanitärer guter Wille bleibt einfach eine unpraktikable Idee, wenn steinzeitliche Verhaltensweisen einer hochentwickelten Kultur gegenüberstehen.

Die Cherokee-Nation (ca. 22000 »Bürger«), deren hochzivilisiertes Staatswesen aus 51 autonomen Städten bestand und eine volldemokratische Gesellschaftsstruktur mit einem Zweikammer-Legislativsystem besaß, unterhielt schon Anfang des 18. Jahrhunderts diplomatische Beziehungen zum Hofe König Georgs II. und kämpfte während des Unabhängigkeitskrieges (1775–83) loyal auf der Seite der englischen Kolonialmacht gegen die amerikanischen Siedler. Nach dem Sieg der Amerikaner übernahmen die geistigen »Väter der amerikanischen Verfassung« die weitaus meisten demokratischen Prinzipien dieser als umwälzend gepriesenen Verfassung, die bei den Creeks, Cherokees, Choctaws und (mit Einschränkungen) Chickasaws bereits seit Jahrhunderten reibungslos funktionierten und diesen etwa 60000 hochzivilisierten Indianern eine soziale Harmonie beschert hatten, von der in der Alten Welt nur Philosophen zu träumen wagten.

Der britische Philosoph John Locke (1632–1704), der durch englische Missionare erstmals von der praktizierten Demokratie dieser Nationen gehört hatte, baute auf diesen Ideen seine gesellschaftlichen Vorstellungen auf, die wiederum Jean Jacques Rousseau (1712–78) zum Mittelpunkt seiner Lehre machte, wodurch er zum Haupttheoretiker der französischen Revolution wurde. Auch Leibniz und Kant, letztlich sogar Marx und Engels verwendeten alle diese gesellschaftspolitischen Ideen der »zivilisierten Indianernationen« des amerikanischen Südostens für ihre Zukunftsvisionen von einer besseren Welt, allerdings ohne zu wissen, daß es sich dabei um von Indianern bereits seit Jahrhunderten praktizierte Ideale handelte; denn John Locke hatte es strikt vermieden, auch nur den leisesten Hinweis auf diese amerikanischen Indianerstaaten zu geben.

Die Cherokees hatten schon zu Zeiten des englischen Kolonialreichs in Amerika die wirtschaftliche Form der Aktiengesellschaft als eine Art volkseigener Betriebsgesellschaft entwikkelt. Sie besaßen landwirtschaftliche Akademien, Diplomatenschulen, in denen Rhetorik gelehrt wurde. Ihre Städte boten einen allgemeinen urbanen Komfort, den man in europäischen Städten des Mittelalters vergeblich gesucht hätte, ihre Naturheilkunde war der europäischen um Jahrhunderte voraus, ihre Hygiene wurde von der weißen Rasse allenfalls in der Mitte des 20. Jahrhunderts erreicht. Ihr Strafrecht basierte nicht auf dem Prinzip der Vergeltung, sondern dem Verhältnisstrafrecht, von dem wir noch heute weit entfernt sind. Die Gleichberechtigung der Frau war seit Jahrhunderten in absoluter Vollkommenheit, kommunal- und gesellschaftspolitisch erreicht und verwirklicht, Kriminalität weitestgehend unbekannt, weil ihr raffiniertes politisches System Machtmißbrauch ausschloß und den Begriff der Vererbung von materiellen Werten und Unterschied zwischen Besitz und Eigentum nicht kannte. Sie waren vollchristianisiert, besaßen eine eigene Zeitung, ein eigenes Alphabet, beeindruckend umfangreiche öffentliche Bibliotheken, und in keinem Haushalt fehlten Dutzende hervorragender Bücher. Diese Nationen verfügten über hervorragende Wissenschaftler, Ärzte und Ingenieure, und sie fochten ihre Interessen nicht mit Tomahawk und Bowieknife aus, sondern mit umfangreichen Schriftsätzen ihrer Rechtsanwälte vor amerikanischen Gerichten. Zeitgenossen aus Europa waren sich einig darüber, daß »besonders die Cherokees in Allgemeinbildung und Manieren die amerikanischen Kolonisten weit übertreffen« und daß die soziale Sicherheit weitaus größer war als die der jungen amerikanischen Industriegesellschaft.

Die Cherokee-Ökonomie beruhte auf einem vorsichtigen und fundierten Management, das sich nach ausgeklügelten Rentabilitätsregeln richtete, von deren Erkenntnis die Amerikaner noch weit entfernt waren. Die Cherokee-Banken und -Betriebsgruppen stellten der chaotischen Wirtschaft des Staates Georgia und seiner Bevölkerung so viele Kapitalhilfen zur Verfügung, daß schließlich der Zeitpunkt (etwa 1828) erreicht war, an dem sowohl die Bevölkerung wie der Staat Georgia hoffnungslos bei den Cherokees verschuldet waren. Als schließlich 1829 Cherokee-Geologen ausgedehnte Goldvorkommen auf ihrem Territorium fanden und diese sogleich auszubeuten begannen, erreichten die Frustrationen der Amerikaner Georgias den absoluten Höhepunkt: Am 19. 12. 1829 verabschiedete der Staat Georgia ein Rahmengesetz (ein sogenannter »Omnibus Act«), das die hoffnungslose Verschuldung bei der von der US-Regierung als »souveräne Nation innerhalb souveräner Grenzen« anerkannten Cherokee-Republik mit einem Federstrich »regelte«:

Das Gebiet der Cherokee-Nation wurde konfisziert und zum Staatsgebiet von Georgia erklärt, in Countys aufgeteilt und über eine staatliche Landlotterie für die amerikanische Bevölkerung zur Besiedlung freigegeben.

Die Autorität der Cherokee-Regierung wurde mit sofortiger Wirkung aufgehoben, alle Cherokee-Gesetze außer Kraft gesetzt und die Bevölkerung der Jurisdiktion des Staates Georgia unterstellt.

Dem Cherokee-Parlament wurden alle Zusammenkünfte ver-

Das Cherokee-Alphabet des Cherokee-Schriftgelehrten Sequoyah, 1823

boten, den Bürgern Versammlungsverbot – auch für religiöse Versammlungen – erteilt.

Alle Verträge zwischen Cherokees und Amerikanern wurden für null und nichtig erklärt, wenn nicht zwei amerikanische Bürgen unterzeichnet hatten (was natürlich in keinem bisherigen Vertrag der Fall war).

Das Recht der Cherokees, vor einem amerikanischen Gericht gegen Amerikaner auszusagen, wurde entzogen.

Alle Cherokees hatten innerhalb einer noch zu bestimmenden Zeit den Boden des Staates Georgia zu verlassen. Cherokees, die andere aufforderten zu bleiben, sollten mit Gefängnis – nicht unter zwanzig Jahren – bestraft werden.

Ihr Recht, innerhalb der Grenzen des Staates Georgia nach Gold zu schürfen und die bereits erschlossenen Goldminen weiter auszubeuten, wurde entzogen.

So rigoros, brutal und räuberisch war dieser Akt einer amerikanischen Staats-Regierung, so ungeheuerlich der Rechtsbruch, daß sich der Vertreter Georgias, James Moore Wayne, keinerlei Mühe gab, ihn zu rechtfertigen. Er faßte lediglich den formalen Standpunkt des Südens in einer kurzen Betrachtung zusammen, die den Zivilisationsstand der Indianer-Nationen des Südostens überhaupt nicht berücksichtigte:

»Niemand wird bezweifeln, daß sich der Indianer auf Teilen dieses Kontinents befand, daß er diese auf der Jagd nach Wild und Feinden durchstreifte, daß manche der Stämme natürliche Grenzen ihrer Jagdgründe festgelegt hatten und innerhalb dieser Grenzen gegenüber anderen Stämmen das exklusive Jagdrecht beanspruchten. Aber bedeutet etwa dieses Rechtsverhalten untereinander, daß sie damit ein legales Eigentums- und Besitzrecht zu beanspruchen haben, das sie ermächtigt, dieses Land von Kultivierung, Zivilisation und Christentum auszuschließen? Sie waren, als die weiße Kultur diesen Kontinent betrat, Eigentümer dessen, was sie gerade erjagt hatten, was sie benutzten. Dieses Eigentum macht ihnen niemand streitig. Es bezieht sich auf ihre persönliche Habe allein. Aber sie waren niemals und zu keiner Zeit souveräne Eigentümer des Landes, was allein das Vorrecht eines geordneten Staatswesens ist, niemals aber das Recht von Stämmen sein kann, die unter wildnishaften Verhältnissen leben, ohne die Elemente der Zivilisation, ohne formale Verfassungen und fixierte Grenzen. Wilde als legale Eigentümer eines Kontinents? [...] Eine solch monströse Verkettung von Irrtümern muß nach allen Regeln der Menschlichkeit erwürgt werden, bevor sie Gelegenheit zum Atmen bekommt. Deshalb vertraue ich darauf, daß dieses Problem jetzt und für alle Zeit in seiner ganzen Deformation tot vor uns liegt.«

Die US-Legislatur sanktionierte diesen Rechtsbruch zugunsten massiver Wirtschaftsinteressen mit dem bereits erwähnten »Evakuierungsgesetz«. Als Appelle und Forderungen nach Gerechtigkeit und Vertragserfüllung den Kriegsminister Eaton erreichten, hatte dieser für die Cherokee-Delegation nichts als Zynismus übrig: »Wenn Ihr der sinkenden Sonne entgegenzieht, werdet Ihr dort glücklich sein; dort könnt Ihr in Frieden und unbelästigt leben; solange die Wasser fließen und die Eichen wachsen, wird Euch dieses Land garantiert, und keinem Weißen wird es erlaubt sein, sich in Eurer Nähe niederzulassen.«

Alle bis zu diesem Zeitpunkt verfügbaren Expeditionsberichte über das Landgebiet jenseits der Missouri-Mississippi-Linie hatten übereinstimmend erklärt, daß diese große amerikanische Wüste für alle Zukunft für menschliche Besiedlung und Ausbeutung unbrauchbar sei, selbst Wölfe und Klapperschlangen nur mühsam überlebten, und außer den nomadischen Wilden auf steinzeitlicher Entwicklungsstufe kein zivilisiertes menschliches Wesen Entwicklungsmöglichkeiten hätte. Und genau dort gedachte die US-Regierung die hochzivilisierten Nationen des Südostens anzusiedeln. Dort würden sie kein Problem mehr darstellen und sich allmählich – um das nackte Leben zu retten – wieder in »Wilde« zurückentwickeln. So konnte man ihnen reinen Gewissens Garantien für Frieden und Ungestörtheit zusagen.

Ohne Skrupel ergriffen nun Banken und Kapitalgesellschaften Besitz von der blühenden Cherokee-Wirtschaft, stürmten plündernde Bürger unter dem Schutz der Georgia-Miliz und von Bundestruppen die Städte der Cherokees. 60000 Indianer, von denen jeder nur so viel mitnehmen durfte, wie er tragen konnte, wurden im berühmt berüchtigten »Zug der Tränen« im Verlaufe weniger Jahre unter den Bajonetten der US-Armee nach Westen in Marsch gesetzt. Mehr als ein Viertel dieser Indianer verloren hierbei ihr Leben, weitere 15 Prozent starben noch nach ihrer Ankunft im »Oklahoma-Territorium« innerhalb von zwei Jahren an den erlittenen Strapazenschäden. Die Entschädigungen, die ihnen die US-Regierung – wieder vertraglich – bei Beginn der Evakuierungsaktion garantiert hatte, wurde nicht gezahlt.

Der Erfolg der Regierung war vollständig: Die Cherokees hatten entschädigungslos ein Gebiet von der Größe der Staaten Massachusetts, Rhode Island und Connecticut aufgegeben, hatten ihre Plantagen, Wirtschaftsbetriebe, Städte und Goldbergwerke verloren. Alle Schulden bei den Cherokees waren vom Tisch, der Staatsbankrott abgewendet, im Gegenteil: Der Land- und Kapitalgewinn war so beträchtlich, daß Georgia nun zu den reichsten Staaten der Union zählte.

Nachdem die Cherokee-, Creek-, Choctaw- und Chickasaw-Nationen geschlossen in der Großen Amerikanischen Wüste verschwunden waren, beruhigte sich nicht nur die eine Hälfte des nationalen Gewissens, die so vehement für die Bewahrung des Geistes der US-Gründerväter und für die Integration der Indianerrepubliken im Staatsverbund eingetreten waren, sondern die sanierten Wirtschaftsbosse, Landspekulanten, Politiker und Militärs begannen im selben Maße, in dem sie den ungeheuerlichen Raubakt aus ihrem Bewußtsein verdrängten, die »Weisheit, Menschlichkeit und Liberalität dieser Indianerpolitik« zu preisen. Im Zusammenhang mit dem Evakuierungs-Gesetz gewöhnte man sich allgemein an, von Indianern als von »steinzeitlichen, primitiven Wilden« zu sprechen, denen man aus mühevoll bewahrter christlicher Nächstenliebe die an sich von der historischen Entwicklung und ihren Naturgesetzen vorgesehene unvermeidliche Vernichtung ersparen konnte.

Die Tragödie dieser vier zivilisierten Nationen ist gekennzeichnet von kaltblütiger Brutalität auf der einen und frömmlerischer Moralheuchelei auf der anderen Seite – Hauptmerkmale amerikanischen »Dollar-Raubrittertums«. Von Anbeginn der US-Geschichte existieren sich im Laufe der Zeit immer fester miteinander verknüpfende Beziehungen von ökonomischen Interessen mit Religion und Politik sowie mit Presse und Unterhaltungsmedien. Diese Verflechtungen und die elementare Neigung eines weit verbreiteten puritanischen Frömmlertums, alles Andersartige zu verteufeln und sich selbst für die besten aller Menschen zu halten, führte schon sehr früh dazu, sich ein Geschichtsbewußtsein für die jeweilige Situation, eine Art »Instant-Geschichtsbewußtsein«, zuzulegen, mit öffentlichkeitswirksamen Schablonen, in die einfach alles klischeegerecht hineinpaßte, was in Vergangenheit und Gegenwart geschah.

So wurde der moralische Habitus einer von ökonomischen Interessen geprägten kleinen Minderheit von Besitzenden, die sich skrupellos des überwiegenden Teils des Nationalvermögens bemächtigten, allmählich zu einem amerikanischen Wesenszug, die aus Gründen der Tarnung und Vertuschung brutaler Praktiken und Manipulationen betriebene Bewußtseinsspaltung einer Geldadelskaste zur gesamtamerikanischen Schizophrenie.

Der Erfolgstaumel, in den die Aneinanderreihung technischer Leistungen und Erfolge diesen »Homo Americanus« permanent bis zum heutigen Tage versetzte, erleichterte diese Entwicklung eines – wie von Walt Disney geschaffenen – Geschichtsbewußtseins, das bis tief ins Unterbewußtsein reicht. Von nun an nahmen die Versuche, tatsächliche Motive des Handelns schon beim Eintritt ins Bewußtsein durch publicity-gefällige Wunschbilder zu ersetzen, immer perfektere Formen an. Dadurch konnte man der Erkenntnis entrinnen, daß eigentlich reine Habgier der Motor war, der dieses Amerika zu den gewaltigen Leistungen beflügelte und solche Erfolge ermöglichte. Dieser Ausweg, der sich dem Gewissen bot, war zu schön und zu einfach, als daß man sich allzu lange dagegen gesträubt hätte, selbst dann noch die Überlegenheit amerikanischer Denk- und Lebensweise zu proklamieren, wenn die Ereignisse offensichtlich dagegen sprachen. So erklärt sich auch das Phänomen, daß sich ein erheblicher Teil des amerikanischen Bürgertums selbst durch offenkundige Tatsachen nichts von seinem Sendungsbewußtsein und seiner Selbstgerechtigkeit nehmen ließ. Daher wurden auch für ernste nationale Probleme nur oberflächliche, kurzfristige Lösungen gesucht und diese in jener Art »Instant-Verfahren« erledigt (amerikanisch: to settle a problem), und zwar in der Regel mit Gewalt. Gelöst wurden damit keine Probleme. Sie blieben bestehen und kamen immer wieder – verstärkt – zum Vorschein. Und jedesmal wurde die Gewaltanwendung vehementer, und damit auch die Reaktion der Öffentlichkeit, die häufig nur auf den unmittelbaren Anlaß reagierte.

So wurden beispielsweise die tatsächlichen Ursachen des Bürgerkriegs bereits vor seinem Beginn so total verdrängt, daß heute selbst nüchterne Historiker keinen Gedanken mehr an sie verschwenden: Im industriell sich zur Hochkonjunktur entwikkelnden Norden und im vorwiegend agrarischen Süden entstand ein Interessenkonflikt. In der Frage, wem die vorrangige Nutznießung der natürlichen Ressourcen in den unbesiedelten westlichen Territorien zustehe, begegneten sich zwei gegensätzlich strukturierte Wirtschaftsordnungen. Der industrialisierte Norden brauchte Arbeitermassen, deren Löhne durch den

Konsum der hergestellten Verbrauchsgüter wieder zum größten Teil zur Kapitalinvestition und als Unternehmergewinne zurückfließen mußte. Dabei diente die Ausbeutung der Bodenschätze der westlichen Territorien als elementare Grundlage für eine mit Macht expandierende Wirtschaft. Die Pflanzeraristokratie des Südens, die allein auf der Kultivierung des Bodens und dem Zugewinn an kultivierbarem Land beruhte, brauchte billige, lohnunabhängige Arbeiterheere, die möglichst viel produzierten, selbst aber möglichst wenig konsumierten. Die unbesiedelten westlichen Territorien mit ihren unermeßlichen Weidegründen, Acker- und Plantagenböden bildeten die einzigen, allerdings unbegrenzten Möglichkeiten zur ökonomischen Ausdehnung. Es ging also in diesen beiden grundverschiedenen Wirtschaftssystemen in erster Linie um die Sicherung zukünftigen Gewinnzuwachses. Da aber ein um reiner Profitinteressen einer Minderheit von Industriellen und Pflanzern geführter blutiger Bruderkrieg für das sendungsbewußte Selbstverständnis der Amerikaner eine geradezu unmögliche Vorstellung gewesen wäre, aus der man selbst mit größter Ignoranz keinerlei selbstgerechte Menschheitsbeglückungsmotive hätte hervorzaubern können, hingen die am stärksten interessierten und finanziell am heftigsten engagierten »Profitstrategen« – nämlich die des sich rasch entwickelnden Nordens – das ganze Problem an der emotional die Welt bewegenden Sklavenfrage auf! Die Forderung nach Befreiung der Sklaven – bzw. ihrer Beibehaltung – deckte sich mit den nunmehr dahinter verschwindenden Profitinteressen nicht nur vollkommen, sondern ließ bei den puritanischen Christenmenschen des industriellen Nordens darüber hinaus das Bewußtsein entstehen, im Dienste der Christenheit schwere Opfer zu bringen. So überzeugend ergriff diese meisterhafte Kaschierung vitaler harter Eigeninteressen Besitz vom öffentlichen Yankee-Bewußtsein, daß Historiker im Norden der USA – und nicht nur in den USA – noch heute ernsthaft von der Rebellion und dem »Krieg der Menschenrechte« reden. Völlig in den Hintergrund auch sonst exakter Historiker ist hierbei die Tatsache getreten, daß in den Beitrittserklärungen aller Staaten der Union – also auch eines jeden Südstaates – die ausdrückliche Klausel enthalten war, daß »jeder Staat ohne Angabe von Gründen jederzeit seinen Austritt erklären« könne. Nichts anderes haben die Südstaaten getan. Ihr Austritt aus der Union war ebenso legal wie ihre gemeinsame Gründung des Bundesstaates der Konföderierten Staaten von Nordamerika.

Wie sehr sich nach gewonnenem Kriege der industrielle Norden der Erschließung und Ausbeutung der westlichen Territorien widmete – und wie wenig den Menschenrechten der befreiten Neger –, braucht nicht betont zu werden. Auch dieses Problem wurde, nach der probaten Rezeptur, wieder mit Gewalt »gelöst«. Es liegt in der Natur massiver eigener Profitinteressen, daß man nur um den Augenblickserfolg besorgt ist und sich um die Folgen für die Zukunft wenig kümmert. Dies mag einer der Gründe dafür sein, daß die heutige amerikanische Gesellschaft im Grunde vor keinem Problem der Vergangenheit bewahrt ist.

Das Beispiel der »zivilisierten Nationen« des amerikanischen Südostens entlarvt die politischen, sozialen und kulturellen Bekenntnisse der Amerikaner hinsichtlich einer Lösung des Indianerproblems im Fernen Westen. Seit Beginn der Besiedlung des Westens lag der Reservations-Politik jene stereotype Begründung zugrunde, mit der schon die puritanischen Kolonisten ihre gewaltsamen Ausdehnungsbestrebungen kaschiert hatten: religiöse und zivilisatorische Motive.

Nahezu hundert Jahre lang rechtfertigten die puritanischen Kolonisten den missionarischen Eifer, mit dem sie die Vertreibung und die Enteignung der Indianer betrieben, mit dem allein seligmachenden Willen des Schöpfers, der da gesagt hatte: »Seid fruchtbar und mehret Euch und füllet die Erde und macht sie Euch untertan.«

John Winthorp, erster Gouverneur der Massachusetts-Bay-Kolonie, erklärte 1636, daß »nach göttlichem Willen die Eingeborenen von Neu-England keinerlei Anspruch auf Land besitzen, weil sie weder seßhaft sind noch Haustiere oder Ackerpflanzenkulturen züchten, um solcherart den Willen des Schöpfers zu erfüllen, sich die Wildnis untertan zu machen. Sie haben deshalb nur ein natürliches Recht an der Wildnis, nicht aber an kultivierbarem Land, das nach dem Willen des Schöpfers rechtmäßig uns, die wir die Segnungen des rechten Glaubens genießen, zusteht«.[8]

Nachdem die Christianisierung aber innerhalb der nachfolgenden Jahrzehnte unerwartet große Fortschritte unter den Indianern machte und angesichts eifriger indianischer Kirchgänger der Wille des Schöpfers, sein Wort zu verkünden, keine glaubwürdige Enteignungspolitik mehr rechtfertigen konnte, wandte man sich der Doktrin des Schweizer Juristen Emmerich de Vattel zu, die Vorrang und Vorherrschaft des Bodenbestellers über den Jäger begründete und von nun an zur klassischen Waffe im Arsenal der Enteigner wurde:

»Kultivierung des Bodens und Zähmung von Haustieren ist ein elementares Gebot der Menschheit, um die Ernährungsgrundlagen für die wachsende Menschheit zu sichern. Wenn Menschen aus einem überbevölkerten Gebiet ein unterbevölkertes Gebiet in Besitz nehmen, um dieses zu kultivieren, so bereiten sie nicht nur die Lebensgrundlagen für sich selbst, sondern für kommende Generationen vor. Dieses Recht hat Vorrang vor dem Recht einer zahlenmäßig geringen nomadischen Bevölkerung, die einen unverhältnismäßig großen Raum zum Jagen, Fischen und Sammeln beansprucht. Wenn man solchen Anspruch bejahen würde, wäre die gesamte Fläche dieses Planeten noch nicht einmal ausreichend, um ein Zehntel seiner heutigen Bevölkerung zu ernähren. Es entspricht deshalb dem elementaren Naturgesetz menschlicher Entwicklung, den Indianern ihre weitläufigen Räume zu nehmen und ihnen begrenzte Lebensräume anzuweisen.«[9]

So zwingend diese Logik auch erschien, die Art und Weise, in der die amerikanische Indianerpolitik sie zur bloßen Alibifunktion degradierte, zeigt sich in ungeschminkter Deutlichkeit an der Behandlung der Indianernationen des Südostens: Die Christianisierung dieser Indianer war abgeschlossen, ihre Zivilisierung über jeden Zweifel erhaben. Damit steht ihre Vertreibung und Enteignung als ein Akt reiner Gewaltpolitik da, der beweist, daß die echten Motive der nachfolgenden Reservationspolitik nicht »Christianisierung und Zivilisierung« waren. Ein merkwürdiges Phänomen tritt in jenen Jahren auf, das sich kaum exakt definieren läßt. Diese Amerikaner, die die größten Kolonialmächte Europas – England, Frankreich und Spanien – besiegt und ihnen ihre Unabhängigkeit abgetrotzt hatten, schienen sich als eine »geschlossene Gesellschaft« zu verstehen, als die tatsächliche Elite der weißen Rasse, die in Europa in starren Traditionsschablonen erstarrt war. Man hatte das Leistungsprinzip entdeckt und eine Gesellschaftsform, in der »dem Tüchtigen keine Grenzen« gesetzt waren. Die Ideologie der Ellenbogenfreiheit versprach ihnen den Himmel aller Genußbefriedigungen auf Erden, Glaubensfreiheit und Frömmigkeit die Seligkeit im Jenseits. Man verstand sich als auserwähltes Volk in »Gottes eigenem Land« und als Vormund für alles Andersartige und Andersfarbige.

Sobald man sich dieses Fremdkörpers der Indianer innerhalb

der eigenen geschlossenen Gesellschaft entledigt hatte und Klarheit darüber herrschte, daß die westlichen Territorien für eine produktive Inbesitznahme nutzlos, so etwas wie Niemandsland innerhalb des Staatsgebiets waren, breitete sich eine Art Naturschutzgedanke aus, in den man Indianer und Wildnis einbrachte. In seinem Jahresbericht vom 21. November 1831 schloß Kriegsminister Lewis Cass mit einem ›7-Punkte-Programm für eine neue Indianerpolitik unter neuen Umständen‹:

1. Feierliche Erklärung der US-Regierung, daß das Wildnisgebiet, das man den Indianern im Westen jenseits des Missouri zuweise, ihr Eigentum für ewige Zeiten bleibe, und der Beschluß, daß weiße Besiedlung niemals die Grenzen dieses Gebietes überschreiten werde.

2. Beschluß, daß Alkohol von den Indianergebieten ferngehalten und ein solches Verbot sorgfältig überwacht werde.

3. Unterhaltung angemessener militärischer Truppen in der Nähe der Reservate, deren Aufgabe es sei, Feindseligkeiten zwischen den Stämmen zu unterbinden.

4. Förderung der Einführung von Privateigentum.

5. Leistung von Förderungshilfen für die Errichtung von Farmen, Lieferung von Haustieren und landwirtschaftlichen Geräten.

6. Größtmögliche Unantastbarkeit von eigenständigen Sitten und Einrichtungen.

7. Anstellung von Personen, die die Indianer, soweit und so rasch sie dazu fähig seien, in allen Angelegenheiten zivilisierter Lebensweise unterrichten würden.

Wenn man dieses Programm heute auf die Situation der nomadischen Jägervölker der Prärieregionen bezieht (was allgemein tatsächlich geschieht), so scheint diese Reservatspolitik – ihre Zusagen und Absichten tauchen in allen nachfolgenden Friedensverträgen in der einen oder anderen Form immer wieder auf – auf den ersten Blick durchaus als ein plausibles humanes Unterfangen. Auf den zweiten Blick aber wird ein puritanischer Zynismus sichtbar, der kaum seinesgleichen in der Geschichte der Zivilisation findet:

Die großen Indianernationen des amerikanischen Nord- und Südostens waren nämlich keine Nomaden, sondern lebten in festen Städten. Ihre Landwirtschaft war hochentwickelt, die Anzahl der Feldfrüchte und Obstarten übertraf bei weitem das damalige Angebot in Europa, das durch eine große Anzahl eben dieser indianischen Feldfrüchte (Kartoffel, Bohne, Kürbis,

Gurke, Tomate, Mais, Paprika etc.) erheblich erweitert wurde. Die Kenntnis der Pflanzenheilkunde war bei den Indianern um 1600 bereits auf einem derart hohen Stand, der in der weißen Zivilisation selbst heute noch nicht wieder erreicht ist. Sie hielten allerdings keine Haustiere, sondern deckten ihren Fleischbedarf durch die Jagd. Ihnen kamen Rinder, die »ohne Unterbrechung Milch geben«, Hühner, die »jeden Tag ein Ei legten«, Schweine, die so krankhaft verfettet waren, daß sie nicht mehr laufen konnten, wie dauerkranke Tiere vor. Die sprachverwandten Nationen der »Irokesen-Konföderation«, des »Delawaren-Bundes« und der »Powhatan-Konföderation« lebten in fest umrissenen Gebieten, bildeten plebiszitäre Demokratien, ihre ökonomische Gesellschaftsstruktur war ausgesprochen humansozialistisch, das Nationaleigentum in persönlichen Besitz aufgeteilt, der sich nach der Nutzungsmöglichkeit des Besitzers richtete und nicht vererbbar und verkäuflich war. Ihre Religion beruhte auf der biophilen Einstellung des Respekts vor allem Lebendigen, die religiöse Toleranz war umfassend.

Feindseligkeiten unter den Nationen hatten nie Vernichtungs-, sondern in der Hauptsache einen sportlich aufgefaßten Kampfcharakter. Eroberungen von Gebieten und Unterwerfung eines Gegners sowie seine Versklavung und Ausbeutung waren weitestgehend unbekannt. Die indianische Kriegsstrategie beruhte auf der Devise, einen möglichst großen Kriegsvorteil mit möglichst geringem Risiko zu erzielen, und war daher der der Europäer um viele Jahrhunderte voraus. Die indianischen Heerführer und Strategen vollführten Manöver, die heute noch als klassische Kriegstaktiken in den US-Akademien gelehrt werden. Die schwersten Kriege zwischen Indianernationen, vor allem ihre Eskalation in Grausamkeiten, waren von den streitenden europäischen Kolonialmächten provoziert.

Das 7-Punkte-Programm der US-Regierung zur Befriedung und Zivilisierung der Indianer bezog sich also überhaupt nicht auf die Indianernationen des amerikanischen Nord- und Südostens, sondern auf einige wenige Stammesgruppen nomadischer Jäger (vor allem Chippeways im Norden, Sioux im Nordwesten und Comanchen in Texas, das aber noch eine mexikanische Kolonie war), mit denen man aber ohnehin nur äußerst losen Kontakt gehabt hatte und die mit den Indianernationen innerhalb der dreizehn US-Gründerstaaten kaum mehr gemeinsam hatten als die Amerikaner selbst. Aber die amerikanischen Politiker hatten massive Frustrationen den zivilisierten India-

Vier Krieger im Camp Supply

nernationen gegenüber zu verdrängen: Immerhin war die Existenz der USA im Kriege 1812–13 mit England allein von den Choctaws abhängig gewesen. Der Choctaw-Sachem Pushmataha, der höchste nationale Würdenträger, hatte entgegen den »Einheitsfront«-Bestrebungen des Shawnee-Sachems (und britischen Generals) Tecumseh, die gesamten Indianernationen des Süd- und Nordostens mit ihren hervorragend ausgerüsteten Armeen gegen die US-Armee aufmarschieren zu lassen, loyal zur US-Regierung gehalten und somit ca. 30000 disziplinierte Indianersoldaten in diesem Krieg stillgelegt. Die amerikanischen Politiker erinnerten sich noch zu gut an die panische Verzweiflung, die sich ihrer angesichts dieser drohenden Gefahr bemächtigt hatte. Sie mögen sich auch an die kniefälligen Versprechungen erinnert haben, die sie den Indianernationen des Südostens gemacht hatten. Darunter waren ihr Verbleiben innerhalb des Bundesstaatssystems »auf ewige Zeiten« und das Angebot, daß sie als »indianischer selbständiger Bundesstaat« der Union beitreten könnten, noch die geringsten.

Das alles war schon siebzehn Jahre später nicht nur verdrängt und vergessen, sondern durch den Gewaltakt der Vertreibung ausgelöscht. Der übersteigerte Freiheitsstolz der Amerikaner ließ es, bis tief in ihr Unterbewußtsein, einfach nicht zu, diese Freiheit anderer als eigener Tüchtigkeit und Kraft zu verdanken. Auch die europäischen Kolonialmächte verschwiegen schamhaft, daß praktisch verweigerte militärische Hilfe der Indianer den Verlust des Krieges herbeigeführt hatte. Dieses Verhalten sowohl der Engländer wie Amerikaner ist weniger ein historisches, denn ein psychologisches Phänomen.

Kaum war im »Genfer Frieden« vom 24. 12. 1814 die amerikanische Unabhängigkeit endgültig bestätigt worden, erschienen – wie auf ein geheimes Kommando – in den USA, im englischsprachigen Teil Kanadas, aber auch in Europa (Frankreich und Spanien) eine Unzahl von Erlebnisberichten überlebender Gefangener der Indianer aus den vergangenen Kolonial- und Unabhängigkeitskriegen. Amerikanische, englische, französische und holländische Kolonisten und Soldaten schilderten die haarsträubenden Torturen und »viehischen Verstümmelungen«, denen sie bei den Indianern ausgesetzt waren. Auf diese Weise wurde im Bewußtsein der ganzen weißen Rasse der Eindruck vom »unverbesserlichen grausamen Wilden« aufgebaut, für den die Nächstenliebe des Christentums zu früh, die Segnungen der Kultur und Zivilisation zu rasch gekommen waren. Ihr Rückfall in heidnische, grausam-sadistische Bräuche sei latent und bedürfe nur geringster Anlässe, um wieder gegenwärtig zu werden. Es war die gleiche Geisteshaltung, die abendländische Christen auch in der Konfrontation mit anderen Kulturen und Zivilisationen (z. B. der islamischen und buddhistischen) gezeigt hatten.

So naiv und primitiv auch dieser geistige Umkehrmechanismus war, so perfekt funktionierte er, und er lieferte sowohl »Falken« wie »Tauben« der Indianerpolitik die Indikationen zu ungebrochenem Selbstverständnis: Die »Tauben« predigten Verständnis und Langmut im Sinne hingehaltener Christenwangen und ein »Sie-sind-auch-Kinder-Gottes«-Bewußtsein, die »Falken« vertraten den Standpunkt, daß man die »heidnischen Wildnismenschen« zunächst einmal aus dem eigenen Tempel entfernen und in einer Art anthropologischem Wildnisgarten einer kontrollierten Läuterung überlassen müsse.

Die historische Tatsache, daß spanische Konquistadoren, englische Puritaner, französische Soldaten, holländische Siedler und schließlich amerikanische Kolonisten den Indianern schwere Grausamkeiten zugefügt und die meisten Massaker – und diese häufig ohne ersichtlichen Grund – veranstaltet hatten, wurde so vollkommen ignoriert, daß sie schon bald aus der Erinnerung verbannt war.

Eine Neigung, die dem Indianer allgemein vollkommen fehlte, die aber in dieser weißen Rasse sehr verbreitet war, nämlich die des grausamen Sadismus und der Zerstörung, wurde solcherart von den Amerikanern einfach auf die Indianer umgepolt, so daß man sie im öffentlichen Verständnis mit Raubtieren auf eine Verhaltensstufe stellte.

Die Indianer selbst standen dieser Manipulation völlig hilf- und fassungslos gegenüber. Selbst der scharfe Intellekt der Geisteswissenschaftler aus den östlichen Indianer-Nationen hat nie verstehen können, wie dies möglich war. Aus allen ihren Versuchen, sich der juristischen Verfahrens- und rationalen Denkweise der Amerikaner anzupassen – sich ihrer Spielregeln zu bedienen –, um die Folgen dieser Bewußtseinsspaltung zu vermeiden, spricht am Ende immer wieder nur hoffnungslose Resignation. Der Choctaw-Mathematiklehrer Peter Pitchlynn erklärte 1831, als die Choctaws unter den Bajonetten der US-Armee gewaltsam nach Westen in Marsch gesetzt wurden und entschädigungslos 19 Volksschulen, 2 Gymnasien, 2 Akademien, 11 Kirchen, 8 Missionen, 29 öffentliche Gebäude, 4000 Wohnhäuser, 126 Großfarmen, 1800 Farmen und Plantagen, 6000 Rinder, 11 000 Schweine, 88 000 Stück Geflügel, 4000 Pferde, 3000 Maultiere, 6000 Pflüge, 26 Grobschmieden, 19 Kunstschmieden, 39 Bäckereibetriebe, 31 Sattlereien, 18 Stellmachereien, 5 Molkereien, 39 Lagerhäuser, 8 Hospitäler, 21 Arztpraxen, 15 Rechtsanwaltsbüros, 8 Archive, 9 Bibliotheken, 4 Sportplätze etc. verlassen mußten:

»Die Amerikaner haben uns die Geschichte der Länder Europas gelehrt, in denen sie lebten, bevor sie Amerika betraten. Diese Geschichte ist voll von blutigen Vernichtungskriegen, die um des Landbesitzes, um der reinen Unterjochung, um des Reichtums, ja sogar um Glauben und Ideen, aber auch um der bloßen Zerstörung willen geführt worden sind und noch geführt werden. Die Amerikaner ergreifen in ihrer Beurteilung immer die Partei der gewaltsam Vertriebenen, derer, die um ihre Freiheit, auf angestammter Erde zu leben, kämpfen. Es gibt kein Volk, keine Rasse, kein religiöses Bekenntnis in der Welt, das im Kampf um seine Freiheit nicht die vollste Sympathie aller Amerikaner hätte und denen man nicht hier eine Heimat, Freiheit und Entwicklung anbietet. Die Patrioten in Frankreich, Irland, Schottland, in Polen, Griechenland und in der Schweiz besitzen die ganze leidenschaftliche Verehrung der Amerikaner. Sie lehren ihren Schulkindern die heldenhaften Kämpfe und Opfer und prägen die freiheitlichen Reden und Aufrufe in ihr Gedächtnis, auf daß sie sie niemals vergessen sollen. Sie haben in ihrer Monroe-Doktrin der ganzen Welt erklärt, daß sie keinerlei fremde Einmischung auf amerikanischem Boden dulden und hinnehmen werden. Sie haben damit die Liebe zum angestammten Land, zur Heimat und zum Boden der Väter und Ahnen zur höchsten menschlichen Tugend erklärt.

Wie ist es möglich, daß dieselben Amerikaner uns Indianer mit allen Mitteln, die ein menschliches Hirn überhaupt ersinnen kann, von unserem angestammten Land, von unserer Heimat und dem Boden unserer Väter und Ahnen, vertreiben? Wer uns Indianer kennt, weiß, daß wir nicht nach Eigentum, Besitz, Geld, Macht über Menschen, ihre Gedanken und ihren Glauben streben, sondern in Frieden in unserer Heimat, die wir mit der ganzen Kraft unseres Herzens lieben, leben wollen. Wie ist es möglich, daß diese Amerikaner uns gegen alle ihre eigenen Gesetze, Moralansprüche, Glaubenslehren, gegen jede Gerechtigkeit ›American Way‹ von unserem Land vertreiben und eine Politik der Austreibung und Konzentration in unwirtlicher Wildnis verfolgen? Wie ist es möglich, daß dieselben Amerikaner, die sich in blutigen Schlachten von der Vormundschaft Englands befreit haben, uns Indianer als ›minderjährige Mündel‹ in ihren Gesetzen bezeichnen, uns aber noch schlimmer behandeln als ihre Sklaven? Von der Massachusetts Bay bis an den Mississippi kündet jedes Stück Boden von der Liebe des Indianers zu seiner Heimat, denn viele Tausende haben ihr Leben dafür gegeben, und viele Tausende werden es noch hingeben.

Es gibt nur eine Erklärung dafür. Es muß sich um eine Art schwerer Geisteskrankheit handeln, die uns so vollkommen fremd ist, daß sie sich allen Regeln logischen Verstandes vollkommen entzieht. Und gegen eine solche Geisteskrankheit, die alle Amerikaner auch noch für eine Tugend halten, ist man machtlos. Es gibt kein Mittel des Verstandes oder Gefühls, der Gewalt oder Erduldung, das die unvermeidliche Zerstörung des Indianers verhindern könnte.«[10]

Der indianische Mathematiker übersah, daß religiöser, kultureller und rassischer Fanatismus der weißen Herrenmenschenrasse mit rationaler Vernunft und Logik nicht faßbar war. Eine Minderheit elitärer Autokraten hatte in der Alten Welt eine Mehrheit von kadavergehorsamen, obrigkeitshörigen Untertanen unterdrückt. Diese Jahrtausende alten Frustrationen explodierten im Unabhängigkeitskrieg der Amerikaner, angestaute Aggressionen entluden sich. Dabei hatte es sich gezeigt, daß Freiheit ohne Gewalt weder zu erringen noch zu bewahren war. So entwickelten die Amerikaner ein besonders intimes Verhältnis zur Gewalt, und als Gewalt auch zur Vertreibung aller Indianer aus der amerikanischen Gesellschaft führte, wurde sie allmählich Bestandteil nationaler Handlungsweise. In der kommenden Entwicklung steigerten die Erfolge der Gewaltphilosophie mit ihrer Maxime »alles, was funktioniert, ist gut« die allgemeine Aggression zum Rausch, dem nicht nur Gewinnstreben und Profitdenken verfiel, sondern auch Gesetzgebung, Rechtsprechung und Administration. Alles wurde zum Kampf, und die Spielregeln dieser Aggressivität nahmen immer sportlichere Züge an, Züge eines permanenten Wettkampfes, in dem es ständig nur um »alles oder nichts« ging. Da die Verlierer in diesem gigantischen Kampf, der sich »American Way of Life« nannte, von den Massenmedien verächtlich ignoriert wurden, waren sie – mitsamt ihren Rechten und Ansprüchen – sehr bald aus dem öffentlichen Bewußtsein verdrängt. Dieses öffentliche Bewußtsein der Masse der Amerikaner kreiste um den Elitegedanken wie um einen feurigen Kern: Die Leistung, die sich fortwährend steigernde persönliche Bestleistung, war das Sprungbrett, mit dem man sich – im Gegensatz zur Gesellschaftsform der Alten Welt – in die Elite katapultieren konnte. Der Erfolg wurde zum Maßstab aller Dinge und formte eine Geisteshaltung, die der Choctaw Peter Pitchlynn »Geisteskrankheit« nannte. Er übersah, daß die Indianer – gleichgültig, ob zivilisiert oder steinzeitlich – mit einem Vorgang zu tun hatten, der zwei konträre menschliche Entwicklungsstufen miteinander verbunden und verschmolzen hatte: nämlich eine zivilisatorische Hochkultur auf der einen mit dem prähistorischen »Recht des Stärkeren« auf der anderen Seite. Diese beiden vereinigten sich in der anbrechenden Epoche der industriellen Revolution zu einer vollkommen neuartigen Form menschlichen Barbarentums.

Je hektischer sich die Rohheit und Wildheit des Rekordleistungsdenkens im elitären Bewußtsein dieser Masse von Amerikanern steigerte, um so mehr übernahmen geistige und religiöse Grundsätze, die statisch geblieben waren, reine, bedeutungslose Alibifunktionen. Begriffe wie Gerechtigkeit, Menschlichkeit, Brüderlichkeit und Nächstenliebe gerieten immer mehr zu Paradoxien, die stereotyp – wie aus einer Gebetsmühle – immer öfter hergesagt wurden, je eklatanter sich die Taten im Gegensatz zu den religiösen Lehrsätzen befanden.

Diese allgemeine Bewußtseinsspaltung wurde zum regelrechten Patentrezept, das es tatsächlich möglich machte, geradezu groteske Widersinnigkeiten miteinander zu vereinen und zur erfolgreichen Leistung hochzustilisieren. Paradebeispiel für dieses Phänomen ist die höchstrichterliche »Theorie vom Verhältnis der Indianer zu den Vereinigten Staaten«, die das Oberste Gericht der USA als Leitmotiv für die gesamte folgende Indianerpolitik verkündete:

»Mit den Indianern, die innerhalb der anerkannten Grenzen unseres Staates leben, unterhalten wir Beziehungen, die vollkommen von den gewohnten Beziehungen zwischen zwei existierenden Völkern verschieden sind. Normalerweise sind Nationen, die keine gemeinsame Untertanenpflicht verbindet, fremde Nationen. Doch es steht außerhalb jeden Zweifels, daß diese Indianerstämme, die sich innerhalb unserer Staatsgrenzen aufhalten, nicht fremde Nationen genannt und als solche anerkannt werden können. Man kann sie korrekt vielleicht nur als inländisch abhängiges Volk bezeichnen. Sie halten ein Gebiet besetzt, welches unser völkerrechtliches Eigentum ist, das unabhängig von ihrem Willen entstanden ist. Dieses übergeordnete Eigentumsrecht tritt automatisch dann in Kraft, wenn ihr Besitzrecht außer Kraft gesetzt wird und erlischt. In der Zwischenzeit befinden sie sich in einem Zustand der Minderjährigkeit; ihr Verhältnis zu den Vereinigten Staaten ist mit dem eines Mündels zu seinem Vormund vergleichbar. Sie erwarten von unserer Regierung Schutz, vertrauen auf unsere Güte und Macht, appellieren an unsere Fürsorge und verstehen den Präsidenten als ihren Großen Vater [...]«[11]

Diese »Mündel-Theorie« wurde mit ihrer Verkündigung nicht etwa zur Debatte gestellt, sondern sie war geltendes Recht! Und das Verständnis für dieses Recht rekrutierte sich aus den – aus der Alten Welt übernommenen – Praktiken im Verhältnis vom minderjährigen Mündel zum Vormund. Nach den Praktiken um 1830 aber war ein Mündel rechtlos jeder Willkür des Vormundes ausgeliefert, der mit seinem Willen selbst die elementarsten Bedürfnisse bestimmte, notfalls mit Gewalt. Hierzu gehörte nicht nur die Nutznießung am Vermögen des Mündels, die Bestimmung über seinen persönlichen Besitz und Aufenthaltsort, sondern auch unbedingter Gehorsam gegenüber allen Maßnahmen und Verlangen des Vormundes, der – selbstverständlich – auch Glaubensbekenntnis, Bildung und Ausbildung bis ins letzte Detail bestimmte. Jede noch so geringe Renitenz wurde mit schwerer körperlicher Züchtigung und Entzug der Befriedigung selbst elementarster Bedürfnisse bestraft (viele ungehorsame Mündel wurden zum Beispiel dem »Erziehungsmittel« der Dunkelhaft und des Essensentzugs unterworfen). Der Mündelpraxis in der Alten Welt und ihren Kolonien gegenüber konnte aber die amerikanische Praxis als geradezu liberal bezeichnet werden, was wiederum den Amerikanern reichlich Anlaß bot, die salbungsvolle Urteilsbegründung, die an Großmut, Menschenfreundlichkeit, Nächstenliebe, Großzügigkeit und Vertragstreue gemahnte, für einen weiteren Meilenstein auf dem Wege zum amerikanischen Himmel auf Erden zu halten. Wo in der Welt der anderen Menschen wurde schon Heidentum, Wildheit, Grausamkeit und Ungehorsam mit einer solchen Langmut, Behutsamkeit und Opferbereitschaft gelohnt!

Gerade die hochzivilisierten Indianernationen des amerikanischen Ostens, deren Gesellschaftsstruktur seit jeher auf einem Höchstmaß an individueller Toleranz beruhte und die deshalb der christlichen Lehre von der Gleichheit aller Menschen und Nächstenliebe mühelos gefolgt waren, standen dieser Handlungsweise der Amerikaner mit völliger Fassungslosigkeit gegenüber. Sie hatten die komplizierte Form amerikanischer Gesetzes- und Administrationsprozeduren in bemerkenswert kurzer Zeit beherrschen gelernt, konnten aber einfach nicht begreifen, daß alle diese Normen nur den Rahmen eines Gesellschaftsspiels hergaben, in dem die Regeln des Erfolgs um jeden Preis herrschten. Sie würden diese »Prinzipien« nie begreifen, weil ihnen Besitz und Eigentum, rassische und religiöse Intoleranz, Moralheuchelei, Eliteprestige, Gehorsam und Untertanengeist vollkommen fremd waren. Sie erkannten Geisteswissenschaften und Technik als vorteilhafte Errungenschaften an, bedienten sich ihrer auch und gerieten schon bald durch veränderte Lebensumstände in Abhängigkeit zu ihnen; aber sie konnten solchen Fortschritt menschlichen Geistes nicht in Einklang mit Eroberungs- und Herrschgelüsten – also mit einem ihnen krankhaft erscheinenden Maß an Aggressivität – bringen. Diese Unfähigkeit aber machte sie – ganz abgesehen von ihrer zahlenmäßigen Unterlegenheit – von vornherein zu Verlierern und ließ ihnen keine andere Wahl, als ihre spezifisch indianischen Charaktereigenschaften aufzugeben und sich zu amerikanisieren – oder unterzugehen. Da aber Integration in den amerikanischen »Way of Life« gleichzeitig Totalaufgabe der eigenen Identität bedeutete, gab es für die Indianer keine Alternative.

In diesen entscheidenden Jahren, die das Selbstverständnis der Amerikaner prägten und die daher oft als »formative years« bezeichnet werden, setzte sich selbst in Politik und Präzedenzrechtsprechung jene nur an Leistung und wirtschaftlichem Erfolg orientierte Geisteshaltung durch. Damit war die historisch unwiederbringliche Chance vertan, dem heraufdämmernden Zeitalter der Technik einen »Drall zur Menschlichkeit« zu geben. Die lebensbejahende, biophile Geisteshaltung der Indianer hätte der aggressiven, nekrophilen der weißen Rasse, die an ihren vom Christentum erzeugten Angst- und Tabupsychosen fast erstickte, entscheidende, befreiende Impulse geben können. Aber vier (gekaufte?) Stimmen im Kongreß, die 1830 für die Aufhebung der Menschenrechte der Indianer stimmten, hatten die Weichen für eine Zukunft gestellt, in der Staat und Kommerz untrennbar miteinander verzahnt sein würden. »Reichtum und Frömmigkeit gehören zusammen«, verkündete der Bischof von Massachusetts, und folgerichtig entwickelte sich nach dieser Maxime der Kommerz-Stil der amerikanischen Gründerjahre, vom Recht begünstigt, vom Gesetz gedeckt, von der Politik gestützt und den Bajonetten der Armee geschützt, aus denen die ersten Superreichen – mit brutaler Gewalt, aber frommem Gehabe – hervorgingen. Der Weg zur Bildung riesiger Trusts, gegen deren Menschenverachtung die Praktiken barocker Tyrannen wie kindlich-naive Spielereien anmuten, war damit frei, der Geist der (indianisch inspirierten) Verfassung nirgends mehr zu spüren.

Schon 1834 verabschiedete der Kongreß zwei neue grundlegende Gesetze, die die Vormundschaft über die Indianer innerhalb der USA bis in alle Details regelte: Die »Abteilung für

Indianerangelegenheiten« wurde dem Kriegsministerium zugeteilt, ein Netz von Agenturen planmäßig über das westliche Territorium gelegt, Verantwortung und Vollmachten der Agenten erheblich erweitert. Gleichzeitig erteilte man dem Präsidenten die Vollmacht, US-Offiziere zu Indianer-Agenten zu ernennen. Die Indianer-Agenten erhielten wiederum Vollmacht, nach eigenem Ermessen Handels-Lizenzen für den Handel mit Indianern zu erteilen und Verträge mit entsprechenden Firmen zu tätigen. Die Errichtung von Missionsschulen und Farmen, die Anschaffung von landwirtschaftlichen Geräten, Saatgut und Haustieren wurde bis ins kleinste Detail geregelt, und für jede Agentur die Ausgabe von »Rationen« für Indianer, die sich den Anordnungen des Agenten fügten, vorgesehen. Indianer, die den Anweisungen des Agenten folgten, galten als »freundliche« Indianer, solche, die sich weigerten, als »feindliche«. Planstellen für Dolmetscher, Agentur-Polizei, Lehrpersonal und Lagerverwalter wurden eingerichtet, und jeder Agent hatte in einem Jahresbericht ausführlich seine Tätigkeit und die Erfolge und Fortschritte der Indianer zu beschreiben und eine Bilanz zu erstellen.

Besondere Bevollmächtigte erhielten Planstellen als »Friedensvertrags-Unterhändler«, ein Budget für Verhandlunsgeschenke und Sonderrationen. Auch hier erhielt der Präsident Vollmacht, diese Posten an US-Offiziere zu vergeben.

In einem »Intercourse Act« (Gesetz über den Umgang mit Indianern) wurde der Whisky-Handel mit Indianern unter strenge Bestrafung gestellt, den Agenten Vollmacht gegeben, Zuwiderhandlungen zu bestrafen, Vorräte zu vernichten und Zutritt-Erlaubnisscheine für das Betreten des Indianergebiets zu erteilen. Der Präsident erhielt die Weisung, Feindseligkeiten unter den Stämmen zu verhindern, und Vollmacht, sie mit »geeigneten Mitteln« zu unterbinden. Das Gesetz erklärte alles Landgebiet, »das sich nicht innerhalb der Grenzen eines Bundesstaates oder Bundesterritoriums befindet«, für »Indian Country«. Den Begriff Indianerland definierte es lapidar mit: »[...] ist jeweils das Gebiet, das mit den entsprechenden Stämmen, die eine Aufenthaltserlaubnis besitzen, von Vertrag zu Vertrag ausgehandelt und in seinen Grenzen festgelegt wird«. Besitzrechttitel erhielten nur die aus dem Osten in den Westen evakuierten Indianernationen. Kein Indianer hatte das Recht, sein Besitzrecht an jemand anders als an die US-Regierung zu vergeben oder zu verkaufen. Die Superintendenten, Agenten und Unteragenten hatten die Möglichkeit zu schaffen, daß alle Indianer, die sich »eines Verbrechens, einer strafbaren Handlung oder Übertretung schuldig gemacht haben, ihrer Bestrafung zugeführt werden können«. Der Präsident wurde bevollmächtigt, notfalls militärische Gewalt anzuwenden, um die korrekte Bestrafung zu gewährleisten. Besonders wurde für »den Fall der Uneinbringlichkeit eines Täters die Geiselnahme« empfohlen. Und was Feindseligkeiten zwischen den Stämmen betraf, so formulierte das Gesetz kategorisch: »Es liegt allein im Ermessen der Regierung der Vereinigten Staaten, wann sie zu beenden sind.«

Mit diesem Gesetzeswerk wurde der bürokratische Mammutapparat des »Department of Indian Affairs« (später »Bureau of Indian Affairs«) begründet, in dem sich jeder Büroangestellte auf einer Planstelle als Indianer-Vormund fühlen konnte. Das Kriegsministerium erhielt für diese Aufgabe ein gewichtiges Budget. Die Geldsummen, die nun Jahr für Jahr in steigendem Maße nach Westen in die Indianer-Agenturen flossen, bildeten höchsten Anreiz für Schiebungen, Bestechungen, Unterschlagungen und Betrügereien. Und jeder Agent, Unteragent, US-Offizier, Dolmetscher, Sonntagsschullehrer und Hilfsarbeiter konnte sich ebenfalls als Indianer-Vormund fühlen und nach »Reichtum und Frömmigkeit« streben, solange es rothäutige Mündel zu bevormunden gab. Immerhin war es den Initiatoren und Gesetzesmachern ernst mit ihrer Absicht, den »wilden Eingeborenen« die Wildnis westlich des Missouri zu überlassen. Es war sogar viel philantropisches Engagement in den Texten der Gesetzeskommentare zu spüren, sozusagen eine Art moralischer Wiedergutmachung für die Brutalität, mit der man die Indianer östlich des Missouri behandelt hatte.

Wesentlichen Einfluß auf die Gesetzgebung und auf die Regierung in Washington übte jedoch erstmals in der US-Geschichte die »Lobby« des amerikanischen Pelzhandels aus: Der Tauschhandel mit den nomadischen Indianern des Westens hatte sich als äußerst lukratives Geschäft erwiesen, dem sich seit 1800 Großbritannien über seine schottische »North West Fur Company« intensiv widmete, während französische Pelzhandelsgesellschaften auf rein privater Basis operierten, da die Regierung von Frankreich sehr in europäische Konfrontationen verwickelt war und deshalb wenig Interesse zeigte. Johannes Jakob Astor hatte mit seiner »American Fur Company«, seinen zahllosen Handelsforts und -posten, immer zahlreicher werdenden Händler- und Trapperkolonnen ein regelrechtes Imperium im Westen begründet, das immense Profite abwarf. Als sich weitere amerikanische Pelzhandelsgesellschaften im Westen etablierten (Missouri Fur Company, Rocky Mountains Fur Company), geriet der Pelzhandel zum regelrechten Konkurrenzkrieg zwischen englischen, französischen, spanischen und amerikanischen Gesellschaften, in dem die Pelzhändler einander ihre indianischen Handelspartner durch großzügige Whisky-Geschenke abzujagen versuchten. Astor etablierte erstmalig in der US-Geschichte eine ständige Firmen-Delegation in Washington, deren Aufgabe darin bestand, Senatoren und Kongreßabgeordnete, Minister, Staatssekretäre und auch den Präsidenten selbst mit großzügigen Geschenken und Zuwendungen seinen Geschäfts-Interessen gegenüber geneigt zu machen. Er erreichte es bereits 1812, daß die US-Regierung den Pelzhandel mit den Indianern innerhalb des US-Staatsgebietes lizensierte. Da sie an Astors Konkurrenten keine Lizenzen vergab, sicherte sich damit Astor praktisch das erste Handelsmonopol der amerikanischen Geschichte. Astor wiederum revanchierte sich damit, daß er der Regierung ausführliche geographische Erkundungsbeschreibungen des unbekannten Territoriums zusicherte. Offiziell erfüllte er »uneigennützig eine vaterländische Aufgabe«, indem er Fremde daran hinderte, amerikanische Naturschätze auszubeuten, und die Gefahr verringerte, daß Engländer, Franzosen und Spanier die Indianerstämme gegen die Souveränität der USA aufwiegeln könnten.

So war schon in der Frühzeit der Pioniergeschichte des amerikanischen Westens der Kommerz mit dem Staat in einer Weise verbunden, die John Hay, den Berater mehrerer Präsidenten, auf dem Höhepunkt der industriellen Gründerjahre zu der resignierenden Feststellung veranlaßte, daß das Vorbild für die ganze Welt längst schon nicht mehr »eine Regierung des Volkes, durch das Volk und für das Volk« besaß, sondern »eine Regierung von Unternehmen, durch Unternehmen und für Unternehmen«.

Die Erkenntnis, daß schon in der Frühentwicklung der USA harte Profitinteressen maßgeblich hinter den meisten gewichtigen Entscheidungen der Rechtsprechung, Gesetzgebung und Administration standen, ist für das Verständnis der weiteren Geschichte des amerikanischen Westens und der Bildung nationaler Mythen und Legenden von entscheidender Bedeutung.

Aber der Einfluß des Profitstrebens blieb nicht allein auf die großen elementaren Weichenstellungen beschränkt, sondern reichte bis zum letzten Indianer-Agenten, bis zur kleinsten Western-Zeitung, bis in die entlegenste Heimstättenhütte und tief in alle epochalen Entwicklungen hinein.

»Den Indianern soll mit höchstmöglicher Redlichkeit gegenüber gehandelt werden; Land und Eigentum sollen ihnen niemals ohne ihr Einverständnis genommen werden; und in ihrem Besitz, ihren Rechten und Freiheiten, sollen sie niemals beeinträchtigt oder eingeschränkt werden, außer in gesetzlich gerechtfertigten, vom Kongreß autorisierten Kriegen.«[12]

Auf der Suche nach dem sagenhaften Goldschatz in den »sieben Städten von Cibola« drang 1540 der spanische Eroberer Francisco Vasquez de Coronado über den Rio Grande del Norte mit 250 gepanzerten Reitern, mehr als tausend Reservepferden, Maultieren und einer Herde von andalusischen Longhornrindern tief in den nordamerikanischen Kontinent vor. Im westlichen Neu-Mexiko verlor er in einem verheerenden Hagelsturm nahezu alle Reservepferde und Rinder, drang aber weiter nach Norden und Westen – bis ins heutige Kansas – vor und kehrte schließlich wieder in die neuspanische Provinz Mexiko zurück. Er hatte keine sieben Städte von Cibola gefunden, und kein Gold.

Bereits um 1600 bildeten die entlaufenen Pferde und Rinder in den Plains große Wildpferdrudel und Wildrindherden, und aus den Kreuzungen der Pferde entstand die Rasse des amerikanischen Mustangs.

Bis zu diesem Zeitpunkt waren die steppenartigen Plains menschenleer geblieben, weil die in ihnen vorhandenen Wasserquellen zu spärlich flossen, um Menschen einen Aufenthalt zu ermöglichen. Die wenigen großen Flüsse, die an der Wasserscheide der Rocky Mountains entspringen und dem Missouri zufließen, werden größtenteils von den Schmelzwassern versorgt, die nach der Schneeschmelze versiegen. Länger als sechs Monate sind die meisten Bäche und Flüsse trocken. Die baumlose Prärie, in der es Baumwuchs nur unmittelbar in den Flußtälern gab, bildete einen Ozean aus Gras, in dem die Wasserquellen in der Regel so weit voneinander entfernt lagen, daß diese Entfernungen von den damals einzigen Lasttieren der Indianer, von Hunden, nicht überbrückt werden konnten.

So waren die Plains – jahrtausendelang von Menschen unberührt – Reservate für immense Büffel- und Wildherden, denen sich ab 1540 die rapide wachsenden Wildrind- und Wildpferdherden zugesellten.

Die südwestlichen Stämme der Kiowa-Apachen, Utes und Comanchen, die von den spanischen Eroberern besucht worden waren und mit Erstaunen gesehen hatten, daß von diesen die »großen Hunde« als Reittiere verwendet wurden, bemächtigten sich als erste der Mustangs (Kiowa-Apachen ab 1600, Utes ab 1659, Comanchen ab 1660) und erlebten mit enthusiastischen Hochgefühlen, daß ihnen das Pferd nicht nur eine neue Kultur vermittelte, sondern ihnen auch eine bis dahin nicht für möglich gehaltene Stärke und Macht verlieh: Vormals unüberbrückbare Entfernungen schrumpften nun so zusammen, daß man die Wasserquellen der Plains mühelos erreichen konnte. Die erhöhte Mobilität verschaffte ihnen eine geradezu phantastische Überlegenheit über ihre Feinde.

Nahezu unbelästigt von natürlichen Feinden entwickelten sich die Pferde und Wildrinder allmählich zu riesigen Herden, die – auf der Flucht vor den indianischen Fängern und weil nach Norden zu das Gras höher und saftiger wurde – nach Norden wanderten. Die Wichitas, Arapahoes, Osages, Cheyennes, Arikaras und Shoshonen verwandelten sich zwischen 1670 und 1700 allmählich in nomadische Reiterstämme. Zwischen 1700 und 1740 erhielten die Siouxstämme, die an den südwestlichen Ufern der großen nördlichen Seen halbnomadischen Ackerbau trieben, erstmals Pferde.

Die Veränderungen des Lebens der Indianer im allgemeinen und der Sioux im besonderen, die ihnen das Pferd brachte, waren großartiger und elementarer, als die Folgen des Automobils für unsere Zivilisation:

Die bisher menschenfeindliche Grassteppe bot den Indianern mit ihrem verschwenderischen Reichtum an Wild ein nomadisches Jägerleben, wie man es sich idealer überhaupt nicht vorzustellen vermag. Unermeßlich große Bisonherden, Gabelantilopen, Rehe, Hirsche und Elche, Millionen wilder Truthähne, Rebhühner und Fasanen, aber auch Bären, Pumas, Wölfe, Kojoten, Biber, Ottern, Vielfraße, Füchse, Adler, Falken, Habichte, Wildenten und Wildgänse, wilde Pflaumen, Orangen, Kirschen, Birnen, zahllose beerenartige Baumfrüchte, nahrhafte Gräser und Wildmais stellten geradezu ein Füllhorn der Natur dar.

Die durch das Pferd geschrumpften Entfernungen waren nun überbrückbar geworden. Neue gewaltige Räume einer unberührten Wildnis erschlossen sich den Indianern. Die Schnelligkeit des Pferdes erlaubte ihnen, jedes schnelle Wild problemlos zu erlegen, auf das sie vorher verzichten mußten oder dessen sie nur durch zeitraubende und anstrengende Gruben- oder Fallenjagd, und das nur selten, habhaft wurden. Sie erlaubte ihnen auch, Angriffe mit großer Schnelligkeit auszuführen und sich jeglicher Verfolgung ihrer pferdelosen Feinde blitzschnell zu entziehen.

Das Gefühl ungebundener und überlegener Freiheit auf dem Rücken der Pferde steigerte sich bei den zu Reitervölkern gewordenen Indianern, die nun Besitz von der Prärie ergriffen, zu einem nie dagewesenen Glücksgefühl, zu einem neuen Lebensenthusiasmus der Unüberwindbarkeit.

Mit dem Pferd vollbrachten sie Dinge, die ihre Vorväter für unmöglich gehalten hätten. Und deshalb empfanden sie das Pferd als eine besondere Gabe des »Großen Geistes des Lebens«, als ein dauerndes Erlebnis ewiger Jagdgründe auf Erden. Sie fühlten sich als die großen, beinahe göttergleichen Eroberer und Entdecker dieser unendlich scheinenden Prärieregion, die im Osten vom »Vater aller Ströme«, dem Mississippi, im Westen von den himmelhohen Bergketten der Rocky Mountains begrenzt war. Sie, die den Tieren der Natur ohnehin schon in ganz besonders mythischer Weise verbunden waren, die in allem Existierenden das große beglückende Geheimnis des Lebens sahen, für die Himmel und Erde in einer einzigen großen Harmonie, Tiere, Pflanzen und Menschen, ja selbst Steine, Wolken und Wasser in einem einzigen gewaltigen Rhythmus eines unendlichen Wunders vereinigt waren – diese Indianer entwickelten in jener Zeit ihrer Eroberung des neuen Lebensraums der Plains jenen Stolz und jene Arroganz, die sie später – und für (scheinbar) alle Zeiten – unfähig machen würde, wieder seßhaft und zu Ackerbauern zu werden. Entsprechend herablassend und selbstherrlich begegneten sie Indianern, die in festen Häusern und Dorfgemeinschaften lebten und Äcker bestellten.

Die Beherrschung des Reitens führte nicht nur zu einer Art geheiligten Sports, sondern zu einem ganze Völker erfassenden Rekordgeist, wie ihn sonst nur die Leistungsgesellschaft des technischen Zeitalters hervorgebracht hat. Reittechniken, Zähmungspraktiken, Kurz- und Langstreckenrennen, Kriegsstrategien und Kampfesweisen waren eindeutig auf Hochleistung ausgerichtet, deren Vorbereitung schon in frühester Jugend begann und sich fortsetzte, bis ein Mann sich nicht mehr im Sattel halten konnte. Das ganze Denken und Handeln dieser Reitervölker kreiste um das Pferd. Vollkommen neue Kulturgewohnheiten entwickelten sich in nur wenigen Jahrzehnten. Im Südwesten waren es die Comanchen, die das Reiten zur vollkommenen Meisterschaft entwickelten, im Norden die Siouxstämme.

Stammesgliederung der Sioux-Nation:
Ursprüngliche Gliederung: 7 Ratsfeuer (als sie noch die östlichen Waldrandgebiete und Teile des Mississippi-Quellgebiets besetzt hielten).
1. Mde-wa-kan-ton-wan (Siedlung am Heiligen See). 2. Wah-pe-ku-te (Laub-Schützen). 3. Wah-pe-ton-wan (Siedlung des Laubes). 4. Si-se-ton-wan (Siedlung im Sumpf). 5. I-hank-ton-wan-na (Obere End-Siedlung). 6. I-hank-ton-wan (Untere End-Siedlung). 7. Te-ton-wan (Prärie-Siedlung).
Nachdem sich die Sioux im Seengebiet und in Coteau des Prairies niedergelassen hatten, unterschied man nur noch Hauptstammesgruppen:

1. Santee-Sioux (Mdewakanton, Wahpekute, Wahpeton und Sisseton)
2. Yankton (Yanktonnais und Yankton)
3. Teton, auch Lakota mit Unterstammesgruppen: Brulé (Si-can-gu = Verbrannte Schenkel); Sans Arc (I-taz-ip-co = Keine Bogen); Blackfeet (Si-ha-sa-pa = Schwarzfüße); Minniconjou (Mi-ni-kon-ye = die am Wasser pflanzen); Two Kettles (Oo-hen-on-pa = Zweifach-Kocher); Oglalas (O-gal-lal-las = Bergwanderer); Hunkpapas (Onc-pa-pas = die einsam Lagernden); Teton (die Prahler, die Arroganten).

Diese Siouxstämme hatten jahrhundertelang in den westlichen Randzonen des Waldgebietes gelebt, bis ihre mächtigen Nachbarn, die Chippeways, von französischen und englischen Kolonisten Feuerwaffen erhielten und damit schlagartig den Sioux haushoch überlegen wurden. Ihrem Druck nachgebend, verließen die Sioux ihre schützenden Waldgebiete an den Großen Seen und trieben die bäuerlichen Cheyennes und Arapahoes wiederum aus den diesen angestammten Ackerbau-Gebieten des heutigen Minnesota vor sich her auf den Missouri zu. Dort siedelten bereits seit undenklichen Zeiten die Mandans mit ihrer typischen Erdhütten-Bauernkultur in den fruchtbaren Flußniederungen. So bekamen die Sioux den Druck der weißen Besiedlung des Ostens des Kontinents zu spüren, noch ehe sie von dessen Ursache, den Massen der weißen Kolonisten, überhaupt etwas zu sehen bekamen. Die überlegenen Feuerwaffen, mit denen die Chippeways sie aus ihren angestammten Waldrandgebieten vertrieben, machten es für die Sioux zu einem Problem nackter Existenz, auch nun ihrerseits zu versuchen, solche Waffen zu erhalten. Dies brachte sie in Verbindung mit französischen und englischen Tauschhändlern, für die die Pelze von Bibern, Ottern etc. als Tauschwaren eine unerschöpfliche Quelle gewaltigen Profits bedeuteten. Sie lieferten den Sioux nicht nur die begehrten Feuerwaffen, Pulver, Blei, Kugelzangen und Feuersteine, sondern vor allem auch Eisenwerkzeuge, Messer, Beile, Töpfe, Nadeln und sonstige Geräte, die ihr alltägliches Leben erheblich erleichterten. So waren zum Beispiel eiserne Pfeilspitzen nicht nur haltbarer und daher bedeutend öfter zu verwenden, sondern sie erlaubten neue Treffertechniken. Die Messer, Beile, Tomahawks, Zangen, Scheren, Hämmer, Meißel etc. ersparten ihnen die ganze handwerkliche Kunstfertigkeit, die bisher zur Herstellung aus minderwertigem Naturmaterial notwendig gewesen war. Reines Salz, raffinierter Zukker und Tabak, Garn, Hanf, Draht, sowie Sägen und viele andere Geräte und Werkzeuge waren ihnen sehr bald unentbehrlich. Sie gaben Veraltetes auf und gerieten, ohne dies zunächst zu bemerken, in immer größere Abhängigkeit von den Utensilien des weißen Mannes, je mehr mobile Unabhängigkeit sie errangen.

Jahrzehntelang waren die Sioux allen jenen Völkern überlegen, die Pferde, aber keine Feuerwaffen, oder Feuerwaffen und keine Pferde besaßen. Und als die meisten Plainsvölker beides besaßen, hatten die Comanchen im Süden und die Sioux im Norden ihre Macht so gefestigt, daß sie nicht mehr in Frage zu stellen war.

Von den mit Feuerwaffen versehenen Chippeways – die auch zahlenmäßig eines der großen Indianervölker waren – aus den westlichen Waldrandgebieten in das Hügelland um die Mississippi-Quellen im heutigen Minnesota gedrängt, erhielten die Sioux etwa um 1730–40 Pferde, und etwa um 1740–50 Feuerwaffen.

Wenige Jahrzehnte danach spalteten sich die ersten Stammesgruppen der Brulé und Oglala ab und wanderten durch die Prärie zwischen Mississippi und Missouri. Während ihnen allmählich die Teton-Dakota-Stammesgruppe mit den Minniconjous, Sans Arcs, Two Kettles, Blackfoot-Sioux und Hunkpapas folgten, überquerten die Brulés und Oglalas den Missouri, drangen in die Plains ein, trieben die Kiowas, Kiowa-Apachen und Cheyennes vor sich her nach Süden und ließen sich im Stromgebiet des White River nieder, das frühe Trapper als »Indianerparadies« priesen.

Während die Santee-Sioux in Minnesota und im östlichen Dakota blieben (weil der junge und unabhängige Staat der Amerikaner zwischen ihnen und ihren Erzfeinden, den Chippeways, in einem frühen Friedensvertrag vermittelnd eingegriffen hatte), die Yanktons im Gebiet östlich des Missouri siedelten und als seßhafte Ackerbauern ihre alte Pflanzerkultur weiterpflegten, verwandelten sich die westlichen Sioux, die »arroganten« Teton-Sioux, in jenes stolze nomadische Reitervolk des Kulturbereichs der Plains-Jäger, das der Invasion der Amerikaner den härtesten und nachhaltigsten Widerstand entgegensetzte.

Bis zum Beginn der amerikanischen Völkerwanderung, die Besitz von den Plains ergriff, waren die Erfahrungen der Sioux (von nun an sind immer nur die Teton-Sioux gemeint) mit Weißen bessere, als sie alle anderen Indianerstämme zuvor gemacht hatten: Im Nordosten der atlantischen Region Nordamerikas waren die britischen und französischen Kolonisten gleich vom ersten Augenblick an als Eindringlinge aufgetreten, denen es um nichts anderes als um Land ging. Die Völker der Irokesen- und Algonkin-Sprachgruppen lernten die Kolonisten der europäischen Imperien – und auch die des jungen amerikanischen Staates – als hinterlistige Vertragspartner, brutale Feinde und tückische Lügner kennen, denen kein Mittel der Gewalt und Arglist ungeeignet schien, sich ihres Landes zu bemächtigen. Die zwei Jahrhunderte von 1630 bis 1830 waren für diese Indianervölker ein einziger permanenter Kriegszustand gewesen, in dem sie wechselseitig versuchten, sich durch Parteinahme für Engländer, Franzosen oder Amerikaner vor Repressalien, Massakern und Beraubung zu schützen. Aber auf welcher Seite auch immer sie sich kämpfend engagierten, sie – die Indianer – blieben in jedem Falle die Verlierer, obwohl sie entscheidend in den Kolonialkriegen zum Sieg Englands über Frankreich und schließlich zum Sieg der USA über England beitrugen. Wie sehr ihr Beitrag und Blutzoll auch die Sieger und Verbündeten gestützt haben

Cheyenne-Häuptling Plenty of Horses

mochte, im Endeffekt waren sich sowohl Franzosen wie Briten, Spanier und Amerikaner darin einig, den Indianern immer mehr Land wegzunehmen, bis schließlich mit der Evakuierungs-Gesetzesmaßnahme alle Indianer aus dem ganzen amerikanischen Osten entfernt wurden.

Im Südosten der atlantischen Region traten die spanischen Eroberer sofort als brutale Feinde auf und führten einen unerklärten Vernichtungs- und Versklavungskrieg. Diesen Indianern erschienen die Amerikaner mit ihrem Unabhängigkeitskrieg zunächst als Retter vor der spanischen Aggression. Aber schon wenig später stellte sich heraus, daß sie auch von diesen freiheitsstolzen Amerikanern nichts anderes als Unrecht, Raub und Mord zu erwarten hatten: Die amerikanischen Siedler in Florida, Louisiana, Alabama und Texas betrieben eine noch brutalere Ausrottungsstrategie als die Spanier.

Im Südwesten der zunächst spanischen Provinzen (später West-Texas, Neu-Mexico und Arizona) errichteten spanische Vizekönige und Jesuiten in Gold- und Silberbergwerken der Rocky Mountains und den Pueblo-Siedlungen der Wüstenzonen ein Schreckensregiment des Terrors und der Versklavung, dem allerdings die Apachen und Comanchen erbitterten Widerstand entgegensetzten. Während die Apachen als geborene Wüstenräuber und die Comanchen als furioses Reitervolk die spanische Kolonisierung dieser südlichen Provinzen seit 1680 stoppten, gingen sie ab 1760 sogar zum Angriff gegen die spanischen Kolonisten über. So intensiv und mörderisch waren ihre ständigen Attacken, daß diese Kolonisierung schließlich 1824, als Mexiko seine Unabhängigkeit von Spanien ertrotzte, nicht nur gestoppt wurde, sondern die Kolonien regelrecht verödet waren. Die meisten Weißen hatten nach immensen Verlusten und häufigen Massakern Neu-Spanien und schließlich Neu-Mexiko so gut wie verlassen. Erst mit der Unabhängigkeit der mexikanischen Provinz Texas von Mexiko änderte sich die Situation. Die Texaner waren Amerikaner, und seit ihrem Entscheidungskampf am San Jacinto im Jahre 1836 vertraten sie Indianern gegenüber die rigoroseste Ausrottungspolitik, die der nordamerikanische Kontinent jemals erlebt hatte. Ihr militärischer Doppelsieg über Mexiko (1837 und 1848) hatte sie in der Theorie bestärkt, daß die beste »Lösung« des Indianerproblems allein deren totale Vernichtung und Austreibung sei. Bis auf die kriegerischen Comanchen, die von 1850 bis 1876 ihre Existenz in ununterbrochenen Rückzugsgefechten notdürftig sichern konnten, dann aber schließlich auch in der äußersten Wüstenecke des Texas-Pfannenstiels zur Aufgabe und bedingungslosen Kapitulation gezwungen wurden, gaben alle Indianerstämme dieser Region schon bis 1855 auf: Texas war 1856 von Indianern »gesäubert«. Der Widerstand eines kleinen Häufleins von Apachen in Neu-Mexiko und Arizona wurde 1886 nach einem jahrelangen Feldzug der US-Armee auch dort endgültig gebrochen.

Die Indianerstämme der pazifischen Küstenregion im Nordwesten lernten die Amerikaner um 1840 mit dem Beginn der Oregon-Besiedlung kennen und wurden nahezu drei Jahrzehnte in ihren Reservationen einigermaßen in Ruhe gelassen. Dann aber begann auch dort in einer Reihe kleiner Schlachten ihre Ausrottung.

Während des Goldrauschs in Kalifornien und Nevada rotteten die Goldsucher ab 1850 die dort lebenden kleinen Stämme – als »Jagdspaß« – so gründlich aus, daß es dort zehn Jahre später so gut wie keine Indianer mehr gab.

Nur die Plains-Stämme blieben während der Pelzhandelsära ein ganzes Jahrhundert lang (1740–1840) von der Aggression der Weißen verschont. Diese nomadischen Jäger sammelten Erfahrungen mit einem Typus von Weißen, den es nicht nur unter Amerikanern selten gab, sondern der dieser puritanischen Gesellschaft selbst suspekt erschien, aber diese Indianer glauben ließ, daß alle Weißen so seien.

Die Interessen dieser Spanier, Franzosen und Briten, die sie vor dem amerikanischen Unabhängigkeitskrieg kennenlernten, trafen sich mit denen der Indianer im gemeinsamen Pelzhandel:

Der Pelzreichtum des amerikanischen Westens bedeutete für die Europäer ebensoviel wie für die spanischen Konquistadoren das Gold der Inkas, Mayas und Azteken oder für die Kolonisten das Land der Delawaren und Irokesen.

Für die Indianer waren Feuerwaffen und das technische Jagd- und Haushalt-Instrumentarium, glitzernder Glas- und Muschelperlenschmuck, Zucker, Tabak und Schießpulver von unermeßlichem Wert.

Zunächst begegneten sich Anfang des 18. Jahrhunderts beide Rassen beim Tauschhandel mit einer gewissen inneren Überheblichkeit, weil jeder den anderen für einigermaßen dumm hielt: In den Augen der Trapper und sogenannten »Mountain-Men« (deren Lebens- und Jagdgebiete in den Bergen der Rocky Mountains lagen) gaben die Indianer höchst wertvolle Pelze für wertlosen Plunder aus Eisen, Blech und Glas her, und umgekehrt die Trapper höchst wertvolle Eisengeräte und Glasperlenschmuck für wertloses Pelzzeug, von dem man mehr als genug besaß und mühelos mehr beschaffen konnte. Im weiteren Verlauf entwickelten sich diese Beziehungen für beide Teile rundherum vorteilhaft. Die weißen Händler verspürten so gut wie keinen Ehrgeiz, die Indianer im Preis herunterzuhandeln, da ihre Profitspanne sowieso enorm war.

Über den reinen Tauschhandel hinaus aber vertieften sich auch die persönlichen Beziehungen: Die Indianer lernten den technischen Verstand der Weißen schätzen, ihre rasche Improvisationsgabe, ihr unglaubliches Anpassungsvermögen, ihre physische Härte und Ausdauer und ihre Fähigkeit, spontan Entschlüsse zu fassen und diese sofort und ohne Zögern in die Tat umzusetzen – eine Eigenschaft, die Indianern allgemein fehlte.

Die Weißen wurden durch die mythologische Naturgebundenheit des Indianers allmählich immer mehr vom reinen Profitdenken abgelenkt. Sie lernten die Ungebundenheit, das Höchstmaß an individueller Freiheit, die sprichwörtliche Toleranz der Indianer schätzen. Sie bemerkten, daß die in ihrer Rasse als urtümlich-menschenfeindlich geltende Wildnis durch höchstmögliche Anpassung an sie ein geradezu berauschendes Glücksgefühl und nie zuvor gekanntes Selbstbewußtsein vermittelte.

Immer kürzer wurden die Aufenthalte der Händler in den Randgebieten der Zivilisation, immer rascher kehrten sie in die »paradiesischen Indianergebiete« zurück, wo ihrer Stammesgruppen harrten, in die sie als vollwertige Mitglieder mit Rang und Namen aufgenommen waren, indianische Frauen, Familien und Sippen, die sie mit Herzenswärme und Freundschaft erwarteten. Viele dieser frühen Händler – hauptsächlich Franzosen – wurden im Verlaufe von nur wenigen Jahren selbst geistig zu Indianern, machten eine Wandlung durch, die sie ihrer eigenen Rasse immer mehr entfremdete.

Mit dem Ende der Kolonial-Ära trat ab 1783 ein neuer Typus Händler im Jagdgebiet der Sioux auf: der amerikanische Pelzhändler. Er verkörperte etwas, das die Sioux zuvor noch nie kennengelernt hatten: Vor ihnen stand nicht ein Individuum, sondern eine »Company«, eine Profit-Institution, die alle mit ihr befaßten Individuen uniform wie mit unsichtbaren Fesseln an ihre Interessen Band 1 die nicht nur für IHRE Angestellten dachte, sondern auch handelte, Vorschriften, Richtlinien, Bestimmungen erließ und den ganzen geistigen Habitus ihrer Pelzhändlerkolonnen auf das Interesse der Company festlegte wie auf eine Religion. Was der Company nützte, war gut, was ihr schadete, schlecht.

Die erste Institution dieser Art, mit der sie in Berührung kamen, war die »American Fur Company«. Sie gehörte Johannes Jakob Astor, der mit Hilfe der US-Regierung versuchte, das sich abzeichnende Pelzhandelsmonopol der britisch-kanadischen »Southwest Company« und »Northwest Company«, die mit ihren Handelsposten und -karawanen tief in den amerikanischen Westen eingedrungen waren, zu durchbrechen. Der 1763 im badischen Walldorf bei Heidelberg geborene Astor, der 1784 in New York den Handel mit Pelzen begann, war der erste Selfmademan des jungen Amerika. Ihm bescheinigte im Jahre 1800 der Londoner Weltpelzhandel, daß er »ohne Frage der Welt größter Pelzhändler« sei und seine Beziehungen in Amerika und in der Welt ihm Möglichkeiten gäben wie »niemandem sonst in den Vereinigten Staaten«. Und in der Tat: Astors Pelzhändlerkommandos, seine Handelspostenkette von der pazifischen Küste quer durch die Rocky Mountains und die Prärie bis nach St. Louis am Missouri und seine Firmenketten vom Missouri bis nach New York überbrückten nicht nur den Kontinent, sondern sie verbanden den Mammutmarkt Asien mit Europa – über Astors amerikanischen Ladentisch hinweg. Seine kontinentalen Handelswege und seine Schiffe, die beide Ozeane überquerten, hatten Welthandelsdimensionen. Die Praktiken, mit denen er lästige St. Louis-Konkurrenten ausschaltete, erinnern an Gangstermethoden in der Blütezeit des Alkoholschmuggels in Chicago. Er unterbot die Preise der die freien Händler ausrüstenden Firmen so lange, bis diese bankrott und die freien Händler so abhängig von ihm waren, daß er nun diktieren konnte.

Wenn Indianerstämme Felle an die Konkurrenz lieferten und demnach auch bei der Konkurrenz einkauften, ließ er an sie – gegen das ausdrückliche Verbot der US-Regierung – freigiebig Whisky verteilen, was unvermeidlich zu Ausschreitungen führte. Zuerst hatte die politische Astor-Lobby bei der US-Regierung das Pelzhandelsverbot für »nicht lizensierte« Gesellschaften mit der Anklage durchgesetzt, daß sie Whisky an die Indianer verkauften und hierdurch diese zu Überfällen und Störung des friedlichen Handels provozierten. Nun, da sich diese Konkurrenten zur Wehr setzten, nutzte Astor selbst den Whisky als Waffe. Die US-Regierung wußte davon und – duldete es stillschweigend. Mehr noch: Als in einem der ersten Friedensverträge 1830 den östlichen Sioux für »friedliches Wohlverhalten gegenüber indianischen Nachbarstämmen« für die Dauer von fünfzig Jahren eine jährliche Zahlung von 5000 Dollar zugesagt worden war, erhob die Astor-Lobby Einspruch gegen solche Zahlungen, weil Geld in den Händen der Sioux dem Pelzhandelsgeschäft Schaden zufüge. Daraufhin strich die Regierung kurzerhand diese Zahlungen aus ihrem Verpflichtungsbudget! Die Sioux, die im Vertrauen auf diese Zahlungen bei Astor Waren kauften und die Pelztierjagd einschränkten, gerieten bei seiner American Fur Company tief in Schulden, die sie dann mit verstärkten Pelzlieferungen abzutragen versuchten. Den solcherart in Schwierigkeiten gebrachten Siouxstämmen nötigten die gewitzten Astor-Händler immer mehr Zugeständnisse ab, einerseits mit Geschenken, andererseits mit der Drohung, daß sie die – inzwischen für die Indianer lebenswichtig gewordenen – Lieferungen von Waren einschränken, unter Umständen sogar einstellen müßten. Um 1840 hatten sie die Erlaubnis erhalten, das ganze Sioux-Gebiet innerhalb des großen Missouribogens mit einem dichten Netz von etwa hundert Handelsposten zu überziehen, mit Fort Pierre im Zentrum und Fort Laramie als Zentrallager. So waren die Sioux unmerklich unter eine Handelskontrolle geraten, deren Folgen ihnen überhaupt nicht klar wurden.

Zahlreiche amerikanische Historiker, aber auch viele Indianer selbst, die in der Retrospektive diese Entwicklung beurteilen, sind der Meinung, daß der Prärie-Indianer ein das Gleichgewicht der Natur erhaltender Ökonom gewesen sei, der stets nur so viel Fleisch und Häute erbeutete, wie er für seinen Lebensunterhalt benötigte. Diese Ansicht ist nicht richtig. Die Indianer sind in der Zeit, in der sie frei in der Prärie lebten und von den Landansprüchen weißer Siedler unbelästigt blieben, also zwischen 1700 und 1850, anderthalb Jahrhunderte lang große Verschwender gewesen. Sie vergeudeten große Mengen der Waren, die ihnen die Händler lieferten, so zum Beispiel Schwarzpulver gleich fässerweise, weil sie Freude am Knall der Explosionen und den Pulverwolken hatten. Sie waren die ersten Büffeljäger, die ganze Herden zu Hunderten und Tausenden abschossen, nur um die begehrten Bisonzungen an die Händler liefern zu können. Sie rotteten in den Flußtälern der Prärie Biber und Ottern aus, längst bevor Trapperkolonnen den Pelztierfang in der Grassteppe betrieben (diese mußten in die Berge der Rocky Mountains gehen). Die Brulé-Sioux zum Beispiel, die im Jahre 1800 das ganze Tal des White River dicht mit Cottonwood-Bäumen bewachsen vorfanden, verfütterten zehn Jahre lang während des Winters sorglos die süße Cottonwood-Baumrinde an ihre zahllosen Pferde, so daß alle diese Bäume abstarben und das White-River-Tal nach weiteren zehn Jahren total versandet war.

Denselben Brulé-Sioux passierte es schon 1830, daß sie den Bison in ihren Gebieten ausgerottet hatten und auf die Suche nach neuen Herden gehen mußten, die sie dann mit der gleichen Sorglosigkeit wegen der von den Händlern begehrten Felle abschlachteten und – natürlich – den weitaus größten Teil des Fleisches verrotten ließen.

Die Indianer hatten die Angewohnheit, große Präriestreifen anzuzünden. Das Feuer trieb die Bisonherden auf Schluchten zu, über deren steile Klippen sich dann die Tiere zu Tode stürzten. Durch diese »Feuerring-Büffeljagd« wurden riesige Grasgebiete eingeäschert, große Mengen Wild und der ohnehin schon spärliche Baumbestand in den Flußtälern vernichtet.

Was bis zum Beginn des spezifisch amerikanischen Pelzhandels bei den Prärie-Indianern im allgemeinen, besonders aber bei den Sioux noch eine der Wildnisökonomie angemessene Pelztierjagd gewesen war, wurde mit den amerikanischen Profitmethoden sehr rasch zur krassen Ausbeutung der Natur, betrieben von den Sioux selbst, die durch hemmungslose Verschwendung der Handelsgüter einen immer immenseren Bedarf hiernach entwickelten, der von den amerikanischen Handelsgesellschaften aufs kräftigste gefördert wurde.

In den Praktiken dieser amerikanischen Gesellschaften kündigte sich bereits die Hemmungslosigkeit und das Gewinnstreben des amerikanischen Industrie-Zeitalters an. Hatten sich französische Trapper und Händler noch mit den Indianern aus innerer Überzeugung und aus einem herzlichen Bedürfnis verbrüdert, waren viele spanische Händler bei den Indianern geblieben, weil ihnen deren Leben gefiel, und hatte auch eine respektable Anzahl von Engländern indianische Lebensweise angenommen, um christliche Lehren zu verkünden, so verbrüderten sich die Amerikaner mit Häuptlingen, lebten mit Squaws zusammen, zeugten Halbblutkinder und errichteten ihre Handelsposten in den meisten Fällen aus rein praktischen, kommerziellen Erwägungen. Ging das hierdurch angekurbelte Geschäft zurück, so verschwanden auch sie so überraschend, wie sie gekommen waren.

Alle diese Hintergründe aber vermochten die Sioux ebensowenig zu durchschauen wie andere Indianerstämme. Solange ihnen die Händler kein Land abnehmen wollten, sondern nur den Wunsch hatten, mit ihnen Handel zu treiben, empfanden sie diese Weißen als eine angenehme Begleiterscheinung ihres freien, ungebundenen Lebens. Daß ihre Abhängigkeit von den Waffen, Werkzeugen und Geräten der Amerikaner gegen Ende der Pelzhandelsära bereits größer geworden war als die von der Natur, bemerkten sie nicht. Vereinzelten weitsichtigen Führern begann es allmählich klar zu werden, als sich um 1840 große Umwälzungen ankündigten: Die Weltpelzmode begann sich zu ändern. Biberpelze waren nicht mehr so begehrt, die Biber auch so gut wie ausgerottet. Büffelhäute sanken im Welthandelspreis ins Bodenlose. Das »Oregon-Fieber« lockte viele Tausende Amerikaner mit paradiesischen Verheißungen zur Pazifikküste, und die ersten Wagenzüge amerikanischer Westwanderer erschienen im Präriegürtel. Sie schossen nicht nur das ohnehin schon knapp gewordene Wild, von dem die Sioux lebten, sondern sie gingen auch sehr sorglos mit den spärlichen Wasserquellen um. Diese frühen Westwanderer besaßen zwar alle die von den Indianern begehrten Waren, die die alten Händler immer spärlicher anboten, doch sie unterließen jeden Tauschhandel und machten auch keine Geschenke, sondern wollten alles, was sie besaßen, fein säuberlich behalten. Ihre Neugier war zudem ebenso groß wie ihre – wohl hauptsächlich aus Unkenntnis geborene – Arroganz, mit der sie indianische Tabus brachen. So plünderten sie zum Beispiel heilige Grabstätten, verunreinigten geheiligte Orte und legten im allgemeinen eine Verhaltensweise an den Tag, die jedem Indianer als die reine Provokation erscheinen mußte.

In der gleichen Zeitperiode wandten sich viele Trapper und Tauschhändler, die von den Pelzhandelsgesellschaften ausgemustert worden waren, den Westwanderern zu und boten ihnen ihre Dienste als Führer an. Sie kannten wie niemand sonst in Amerika die Prärie, die Rocky Mountains, die Wüsten, das große trockene Becken und den Weg nach Oregon aus eigener Erfahrung. Sie hatten die Wildnis kreuz und quer durchstreift, die Indianerstämme und ihre Charaktereigenschaften, aber auch Sprache und Zeichensprache kennengelernt. Sie waren mit den Tücken des Landes vertraut und wandten Überlebenstechniken an, die selbst Indianern imponierten.

Ohne jeden Zweifel hatten sich diese Trapper und »Mountain-Men« im Verlaufe von knapp hundert Jahren als erheblich universellere Wildnismenschen bewährt, als es die Indianer je gewesen waren. Sie fanden sich in der Prärie ebenso zurecht wie in den Bergregionen, aber auch in den verschiedenen Wüsten. Sie hatten es perfekt gelernt, sich von dem, was das Land bot, mühelos zu ernähren und mitgeführte Vorräte für solche Fälle aufzusparen, in denen eine Wüste nichts mehr hergab. Sie trieben die Westwandererzüge zur Eile, weil sie wußten, daß die riesigen Entfernungen zwischen den einzelnen Wasservorkommen ohne Schwierigkeiten nur durch intensiven Marsch zu überbrücken waren. Sie hielten die Westwanderer zu eiserner Disziplin an, weil sie erfahren hatten, daß nur solche Disziplin das kalkulierbare Risiko so gering wie möglich hielt. Sie kannten die Zeichen des Himmels und der Erde, konnten in winzigen klimatischen Veränderungen und in den Verhaltensweisen der Tiere Wetterveränderungen lange vorausbestimmen. Sie hatten durch ihr intensives Zusammenleben mit Indianern sogar im hohen Maße jene Fähigkeit der »Vorahnungen« erworben, die viele Indianer zu erstaunlichen Voraussagen befähigten. Darüber hinaus aber beherrschten sie etwas, was den Indianern vollkommen abging: nämlich die Fähigkeit der Improvisation und des raschen Entschlusses zum Handeln.

Man kann ohne Übertreibung behaupten, daß die Trapper und Mountain-Männer in nahezu allen Überlebenstechniken weit überlegen waren, was auch zu ihrer schrankenlosen Bewunderung durch die Indianer führte. Darüber hinaus besaßen sie jenen technischen Verstand, der sie in die Lage versetzte, Geräte wie Ferngläser, Feuerwaffen und Wagen instandzusetzen, was Indianer nie lernten. Schon ein ausgeschlagenes Zündpistongewinde bei einem Perkussions-Vorderladergewehr veranlaßte einen Indianer, dieses Gewehr einfach wegzuwerfen, während ein weißer Trapper mühelos ein neues Gewinde in das zerwürgte schnitt, einen etwas größeren Piston einsetzte und auf diese Weise die Waffe innerhalb von wenigen Minuten wieder funktionsfähig machte.

Dennoch kam es durch die mangelnde Bereitschaft dieser Westwanderer, den Indianern – sozusagen als Wegzollentschädigung für den Durchzug durch ihr Gebiet – Geschenke zu machen, vereinzelt zu Überfällen auf kleinere Wagenzüge, bei denen Westwanderer getötet, Wageninhalte geplündert und ganze Züge verbrannt wurden. Von 1834 an hatte sich der Strom der den »Oregon-Trail« nach Westen ziehenden Wagenkarawanen von Jahr zu Jahr verstärkt, ebenso wie der Unmut der Sioux und Cheyennes darüber, daß die Westwanderer hemmungslos alles Wild in weitem Umkreis sinnlos abschossen und durch achtlosen Umgang mit Lagerfeuern Präriebrände verheerenden Ausmaßes verursachten. Als schließlich um 1844 die Züge größer und die Bewaffnung schwerer und vollständiger geworden war, wurde sogar während der Fahrt auf Horden neugieriger junger Krieger geschossen, die nur ihren Spaß haben wollten. Die unvermeidliche Folge war, daß sich das seit hundert Jahren überwiegend freundschaftliche Verhältnis zu den Weißen allmählich änderte. Es geschah häufiger, daß jagende Westwanderer, die sich zu weit von ihren Karawanen entfernt hatten, angegriffen und überwältigt, bis auf die Haut nackt ausgezogen und in der Prärie hilflos allein gelassen wurden. In einer steigenden Flut von Briefen berichteten diese Westwanderer nach Osten von den Übergriffen der Indianer und vergaßen dabei nicht, jene Vorfälle mit blutigen Bildern anzureichern. So entstand durch eine von der Presse nochmals aufgebauschte Berichterstattung allmählich ein Schreckensbild vom »blutrünstigen Wilden« im Westen, das mit der Wirklichkeit nicht mehr das Geringste gemein hatte.

Das Ende der Pelzhandelsära kündigte sich an, als Astors American Fur Company den Handelsposten Fort Laramie an die US-Regierung verkaufte, ein Akt stillschweigend vereinbarter Illegalität. Die Sioux hatten den Pelzhändlern nämlich lediglich erlaubt, an dieser Stelle vorübergehend einen Handelsposten zu erbauen. Sozusagen über Nacht sahen sie sich einer vollständig neuen Situation mitten in ihrem Gebiet gegenüber: Die Pelzhändler hatten Fort Laramie verlassen, die US-Armee aus dem Handelsposten ein militärisches Fort für ein Regiment Dragoner gemacht! Offiziell erklärte die US-Regierung, daß dies eine erste Maßnahme zum Schutz der Westwandererzüge sei, den Indianern erklärte man, daß nunmehr die US-Armee die Rolle der Versorgung der Sioux und Cheyennes mit den notwendigen Waren übernehmen werde. Die Sioux, die sich bisher stets auf alle Angaben ihrer weißen Partner hatten verlassen können, glaubten dieser Bekundung und duldeten deshalb die Inbesitznahme von Fort Laramie durch die US-Armee.

Die Sioux befanden sich, seit sie 1830 den White River verlassen hatten und zum North Platte River gezogen waren, in permanentem Kriegszustand mit den Pawnees, die am Loup River in festen Erdhütten wohnten, Mais und Kürbisse pflanzten, aber auch regelmäßig auf Bisonjagd gingen. Als die Pawnees einige Sioux-Mädchen raubten und sie in einer blutigen Zeremonie dem »Morgenstern« opferten, begannen die Sioux einen regelrechten Vernichtungskrieg gegen diese Pawnee-Siedlungen, der 1844 zur nahezu totalen Vernichtung der Pawnees führte. So bedrohlich wurde diese Entwicklung, daß die Missionare, die unter ihnen lebten und inzwischen in der Christianisierung erhebliche Fortschritte gemacht hatten, aufgaben und in die USA zurückkehrten. Die überlebenden Familien verließen ihre Dörfer am Loup River und siedelten sich am South Platte River an, wo sie sich von der US-Armee, die eskortenweise die Westwandererzüge auf dem Oregon-Trail begleitete, Schutz gegen die Sioux versprachen. Als die Sioux sich aber weder von den Wagentrecks noch von ihrem Begleitschutz beeindrucken ließen und die Pawnees auch am Platte River – oftmals unter den Augen der Amerikaner – angriffen, wurde im Juni 1845 Colonel S. W. Kearny mit einem Regiment Dragoner nach Fort Laramie in Marsch gesetzt. Dort veranstaltete der Colonel ein beeindruckendes Militärspektakel. Er ließ fünf Kompanien Dragoner auf großen amerikanischen Pferden (die größer als die Indianer-Mustangs waren) mit gezogenen Säbeln Attacken reiten und zwei Scharfschützenkompanien die Treffgenauigkeit der Gewehre auf 300 Yards (275 Meter) Entfernung demonstrieren. Mit zwei Kanonen zerstäubte er innerhalb von Sekunden eine Bretterwand-Stadt und hielt anschließend mit Brulé- und Oglala-Häuptlingen eine »Friedenskonferenz« ab, innerhalb derer er den Häuptlingen Geschenke des »Großen Weißen Vaters« überreichte und sie warnte, die amerikanischen Westwanderer zu belästigen oder gar anzugreifen. Nachdem die Soldaten am Abend ein großartiges Feuerwerk am Präriehimmel veranstaltet hatten, zogen sie sich wieder zurück.

Der Vernichtungskrieg der Sioux gegen die Pawnees und die mit diesen verbündeten Omahas setzte sich aber – unter den Augen der Planwagenfahrer – fort. Daraufhin erbaute die US-Armee Fort Kearny am Südufer des Platte River bei Grand

Island und belegte es mit Infanterietruppen, über deren Unbeweglichkeit sich die Oglalas, Brulés, Cheyennes und Arapahoes nicht genug amüsieren konnten. Die in Kolonnen marschierenden Infanteristen waren für geborene Reiter auf schnellen, wendigen Pferden ein geradezu grotesker Anblick, und die Art, wie der militärische Drill außerhalb der beiden Forts im großen Tal des Platte River exerziert wurde, riß die jungen Siouxkrieger immer wieder zu närrischem Gelächter hin. Aber auch die älteren, die das ihnen widersinnig erscheinende Schauspiel ebenso attraktiv fanden, machten sich nicht bewußt, daß die US-Armee einfach die Kontrolle über das Platte Valley übernommen hatte, ohne vorher hierüber zu verhandeln.

Als sich 1849 die Zahl der Westwanderer auf dem Oregon-Trail wegen der spektakulären Goldfunde in Kalifornien schlagartig vervielfachte, war es für die Häuptlinge zu spät, diesen Zustand zu ändern. Die Zugochsen und -pferde, Maultiere und Rinderherden der nun schon in mehreren Reihen ununterbrochen fahrenden Planwagen fraßen eine immer breitere Schneise ins Gras, die Jagdgruppen der Emigranten schossen alles Wild in immer größerem Umkreis ab und holzten allmählich immer mehr Bäume im Flußtal ab, so daß das vordem idyllische Tal allmählich den Anblick einer zertrampelten Mondlandschaft bot.

Die Vorgänge im selben Jahr (1849) im Platte Valley bedürfen eines kurzen historischen Rückblicks, weil sonst der Verdacht, der sich aus den Ereignissen dieses Jahres ergibt, zu ungeheuerlich wäre, gäbe es nicht verblüffende Parallelen.

Im ersten »Unabhängigkeitskrieg« der Indianer gegen die Kolonialmacht Englands hatte der Ottawa-Sachem Pontiac um 1750 in den Kolonien Neu-Englands versucht, die wichtigsten Algonkin-Nationen gegen die britische Armee zu mobilisieren. Als Pontiac den Engländern verlustreiche Schlachten lieferte, die mit einem vollkommenen Desaster zu enden drohten, entschloß sich der englische General Sir Jeffrey Amherst zu einer bis dahin vollkommen neuen Kriegsstrategie, nämlich zum bakteriologischen Krieg gegen die Indianer. In einem Rundschreiben an seine Armeeführer befahl er 1752: »Sie werden aufgefordert, die Indianer mit Tüchern zu infizieren, auf denen Blattern-Patienten gelegen haben, oder mit allen anderen Mitteln, die geeignet sind, diese verfluchte Rasse auszurotten. Ich wäre sehr zufrieden, wenn sich der Plan, sie mit Bluthunden niederzurennen, als praktikabel erweisen würde.«

Der Ottawa-Historiker Andrew Blackbird beschrieb 1887, wie während des englisch-französischen Krieges die Ottawas mit Blattern infiziert wurden: »Die Engländer hatten ihnen in Montreal ein Geschenk in Form eines Kastens gegeben und ihnen eingeschärft, daß sie ihn erst in ihren Dörfern öffnen dürften, wenn der große Zauber, den der Kasten enthalte, wirksam werden sollte. Die närrischen Indianer glaubten an diesen übernatürlichen Zauber und öffneten den Kasten erst in ihrem Dorf. Er enthielt einen kleineren Kasten, dieser wieder einen kleineren und dieser schließlich einen noch kleineren, und darin befand sich etwas Schimmeliges, Verwestes. Sie untersuchten die Partikel genau, und diese wanderten – wie es Indianersitte ist – von Hand zu Hand. Bald brach die fürchterliche Seuche aus, und die meisten Familien starben dahin. Die ganze Küste von Arbor Croche wurde regelrecht entvölkert, und auch unter den Chippeways wüteten die Blattern, bis nur noch weniger als die Hälfte von ihnen am Leben waren.«

Auch in den beiden Kriegen der Amerikaner gegen die Engländer gab es Indizien dafür, daß man versucht hatte, die Cherokee-Regimenter, die auf der Seite Englands kämpften, mit schwarzen Pocken zu infizieren. Aber die Cherokee-Ärzte und -Sanitäter waren keine ahnungslosen Naturkinder, die solche Gefahren nicht kannten, sondern hatten ihren Regimentskommandeuren strikte Verhaltensregeln im Umgang mit erbeuteten Decken gegeben.

Von den amerikanischen Historikern wird der Ausbruch einer kolossalen Cholera-Epidemie unter den Sioux-Indianern 1849 in keiner Weise verheimlicht, was sicherlich nicht möglich wäre. So schreibt zum Beispiel George E. Hyde: »Die jungen Männer unter den Sioux des Platte-Gebietes waren von der Gründung der beiden militärischen Forts nicht beeindruckt. Ihre ganze Haltung war die trotziger offener Feindschaft und Provokation. Dies demonstrierten sie eindeutig, als eine Kriegshorde von fünfhundert Sioux und Cheyennes das Platte Valley mit Krieg überzogen und die Pawnees und Omahas unmittelbar in Sichtnähe von Fort Kearny im Juli 1849 offen angriffen. Sie zeigten, daß es ihnen gleichgültig war, ob in diesen Kämpfen weiße Emigranten auf dem Wege nach Westen in Mitleidenschaft gezogen wurden. Geschah ihnen recht. Was hatten sie im Indianergebiet zu suchen. Um ihre Position noch deutlicher zu machen, überfiel diese Kriegshorde unter der Führung von Brulé-Häuptling Spotted Tail eine Wagenkarawane der US-Armee mit Nachschub, der für die Lager von Fort Kearny bestimmt war. Sie schlugen die Kutscher in die Flucht und raubten die Wagen komplett aus. Nur wenig später – als ob die weiße Rasse zurückgeschlagen hätte – traf die stolzen Sioux und ihre Verbündeten ein furchtbarer Schlag: Asiatische Cholera brach unter den Indianern aus, die die Wagenkarawanen am Platte Valley beraubt hatten [...]«[13]

Der aus dem Bergischen Land um Engelskirchen und Gummersbach stammende Apotheker Heinrich Schieferling schrieb 1849 an seine Schwester in Köln: »Im Mississippital ist die entsetzliche Seuche der asiatischen Cholera ausgebrochen, und man unterzieht sich größter Mühen, sie an der Ausbreitung zu hindern, was möglich erscheint, da die Siedlungen hierzulande außerordentlich isoliert und weit voneinander entfernt liegen. Was ich allerdings überhaupt nicht verstehen kann, ist das geheimnisvolle Tun einer Gruppe von Militärs, die in den Seuchenhospitälern Decken sammeln und – statt sie unverzüglich zu verbrennen, wie das allgemein üblich ist – mit einem Transport nach Westen schicken.«

Der Überfall von Spotted Tails Kriegshorde auf den Armeetransport galt unter den Amerikanern, die sich in den Ausrüstungszentren am Ostufer des Missouri stauten und für den langen Marsch nach Westen ausrüsteten, allgemein als eine Art Kriegserklärung der Sioux an Armee und die Trecks, die über den Oregon- und California-Trail zogen. Angesichts der Tatsache, daß die US-Armee nur kleine Posten im Westen besetzt hielt, gab niemand der Armee auch nur die allergeringste Chance, einen solchen Krieg gegen weit überlegene Indianerstreitkräfte auch nur wenige Tage durchzustehen. Praktisch rechnete man damit, daß die gesamte Westwanderung der Planwagen auf unabsehbare Zeit zum Erliegen kommen würde. Dies war nicht nur ein Problem für die »Emigranten«, sondern auch für zahlreiche große Ausrüstungsfirmen in New York und Pennsylvania, die Unsummen in Ausrüstungsfilialen von St. Louis, St. Joseph, Independence und Westport investiert hatten. Die Großbanken der USA waren mit hohen Krediten beteiligt, und ein Ende der Westwanderung hätte unvermeidlich den Zusammenbruch zahlreicher Banken und Firmen, die das noch sehr labile Ökonomiegebäude der jungen Vereinigten Staaten trugen, zur Folge gehabt.

Da geschah es Mitte August, daß ein Kleintransport der US-Armee auf dem Weg nach Fort Kearny etwa dreißig Meilen vor dem Fort – ohne jeden ersichtlichen Grund – plötzlich von seiner kleinen militärischen Bewachertruppe verlassen wurde. Und dies angesichts einer Schar von Sioux-Kriegern, die in Gewehrschußentfernung aufgetaucht war, sich aber zunächst ruhig verhielt. Als die Soldaten verschwunden waren, ritten die Indianer auf den verlassenen Wagen zu und räumten seinen Inhalt – lauter Decken – aus. Kaum waren sie zu ihren Zeltlagern am Republican River und Solomon Fork zurückgekehrt, als dort unvermittelt und mit größter Heftigkeit die asiatische Cholera ausbrach! Die beteiligten Cheyennes brachen voller Entsetzen ihre Zelte ab und flohen nach Norden, wobei die meisten während der Flucht von der Cholera hinweggerafft wurden. Die Brulé- und Oglala-Sioux verließen den Republican und Solomon, überquerten den South Platte und flohen nach Norden zu ihren Jagdgründen am White River, wobei sie Hunderte von Toten auf ihrem Weg zurückließen.

Zur selben Zeit setzte sich das »Mounted Rifle Regiment« (berittene Scharfschützen) nach Oregon in Marsch und Captain Stansbury folgte mit einer kleinen, schwerbewaffneten Nachhut dieser Truppe, wobei er allerdings, »um das Regiment vor rückwärtigen Angriffen zu sichern«, regelrechte kleine Expeditionen landeinwärts unternahm. Sorgfältig notierte er, daß er am North Platte »fünf Zelte voll toter Sioux«, am Ash Hollow »fünfzehn Zelte toter Cheyennes«, westlich von Indianerhändler James Bordeaux' Siedlung »dreißig Zelte mit toten Brulé-Sioux« gefunden habe. Und Captain Stansbury führte – seltsam genug – als »sichernde Nachhut« nicht etwa, wie dies sonst üblich gewesen wäre, zwei Kanonen mit sich, sondern einen – Armeearzt, der in der Behandlung der Cholera besonders erfahren war! (Man wird solchen Merkwürdigkeiten in US-Armee-Verfahrens- und -Verhaltensweisen später noch öfter begegnen.)

Die unter der Cholera schwer leidenden Sioux und Cheyennes, die angesichts der vielen Sterbenden offensichtlich das Vertrauen in ihre Medizinmänner verloren hatten, begrüßten den fürsorglichen Armeearzt und seine Mediziner auf das herzlichste.

Nahezu ein Jahr lang grassierte die Seuche unter den Plains-

Stämmen. Die Cheyennes verloren mehr als die Hälfte ihrer Stammesangehörigen, die Sioux und Arapahoes nahezu die Hälfte, andere Stämme um dreißig Prozent. Kaum hatten sich die Indianer von der Cholera einigermaßen erholt, brachen die Pocken aus, die wiederum hohe Verluste unter den stolzen Reitervölkern hervorriefen. Ende 1850 waren die nördlichen Plains-Stämme von den Verlusten durch die Seuchen so geschwächt und demoralisiert – sie hatten überdies den größten Anteil ihrer besonnenen Häuptlinge verloren –, daß die jungen Krieger kaum noch moralischen Rückhalt bei den vordem im Rat dominierenden Alten fanden. Sie rotteten sich zu Horden zusammen und drohten, ihre Depressionen in blutigen Überfällen auf alle Amerikaner abzureagieren, denen sie die Schuld an den verheerenden Krankheiten gaben. Die Zahl der Planwagen, die durch das Tal des Platte River zogen, hatte sich inzwischen von etwa hundert im Jahr 1841 auf mehr als fünfzigtausend im Jahre 1850 gesteigert, so daß die Sioux-Häuptlinge sich in der verzweifelten Lage befanden, ihren jungen Kriegern keinerlei akzeptable Alternativen anbieten zu können, zumal inzwischen auch noch der Pelzhandel ganz zum Erliegen gekommen war.

Der bei den Sioux wohlbekannte Mountain-Mann Thomas Fitzpatrick, der inzwischen offizieller Regierungs-Agent für Indianer-Angelegenheiten jenes Gebiets geworden war, empfahl in dieser Situation der US-Regierung, die Stämme der Upper-Platte- und Arkansas-Region zu einem großen »Council«, zu einer Friedenskonferenz, einzuladen, weil er glaubte, daß nur ein groß angelegter »Friedens- und Freundschaftsvertrag« die Indianer vor einem Krieg und damit vor der unvermeidlichen Ausrottung durch die US-Armee bewahren konnte. Der Regierung gegenüber vertrat er die Ansicht, daß nur auf diese Weise die Indianer von Angriffen auf die Kalifornien-Wanderer abzuhalten seien. Solche Attacken malte er in den schwärzesten Farben. Thomas H. Harvey, Superintendant des BIA (Bureau of Indian Affairs = Büro für indianische Angelegenheiten) in St. Louis, fügte hinzu, daß die Gelegenheit, die Indianer der Plains zu zivilisieren, sie Ackerbau zu lehren und durch Missionare zu christianisieren, nie so günstig gewesen sei wie jetzt. »Es ist ganz offensichtlich, daß der Büffel bald verschwunden sein wird und daß dann manche Stämme, deren ganzes Leben von der Existenz dieser Tiere abhängig ist, gezwungen sein werden, sie in den Jagdgebieten anderer Stämme zu suchen und zu jagen, was unvermeidlich zu verheerenden Kriegen zwischen diesen

Stämmen führen muß, denen dann die amerikanische Besiedlung ausgesetzt sein wird.«[14]

Anfang September 1851 begann die größte »Friedens- und Freundschaftskonferenz« der Plains am Horse Creek, 37 Meilen südöstlich von Fort Laramie. Mehr als zehntausend Indianer waren mit Frauen, Kindern, Zelten und Hunden erschienen: Comanchen, Apachen, Kiowas, Kiowa-Apachen, Cheyennes, Arapahoes, Shoshonen, Crows, Snakes, Assiniboines, Minnetarees, Gros Ventres, Mandans, Arikaras, Oglala- und Brulé-Sioux. Bevollmächtigte aus Washington, Dragoner-Regimenter, Artillerie und US-Raketenfeuerwerker marschierten auf, Dutzende berühmter Indianerhändler und Trapper wie Jim Bridger, Kit Carson, Old Bill Williams, William Bent und James Reddeford Walker erschienen mit ihren Indianerfrauen und Halbblutkindern. John Poisall und Blackfoot John Smith dienten als Dolmetscher, und achtzehn Tage lang wurde gefeiert, daß »der Himmel und die Erde bebten«. Häuptlinge und US-Offiziere verbrüderten sich und wechselten Uniformjacken und Federkopfschmuck, die Frauen der Offiziere besuchten die Häuptlingsfrauen und tauschten Geschenke aus, und der berühmteste Missionar Amerikas, der Franziskanerpater Pierre J. DeSmet, verkündete jubelnd, daß eine neue Ära für die Indianer angebrochen sei, »eine Ära des ewigen Friedens«. Die Regierung hatte Geschenke im Werte von hunderttausend Dollar an den Verhandlungsort geschickt, und Erzfeinde wie die Sioux und die Crows, die Cheyennes und die Shoshonen, die Comanchen und Apachen beluden sich gegenseitig damit.

Schließlich versammelte der Regisseur des Spektakulums, BIA-Chef D. D. Michell, alle Häuptlinge in einem pompösen bunten Ratszelt, und mit Hilfe der erfahrenen Mountain-Männer legte man die Grenzen der Jagdgebiete der einzelnen Stämme fest, wobei zum Beispiel die südlichen Sioux, Cheyennes und Arapahoes 122500 Quadratmeilen zwischen Arkansas River und North Platte zugesprochen erhielten, ganz Colorado östlich der Rocky Mountains, eine ansehnliche Ecke des heutigen Kansas und den ganzen Süden Nebraskas. Den nördlichen Sioux und Arapahoes wurde das gesamte »Big Bend«-Gebiet innerhalb des großen nördlichen Missouribogens zuerkannt, den Crows, Assiniboines, Gros Ventres und Minnetarees Montana und halb Wyoming.

Die Stämme wiederum verpflichteten sich, »sich in Zukunft aller Feindseligkeiten gegeneinander zu enthalten, sich um Vertrauen und freundschaftliche Beziehungen zueinander zu bemühen und einen dauerhaften Frieden zu gewährleisten«. So ganz nebenbei erkannten sie »das Recht der Regierung der Vereinigten Staaten an, in ihren Gebieten Überlandstraßen, militärische und andere Posten zu errichten« und erklärten sich rechtsverbindlich bereit, »in Zukunft für alle Schäden und alles Unrecht, das von Mitgliedern ihrer Stämme an Bürgern der Vereinigten Staaten oder ihrem Eigentum begangen würden, Schadensersatz und Genugtuung zu leisten«.

Die Regierung der USA ihrerseits gab das feierliche Gelöbnis ab, »solange Gras wächst und Wasser fließt«[15] die Indianer gegen Übergriffe von Weißen in Schutz zu nehmen, gegen jeden solchen Weißen mit der ganzen Macht des Gesetzes vorzugehen und dafür Sorge zu tragen, daß für Schäden, die Weiße Indianern zufügten, Ersatz geleistet und begangenes Unrecht gesühnt werde. Die US-Regierung verpflichtete sich, »für die Dauer von fünfzig Jahren jährlich 50000 Dollar – auf die Stämme verteilt – an die indianischen Vertragspartner auszuschütten und ihnen hierfür Waren, Haustiere und Ackerbaugeräte zu liefern«.

Für die Sioux war dies der dritte »Freundschaftsvertrag« mit den USA. Die ersten beiden, 1816 in St. Louis und 1825 auf dem Missouri, hatten lediglich den Versuch unternommen, die Indianer des Wohlwollens und der großzügigen Hilfe des Großen Weißen Vaters zu versichern und sie dafür zu veranlassen, den Handel mit französischen und englischen Pelzhändlern zugunsten von Astors American Fur Company aufzugeben und Behinderungen des Schiffsverkehrs auf dem Missouri zu unterlassen. Der gesamte Schiffsverkehr des oberen Missouri befand sich seit 1831 ebenfalls in den Händen der American Fur Company. Da aber die AFC den gesamten Nachschub für die Pelzhandelsposten westlich des Missouri und die US-Truppen, Material, Nachschub und Warenlieferungen an die US-Indianeragenturen transportierte, waren Regierung und AFC in ihren Interessen praktisch Partner:

Die Schiffahrtsgesellschaft der AFC ersparte der Regierung kostspielige und zeitraubende Truppen- und Nachschubtransporte zu Lande durch den halben Kontinent. Hiergegen waren die Frachtraten der AFC eine geradezu immense Ersparnis.

Da die AFC ihre Heckraddampfer mit Kanonen kriegsmäßig ausgerüstet hatte und die Schiffe – wenn sie an Indianersiedlungen vorüberdampften – nicht versäumten, die Macht ihrer Kanonen mit freundschaftlichen Salutschüssen zu demonstrieren, trug sie viel zum Machtimage der Amerikaner bei.

Die Frachtraten, die allein die Regierung für Truppen, Nachschub, Baumaterialien und Einrichtungen neuer Forts bezahlte, deckten allein schon nicht nur die Betriebskosten der gesamten Flotte, sondern es blieb auch noch ein erklecklicher Profit übrig. Dies bedeutete aber, daß die Transporte eigener Waren stromaufwärts und der immensen Pelzladungen stromabwärts Reingewinn bedeuteten, die Regierungsaufträge für die AFC also ein gewaltiges Geschäft waren.

Als der Pelzhandel allmählich zurückging (Astor hatte seine Anteile an der AFC bereits 1834 verkauft) und die US-Regierung durch »Friedensverträge« immer mehr Indianerstämme von ihren jährlichen Waren- und Lebensmittellieferungen abhängig machte, bedeuteten die Transportverträge für diese Jahreslieferungen (Annuities) wieder einen bedeutenden Aktivposten im Profitgeschäft der AFC. Sie schaffte immer mehr Schiffsraum und sah in den zahlreicher werdenden »Friedensverträgen« mit steigenden Annuities-Tonnagen einen Ersatz für den zurückgehenden Pelzhandel. Es lag also im wirtschaftlichen Interesse der AFC, daß immer mehr Indianerstämme, die früher als freie Jäger Pelze geliefert hatten, schon bald nachdem es keine Pelztiere mehr gab, so rasch und gründlich wie möglich in Abhängigkeit von Warenlieferungen der Regierung gerieten.

Aber nicht nur Regierung und die Inhaber der American Fur Company waren eng miteinander liierte Interessenpartner, sondern beide machten auch vielen der erfolgreichen vormaligen Indianerhändler und Mountain-Männer klar, daß sie mit dem Ende der Pelzhandelsära durchaus nicht arbeitslos zu sein brauchten, sondern – erfahrene Indianerkenner, die sie waren – nun als beamtete und festbesoldete Indianeragenten durchaus ähnliche Aufgaben wahrnehmen konnten. Allerdings gehörte zu einem Indianeragenten ein »befriedeter« Indianerstamm, für dessen Zivilisierung und Umstellung auf Ackerbau er sich einsetzen mußte. Viele der von den Indianern hochgeachteten amerikanischen Pelzhändler der AFC, die lange Jahre unter ihnen gelebt hatten und auch mit »Squawfamilien« voll integriert – und häufig sogar zu Häuptlingen avanciert – waren, hatten also ein elementares eigenes Interesse daran, Indianeragent ihres Stammes zu werden. Das aber setzte voraus, daß diese Stämme, entweder freiwillig oder nach verlorenen Kriegen gegen die US-Armee, Friedensverträge und damit den Verzicht auf herkömmliche Jagdgebiete und Annahme von Jahreslieferungen akzeptierten. Noch während die Pelzhändler der AFC mit den Indianern Tauschhandel trieben, bereiteten sie diesen Wechsel des Metiers sorgfältig und vorsichtig vor: Zahlreiche Indizien sprechen dafür, daß eben diese Händler viele Stämme und Stammesgruppen zu Überfällen auf Wagenkarawanen und US-Patrouillen, Schiffe und Marketenderposten überredeten, flammende Appelle an Freiheitsliebe und Stolz, Kampfesmut und Unüberwindlichkeit hitzköpfiger junger Krieger richteten, um Schlachten, Niederlagen und nachfolgend Friedensverträge zu provozieren. Auf diese Weise sicherten sie ihre eigene »Altersversorgung« als kommender Indianeragent in Regierungsdiensten. Viele dieser Agenten blieben bis an ihr Lebensende bei den Indianern, die keine Ahnung von den wechselnden Profitmotiven ihrer »weißen Brüder« hatten, in höchstem Ansehen. War der Widerstand eines Stammes einmal gebrochen, gab es keinerlei Entrinnen mehr für ihn, der Wohltätigkeit der Regierung zu entgehen. Dann gaben sich die Agenten größte Mühe, für »ihre Indianer« stets mehr Entschädigungen für Landabtretungen, stets mehr Waren und Geräte zu fordern. Je größer die Entschädigungssummen der Regierung waren, je umfangreicher die Warenlieferungen, die alle durch die Hände des Agenten gingen, um so mehr konnte an seiner eigenen Kasse hängen bleiben, um so höher waren seine »Provisionen«, die er von den Transportgesellschaften dieser Waren, von den Banken, die diese Gelder übermittelten, erhielt.

Hundertfünfzig Jahre Bekanntschaft mit dem weißen Mann hat den Sioux »Handel und Wandel« im wahrsten Sinne des Wortes gebracht. Das Pferd bescherte ihnen die paradiesischen Jagdgründe der unberührten Plains. Feuerwaffen sicherten ihre Überlegenheit und unangetastete Macht, Geräte und andere Gaben der Technik brachten ihnen Komfort. Das waren – auch was ihren Stolz und ihr Selbstbewußtsein betrifft – rundum positive Ergebnisse. Land hatte der weiße Mann bis dahin keins beansprucht, sondern die Plains als ein großes, für sein Profitstreben nutzloses Wildnis-Reservat betrachtet, als eine Art steinzeitliches Freigehege. Das negative Ergebnis dieser Bekanntschaft war den Sioux nur sehr unklar bewußt: Sie waren in größte Abhängigkeit von den Waffen und Gerätschaften der Amerikaner geraten, hatten deshalb die großen Büffelherden rapide dezimiert, die Pelztiere nahezu ausgerottet. Fruchtbare Stromtäler waren verödet, weite Landschaften der Erosion preisgegeben, die Seuchen des weißen Mannes (Masern, Pokken, Blattern, Cholera und Typhus) hatten die Hälfte von ihnen hinweggerafft. Aber Land hatte man noch nicht von ihnen gefordert. Die Prärien waren ihre unangetasteten Jagdgründe. Man benutzte lediglich den Oregon- und den Kalifornien-Trail als Durchzugswege. Und man etablierte Handelsposten und Armeeforts.

Doch die Sioux, die regelmäßig ihre alten Stammesbrüder zwischen Mississippi und Missouri, die Santees, besuchten, hatten an deren Lage erkannt, was es bedeutete, wenn der weiße Mann Indianerland als Nutzland begehrte. Die Santees hatten bereits einschlägige Erfahrungen mit »Freundschafts- und Friedensverträgen«:

1815 verkündeten die USA den »ewigen Frieden« und erklärten, daß alle Feindseligkeiten der Vergangenheit vergeben und vergessen seien. Man verteilte Geschenke.

1825 wurden Stammesgrenzen zwischen Santee-Sioux und Chippeways festgelegt, um Feindseligkeiten zwischen den Stämmen einzudämmen. Die Sicherheit weißer Händler wurde gewährleistet. Es gab Geschenke. Kommentar des Kriegsministeriums: »Sie werden wahrscheinlich fortfahren, sich zu bekämpfen, bis einer von ihnen so dezimiert ist, daß wir das Land mühelos übernehmen können.«

1830 ließ man vier Sippenbanden einen Vertrag unterzeichnen, in dem sie ein großes Landgebiet zwischen Mississippi und Desmoines River an die USA abtraten. Preis: 10 Jahre lang jährlich für 3000 Dollar Waren. Das Land wurde zur Besiedlung freigegeben, der Preis nicht bezahlt.

1836 wurde weiteres Land östlich des Missouri abgetreten. USA-Gegenleistung: 8 Santee-Kinder durften die Choctaw-Schule besuchen.

1837 traten dreißig Santee-Häuptlinge in Washington alles Land östlich des Mississippi und die Flußinseln ab. Preis: 300000 Dollar Festanlageguthaben mit »ewiger« fünfprozentiger Verzinsung, jährlich auszahlbar; 110000 Dollar zur Verteilung an die Landwirtschaft treibenden Halbblute des Stammes; mit 90000 Dollar wurden Stammesschulden beglichen; zwanzig Jahre lang jährliche Lieferungen von Haustieren und Ackergeräten im Werte von je 8230 Dollar; für 10000 Dollar Vieh und Werkzeuge bei Vertragsunterzeichnung; zwanzig Jahre lang jährliche Lebensmittellieferungen im Werte von je 5300 Dollar; für 6000 Dollar Waren auf dem Rückwege in St. Louis. Von diesen Summen wurden nur 17000 Dollar in Waren gezahlt, der Rest mit »Schadenersatz« und »Schulden« verrechnet.

1850 traten im Friedensvertrag von »Prairie du Chien« die östlichen Sioux 20 Millionen Acres Land (über 8000 Quadratkilometer) für das Versprechen ab, daß die Versprechen der vorhergehenden Verträge erfüllt würden!

1851 unterzeichneten die Santee-Häuptlinge in Traverse de Sioux und Mendota die Abtretung von 37 Millionen Acres (über 15000 Quadratkilometer) ihres restlichen Landes und akzeptierten eine Reservation im Raum oberes Mississippital/Minnesota. Der Preis von 575000 Dollar sollte mit »Farmhilfen in der Zukunft« verrechnet werden.

Innerhalb von zwei Jahrzehnten waren die Santee-Sioux-Stämme von ihrem wertvollen Land vertrieben und in eine kümmerliche Reservation gezwängt worden, mit kleinen Geschenken, salbungsvollen Reden und frommen Sprüchen, mit hochtrabend formulierten Vertragstexten, Versprechungen, Zusagen, dann mit Drohungen, Erpressungen und schließlich mit Betrug und Demütigung.

Die Sioux-Stämme der Teton-Prärie waren über die Vertreter des Großen Weißen Vaters geteilter Meinung, nachdem sie das Schicksal der Santees kennengelernt hatten: Die alten Häuptlinge mahnten die Krieger, die Weißen nicht zu belästigen, da diese in einem Krieg gewinnen würden. Die jungen Häuptlinge wollten eher kämpfend sterben, als sich so erniedrigen zu lassen wie die Santees. Insgeheim aber waren sie in ihrem Reiterstolz der Meinung, daß ackerbauende Indianer in selbstgewählter Minderwertigkeit eigentlich nur erhielten, was sie im Grunde verdienten.

Die Sioux würden sehr bald wissen, daß die Amerikaner in der Behandlung von Indianern keine Unterschiede machten.

»Die kleine Infanterie-Garnison in Fort Laramie konnte weder die Wagenkarawanen schützen, noch das Fort im Falle eines ernsthaften Angriffs halten; dennoch hielten es die jungen Offiziere für ihre Pflicht, Indianer mit Waffengewalt zu verhaften, wenn Amerikaner Anklagen gegen sie erhoben. Indianer-Agent Thomas Fitzpatrick [...] war von dieser Verhaltensweise der Offiziere sehr irritiert. Die Indianer-Agenten hatten es durch harte Erfahrung gelernt, Indianerkrieger in Ruhe zu lassen. Wenn ein Krieger einem Agenten Schaden zufügte, so teilten sie dies den Häuptlingen mit, die die Sache mit dem Krieger in Ordnung brachten. Aber wenn jetzt ein Indianer irgendeinem Weißen einen Schaden zufügte, marschierten die Offiziere gleich mit Infanterie in ein großes Indianerlager und versuchten, den schuldigen Krieger festzunehmen. Da die Sioux den Tod der Freiheitsberaubung vorzogen, konnte man diese Methode, den Frieden zu erhalten, schwerlich als sinnvoll bezeichnen.«[16]

In der Zeit nach dem spektakulären Friedensschluß von Traverse de Sioux (1851) unternahmen einige unerfahrene junge Offiziere immer wieder Aktionen, die fast einen Krieg vom Zaune gebrochen hätten: Beispielsweise versuchten sie, einen Sioux zu verhaften, der einem Überlandfahrer eine Handvoll Zucker abgenommen hatte.

Im Sommer 1853 wurde Lieutenant Hugh B. Fleming mit einem Stoßtrupp in ein Minniconjou-Sioux-Lager geschickt, um dort einen Krieger festzunehmen, gegen den eine »Beleidigungsklage« vorlag. Als die Indianer eine drohende Haltung einnahmen, feuerten die Soldaten und töteten drei Krieger. Nur mit Mühe gelang es den Häuptlingen und dem Indianer-Agenten Fitzpatrick, den Stamm davon abzuhalten, die ganze Laramie-Garnison auszulöschen.

Am 17. August 1854 tötete der Minniconjou-Krieger »High Brow« einen lahmenden Ochsen in einem Mormonen-Treck, der von einem Treiber gepeitscht wurde, mit einem Pfeil. Sioux-Häuptling »Brave Bear« ritt nach Fort Laramie zu Fortkommandant Lieutenant Fleming und erklärte ihm, daß dies eine Bagatelle gewesen sei, die man mit dem Indianer-Agenten regeln solle. Aber der junge Offizier lehnte ab. Er schickte den eben erst von der West-Point-Akademie entlassenen 21jährigen Lieutenant J. L. Grattan mit zwei Offizieren, einem (betrunkenen) Dolmetscher, 27 Infanteristen, einer schweren Feldhaubitze und einer kleineren Berghaubitze zum Lager der Brulé-Sioux, um dort den Minniconjou-Krieger zu verhaften. Genau zu dieser Zeit hatten sich etwa 6000 Oglala-, Brulé- und Minniconjou-Sioux am Oregon-Trail versammelt, um ihre jährliche Warenlieferung abzuholen. Mitten in diese Ansammlung stolzer Krieger marschierte Lt. Grattan hinein. Brulé-Oberhäuptling »The Bear« versuchte Grattan zu überzeugen, daß Gewalt keine Lösung und im Vertrag nur die Rede von Schadensersatz, nicht von Freiheitsberaubung sei. Der kleine Leutnant wurde wild und ließ in das Zeltdorf feuern, wobei der Häuptling getötet wurde. Da verloren die Brulés die Geduld, und innerhalb weniger Minuten war Grattan mit allen Soldaten seines Kommandos getötet!

Ein Jahr später folgte der Vergeltungsschlag für dieses sogenannte »Grattan-Massaker«: Im August 1855 zog Brigadegeneral William S. Harney mit 1200 Soldaten aus, den »Frieden auf dem Überlandweg wieder herzustellen«. Am 3. September überfiel die Truppe das Winterlager des Brulé-Häuptlings »Little Thunder« bei Ash Hollow, machte 136 Sioux nieder und schleppte den Rest in Ketten nach Fort Laramie. Dort zwang Harney die Sioux, einem Vertrag zuzustimmen, der den Bau einer Armeestraße zwischen Fort Laramie und Fort Pierre vorsah.

Diese ständigen Vorfälle, die die Existenz der Indianer bedrohten, bewogen die Oglalas und Brulés, sich aus der Laramie-Region zurückzuziehen. Die Oglalas teilten sich in zwei Gruppen: Die Bear-Gruppe ging nach Süden zum Republican River, die Smoke-Gruppe nach Norden zum Powder River. Die Armee sah ihre harsche Strafexpeditionspolitik bestätigt: Nur mit einem geschlagenen Feind konnte man »verhandeln«, nur demoralisierten Gegnern diktieren.

In jenen Tagen wurde in den amerikanischen Militärakademien und Ausbildungskasernen eine Strategie geprobt, die am ehesten noch mit den Praktiken deutscher, britischer und portugiesischer Kolonialtruppen in überseeischen Besitzungen vergleichbar waren. Man berücksichtigte die Berichte von Trappern und Mountain-Männern und deren intime Kenntnisse indianischer Eigenart. Diese besagten, daß ein Indianerstamm Verhandlungen am zugänglichsten sei, wenn man seinen gesamten Wintervorrat vernichte. Die Cheyennes bekamen diese Strategie als erste zu spüren:

»Einige Cheyennes waren [im April 1856] zur Upper Platte Bridge gekommen, wo US-Truppen stationiert waren, um Tauschhandel zu treiben. Da man berichtet hatte, daß die Indianer vier entlaufene [US-]Pferde bei sich führten, forderte der Kommandant, daß man diese Tiere auslieferte, gab aber die Versicherung ab, daß sie für das Auffinden und Füttern bezahlt würden.

Obwohl die Indianer mit diesen Bedingungen einverstanden waren, übergaben sie nur drei Pferde. Little Wolf, der Besitzer des vierten, weigerte sich, es herauszugeben, weil er dieses Pferd nicht zu der Zeit und an dem Ort gefunden habe, den diejenigen, die Anspruch darauf erhoben, angaben. Der Kommandierende Offizier ließ drei der Indianer verhaften. Während man sie in Ketten legte, unternahmen zwei einen Fluchtversuch; einer von ihnen wurde niedergeschossen, der andere entfloh. Der dritte, Wolf Fire, wurde ins Gefängnis gesteckt und starb schließlich in der Arrestzelle. Nach der Festnahme und dem Tod von Wolf Fire flohen dessen Verwandte zu den Black Hills, wobei sie ihre Zelte stehenließen. Die Truppen konfiszierten das verlassene Indianereigentum. In der darauffolgenden Nacht töteten diese fliehenden Cheyennes, als Vergeltung für den Verlust des Indianerkriegers, den alten Trapper Ganier.«[17]

So erfuhren die Cheyennes – sechs Jahre nach dem Vertrag von 1851 –, in welch krassem Gegensatz feierliche Friedens- und Freundschaftsbekundungen zu den wirklichen Taten standen, wenn man der Armee auf Indianerterritorium erlaubte, Handelsposten zu errichten. Die drakonischen Maßnahmen des Posten-Kommandanten waren ein Akt reiner terroristischer Willkür, die mit keiner damaligen Gepflogenheit übereinstimmte: Wenn z.B. weiße Farmer oder Trapper ein entlaufenes Pferd mit dem US-Brandzeichen einfingen und unterschlugen, so sahen die internen Armeebestimmungen vor, daß Anspruch lediglich auf Rückgabe des Tieres oder Schadensersatz in Höhe bis zu 20 Dollar beständen. Im ersteren Falle war die Armee verpflichtet, einen Finderlohn von 25 Prozent des Werts des Tieres und Beaufsichtigungs- und Futterkosten in Höhe von 50 Cents pro Tag zu zahlen. Im anderen Fall konnten Schadensersatzansprüche nur beim zuständigen Friedensrichter oder Bezirksgericht geltend gemacht werden. Bis zur Entscheidung blieb das Pferd im Besitz des Finders. In der Praxis bedeutete dies, daß die Armee in keinem Falle von einem »Finder« jemals ein Pferd zurückerhielt oder gar auch nur einen Cent Schadensersatz erlöste: Ein »Finder« brauchte ein US-Pferd nur 30 Tage lang zu verstecken, dann hatten Finderlohn und Futterkosten den Höchstwert des Tieres erreicht. Fand man das Pferd früher, so wurde sein Preis von dem Zeitraum aufgezehrt, in dem die Zivilklage anhängig gemacht, die Verhandlung anberaumt und das Urteil rechtskräftig wurde.

Aus indianischer Sicht war es ein reiner Freundschaftsakt, ein herrenlos aufgefundenes Pferd dem ehemaligen Eigentümer zurückzugeben; denn nach indianischer Sitte gehörten herrenlose Pferde niemandem! Wäre der amerikanische Posten-Kommandant unter gleichen Umständen mit x-beliebigen Amerikanern genauso verfahren wie mit den Indianern, so wäre er als Zivilist des Mordes, der Freiheitsberaubung, des Raubs und Diebstahls angeklagt, zum Tode verurteilt und auf der Stelle hingerichtet worden. Als Offizier wäre er in einem Kriegsgerichtsverfahren »ehrenlos« aus der Armee ausgestoßen, dem zuständigen Sheriff als Gefangener übergeben und vom Bezirksgericht als Zivilist dem Galgen überantwortet worden. Der Kommandant verfaßte einen korrekten Bericht, das Armeeoberkommando sah seine Maßnahmen als gerechtfertigt an, und beinahe hätte es sogar noch eine »Belobigung« gegeben.

Was hiernach geschah, ist in den Annalen der Armee mit minutiöser Akribie aufgezeichnet. An dieser Stelle können nur punktuell die Ereignisse aufgezählt werden, die die nun im Westen auftretende US-Armee zum Anlaß nahm, gegen Indianer innerhalb deren vertraglich zugesichertem Territorium – in dem die Armee praktisch nur geduldet war – unerbittliche Straffeldzüge durchzuführen:

Ende August 1856 hält eine Gruppe Cheyennes eine Postkutsche an, und ein junger Krieger bittet den Kutscher um etwas Tabak. Der Kutscher schießt auf den Krieger, worauf dieser ihm einen Pfeil in den Arm jagt.

Am nächsten Morgen erscheint eine von dem Kutscher alarmierte US-Truppe in einem Cheyenne-Lager und macht zehn Indianer nieder, zehn werden schwer verwundet, der Rest flieht, kein Soldat wird verletzt.

Die fliehenden Cheyennes überfallen einen kleinen Wagenzug, töten zwei Männer und ein Kind und nehmen eine Frau gefangen.

Wenige Tage später überfallen die gleichen Cheyennes eine andere Westwanderergruppe, töten eine Frau und nehmen ein Kind gefangen.

Wieder einige Tage später überfallen sie einen Wagen und töten den Kongreßabgeordneten des Utah-Territoriums, Almon Babbit, und zwei Begleiter.

In der darauffolgenden Nacht überfallen sie eine andere Gruppe, töten zwei Männer, eine Frau und ein Kind und nehmen eine Frau gefangen.

Der Fortkommandant von Fort Kearny bittet eine andere Cheyenne-Gruppe (nicht identisch mit der, die sich für den Überfall auf das Cheyenne-Lager rächte) zu einem Gespräch und versucht, sie festzunehmen und in Ketten zu legen. Den Cheyennes gelingt die Flucht. Soldaten verfolgen sie und fangen 13 Cheyenne-Pferde ein. Wenig später holen sich die Indianer ihre Pferde mitten aus den Fortställen wieder heraus. Niemand wird verletzt.

Die Frontierpresse bauschte diese Ereignisse auf, berichtete von blutigem Indianerterror und sprach von Vertragsbruch. Die (Un-)Taten der Armee wurden nicht erwähnt. Von Reportern befragt, gingen die Armeesprecher nur auf den »unerträglichen Terror gegen friedliche Überlandfahrten« ein. Aber in den Armee-Rapportakten ist unmißverständlich verzeichnet, daß es sich um eine ganz bestimmte kleine Gruppe der nördlichen Cheyennes handelte. Ursprünglich bestand diese Gruppe aus »14 Zelten« (26 Krieger, 42 Frauen, 9 Alte, 29 Kinder). Der Zusammenprall mit der US-Armee hatte dazu geführt, daß zwölf Krieger getötet und zehn verwundet wurden. Damit war die weitere Unabhängigkeit dieser Gruppe beendet. Sie mußte sich anderen Gruppen anschließen. Als die oberste Armeeführung hiervon hörte, ließ sie durch einen Kurier mit Dolmetscher dem übrigen Stamm der Cheyennes (den nördlichen und südlichen) mitteilen, daß sie einer Aufnahme dieser »kriminellen Bande« in andere Gruppen nicht tatenlos zusehen werde. Mit anderen Worten: Die US-Armee, die in diesem Gebiet geduldet wurde, versuchte dem gesamten, traditionell in unzähligen kleinen Einzelgruppen unabhängig voneinander lebenden Volksstamm der Cheyennes ihre internen Verhaltensweisen vorzuschreiben. Als die Häuptlinge die Emissäre auslachten, befahl das Kriegsministerium strenge Bestrafung.

Mit einer gemischten Armee (Kavallerie, Infanterie und Artillerie) verließ Colonel Edwin V. Sumner am 26. 5. 1857 Fort Leavenworth. Die Cheyennes wichen der Truppe aus. Aber am 29. Juli marschierte Sumner geradewegs auf ihr großes Sammelzeltlager zu, in dem sie bereits die gesamten Wintervorräte der

Sommerjagd und ihre Pferdeherden untergebracht hatten. Sie versuchten, ihr Eigentum und die lebenswichtigen Vorräte zu retten, indem sie 14 Meilen vor dem Lager Aufstellung nahmen und die Truppe erwarteten. Sie wollten verhandeln. Auch Sumners Truppe nahm in Schlachtordnung Aufstellung. Die Cheyennes griffen jedoch nicht an, sondern warteten darauf, daß Sumner einen Verhandlungsparlamentär mit einer weißen Fahne vorausschickte. Statt dessen ließ Sumner den Führer seiner Delawaren-Scouts, Häuptling »Fall Leaf«, den Cheyennes entgegenreiten. Der Soldat Robert M. Peck schreibt in seinem Bericht über den Cheyenne-Feldzug wörtlich:

»Als wir in Gewehrschußnähe des Feindes waren, sahen wir, wie unser alter Delawaren-Häuptling, Fall Leaf, aus unserer Linie hervorpreschte, bis er etwa in der Mitte zwischen den zwei Truppen war. Dort hielt er sein Pferd plötzlich an, hob das Gewehr und feuerte auf die Cheyennes. Als er umkehrte und – begleitet von einigen Schüssen des Feindes – zurückritt, hörten wir Colonel Sumner mit lauter Stimme zu Lieutenant David Stanley sagen, der neben ihm war: ›Sie sind Zeuge, Lieutenant Stanley, daß ein Indianer den ersten Schuß feuerte!‹[18]

Dies geschah, obwohl in den offiziellen Verordnungen der Regierung für den Umgang mit Indianern ein vor der Öffentlichkeit häufig zitiertes Gebot lautete, daß »erst alle Verhandlungsmöglichkeiten auszuschöpfen seien, bevor Feindseligkeiten eröffnet« würden. In allen späteren Zeitungsberichten hieß es jedoch, daß die Indianer den Kampf eröffnet und herausgefordert hätten.

Als der alte Colonel zum Säbelangriff blasen und seine Kavalleristen die Karabiner »an den Sattel hängen« ließ, beging er – nachdem er mit seiner Kavallerie der Infanterie und Artillerie zu weit vorausgeritten war – den zweiten entscheidenden Fehler. Die Cheyennes waren alle mit Revolvern und Gewehren bewaffnet und verstanden damit umzugehen. Hätten sie die angreifende Kavallerie mit Feuerwaffen auf Distanz gehalten, so wäre der Truppe Colonel Sumners an diesem Tage eine vernichtende Niederlage beigebracht worden. Aber die älteren, besonneneren Kriegshäuptlinge wollten einen derart harten Schlag vermeiden, weil sie einen hieraus unvermeidlich folgenden Winterfeldzug fürchteten, den sie sich mit Frauen, Kindern und Alten nicht erlauben und deshalb nicht ohne schwerste Verluste durchstehen konnten. So zerstoben sie vor dem Säbelangriff in alle Windrichtungen, verloren dabei allerdings neun Krieger, während die US-Truppe nur zwei Tote zu beklagen hatte.

Colonel Sumner schien diese Taktik der Cheyennes durchschaut zu haben. Er sammelte seine Truppe und stieß auf das Lager der Cheyennes, bevor diese bemerkten, daß er ihnen gar nicht mehr folgte. Nachher jedoch war es zu spät: Sumner ließ alle 171 Zelte mit dem gesamten Eigentum des Stammes, die ganzen Wintervorräte, darunter 20000 Pfund Bisonfleisch, zerstören und in Flammen aufgehen und mehr als 4000 Pferde erschießen. Damit war die gesamte Habe des Stammes vernichtet. Nun zog sich Sumner in Eilmärschen zurück und beschlagnahmte die vertraglich zugesagte Winter-Warenlieferung, bevor sie den Cheyennes ausgehändigt werden konnte. Wie sehr diese beiden Maßnahmen die Cheyennes trafen, schilderte Indianer-Agent R. C. Miller in seinem Rapport:

»Der Verlust ihrer Winter-Warenlieferung und die Zerstörung ihrer Zelte ist ein Schlag, von dem sie sich so bald nicht mehr erholen werden; dennoch sind sie noch nicht unterworfen, noch nicht dazu gebracht worden, die Autorität der Regierung zu respektieren [...]«[19]

Vier Tage später griffen 150 Cheyenne-Krieger eine Treibherde der Armee an, die sich auf dem Marsch nach Utah befand. Sie erbeuteten 824 Rinder und 20 Pferde und Maultiere (dies entspricht ziemlich genau der Menge Fleisches, die Sumner in ihrem Lager vernichtet hatte). Dabei wurde ein Soldat getötet, ein anderer schwer verwundet. Am 12. September erbeuteten sie den Frachtwagenzug eines Armeespediteurs, der Waffen und Munition transportierte, wobei drei Ochsentreiber getötet wurden. Drei Tage später töteten Cheyennes zwei Expreßreiter. Dann brachen ihre Angriffe und Überfälle plötzlich ab. Die instinktlosen Militärs wetteiferten in ihren Berichten ans Kriegsministerium mit Behauptungen, daß dieses Ende des »Aufruhr« ihrer eigenen vorbeugenden Tüchtigkeit zu verdanken sei. William Bent, der Indianerhändler in »Bent's New Fort«, der die Cheyennes kannte, rechnete den Offizieren jedoch vor, daß nach Indianerart der Vergeltung Genüge getan sei: Soldaten hatten neun Cheyenne-Krieger getötet, die Cheyennes töteten acht Männer und glaubten, einen anderen auch getötet zu haben.

Die Erfahrungen, die die Cheyennes mit der US-Armee im Westen machten, blieben im Gedächtnis der Stämme der nördlichen Prärie-Region in erster Linie nicht deshalb unauslöschlich haften, weil Krieger getötet worden waren, sondern weil die Reaktionen der Amerikaner auf nichtige Anlässe so vollständig unbegreiflich und in absolut nichts den menschlichen Verhaltensweisen vergleichbar waren, die die Indianer bisher kennengelernt hatten, auch nicht denen der englischen, französischen oder spanischen Pelzhändler und Trapper. Gleichzeitig wurde für sie die Westwanderung der Amerikaner nach Kalifornien immer rätselhafter und bedrohlicher: Der Zug der Wagenkarawanen nahm kein Ende, ja, wurde immer umfangreicher. Colonel Sumner schrieb am 31. 5. 1857 an das Armeehauptquartier, »daß die Emigration nach Kalifornien in diesem Jahr, auf diesem Wege, viel größer ist als irgend jemand vorausgesehen hatte. Sie treiben eine ungeheure Zahl von Rindern nach drüben, und ich fühle mich verpflichtet, meine Marschbewegungen in irgendeinem Maße danach einzurichten, daß ich diesen Weg dem Platte entlang im Auge behalten kann, bis die meisten der Westwanderer passiert haben«[20]. Angesichts dieses Stroms unerschöpflich scheinender Menschenmassen überkam die Indianer ein Gefühl, als würden sie »mit einer immer bedrohlicher werdenden Naturerscheinung konfrontiert« (William Bent). So ist es erklärlich, daß sie angesichts des Goldbooms in Colorado im Frühjahr 1859 zunächst in fassungsloser Passivität verharrten. Unter dem Motto »Pike's Peak or bust« (also: entweder zum Pike's Peak oder untergehen!) setzte ein Run quer durch ihr ganzes Gebiet nach Colorado ein, der alles bisher Dagewesene in den Schatten stellte. Mit den Goldsuchern kamen die Händler und Städtegründer, und dort, wo gestern noch Büffel grasten, standen nach kurzer Zeit schon Denver, Cripple Creek, Colorado Springs, Phoenix, Leadville.

Von Osten her hatte sich die Besiedlungsgrenze über den Missouri hinweg durch Kansas und Nebraska immer weiter nach Westen geschoben, und Indianergruppen, die von dort herkamen, berichteten, daß die Amerikaner nicht nur in unglaublichen Massen durch ihre Jagdgründe fuhren, sondern sie auch besetzten. Das gleiche hörten sie von Comanchen und Kiowas, die von den Texanern rücksichtslos nach Norden gedrängt wurden. Nun begannen sich die Amerikaner in den Bergen und im Vorland der Berge Colorados auszubreiten »wie ein einfallender Heuschreckenschwarm«; und wie diese vernichteten sie in kürzester Zeit alles Lebendige in ihrer Umgebung: Alles Wild war bald ausgerottet, weil die Menschenmassen Fleisch brauchten. Umfangreiche Kahlschläge beraubten die

Cheyenne-Häuptling Two Moons war maßgeblich an allen Verhandlungen der Cheyennes beteiligt

Berge und Täler ihrer Wälder, weil man für den Haus- und Bergwerkbau Holz brauchte.

Unter den Plains-Stämmen begann wieder die alte aztekische Weissagung zu kursieren, daß alle Indianer untergehen würden, wenn »die weißen Götter aus der aufgehenden Sonne kämen«. Der jungen ungestümen Krieger bemächtigte sich Zorn und Todessehnsucht – sie wollten kämpfend sterben –, der Älteren tiefe Resignation. Sie liebten ihre Familien, das Leben, die freie Natur und Ungebundenheit des Jägerlebens; aber sie wußten, wie sehr sie in Abhängigkeit von den Geräten der Weißen gekommen waren. Sie ahnten, daß das große Sterben beginnen würde, eine Art Sterben, wie man es niemals zuvor kennengelernt hatte, ein Sterben, das Ausrottung bedeutete.

Diese besonnenen Häuptlinge der Oglala- und Brulé-Sioux, der Cheyennes und Arapahoes berieten und kamen zu dem Schluß, daß sie nur noch eine einzige Überlebenschance besaßen: nämlich das Angebot der Amerikaner anzunehmen, ihr Land aufzugeben und hierfür Reservationen zu erhalten, die sie sich noch aussuchen konnten, und einen Preis zu erlösen, den sie noch fordern konnten – und im übrigen zu versuchen, Akkerbauern zu werden.

Der US-Indianer-Agent Thomas S. Twiss, der die Upper-Platte-Agentur leitete, erkannte das Dilemma, in dem sich die Indianer befanden, aber auch das der US-Regierung, der die stürmische Entwicklung der Besiedlung und der Goldboom längst aus der Hand geglitten war. Man hatte in Washington nicht den geringsten Einfluß auf die Masse der Westwanderer, die wie im Fieber nach Westen drängten. Die Regierung konnte nur versuchen, mit ihrer verhältnismäßig geringen Truppenstärke ein allgemeines gigantisches Massaker zwischen Indianern und Amerikanern zu verhindern. Es lag in der verschiedenartigen Natur beider Rassen, daß in ihrer Hilflosigkeit die Regierung mit Aggression, die Indianer zunächst mit Resignation reagierten. In dieser Situation versuchte der vorausschauende Twiss einen Friedensvertrag mit den Sioux, Cheyennes und Arapahoes zu erreichen, der ihm die einzige Überlebenschance für die Indianer und gleichzeitig die vernünftigste Lösung im Sinne der amerikanischen Interessen zu bieten schien.

Am 18. September 1859 berief er eine große Friedenskonferenz ein, an der alle wichtigen Häuptlinge teilnahmen: »Man-Afraid-of-His-Horses«, »Bold Bear«, »Sitting Bear«, »Stabber«, »Standing Elk« und 20 ausgesuchte Oglala- und Brulé-

Sioux, »Little Owl«, »Friday«, »Cut Nose«, »Medicine Man«, »Black Bear« mit 30 ausgesuchten Arapahoes, »White Cow«, »Big Wolf«, »White Crow« mit 15 ausgesuchten Cheyennes. Am Ende seiner Eröffnungsansprache machte Twiss den Indianern klar, wie der »Große Weiße Vater« über ihre Lage dachte:

»Euer Großer Vater hat dieses Jahr angeordnet, daß topographische Vermessergruppen durch das Yellowstone-Land gehen, und will, daß Ihr diese gut behandelt, wo immer Ihr auf sie treffen werdet. Er wird seine weißen Familien schicken, damit sie Häuser in diesen Tälern bauen und sich auf Farmen niederlassen. Er möchte, daß die Weißen Mais pflanzen und Rinderherden züchten, wo Ihr einst viele Büffel hattet. Diese sind nun alle getötet.

Meine Kinder, Euer Großer Vater gebietet mir, Euch zu sagen, daß nicht nur der Büffel tot ist, sondern auch kleineres Wild schnell verschwindet, und er fragt Euch, was Ihr zu tun gedenkt, um Euch zu erhalten, wenn es nicht mehr länger Wild als Nahrung gibt, um Eure Völker und kleinen Kinder vor dem Hungertode zu bewahren? Wollt Ihr arbeiten wie der weiße Mann, pflanzen, pflügen und Mais als Nahrung anbauen? Oder wollt Ihr verhungern? Bedenkt dies, beratet Euch gut zusammen und gebt mir das Ergebnis Eurer Beratung bekannt, welches ich aufschreiben und mit der Post zu Eurem Großen Vater schicken werde.«[21]

Nach längerer Beratung sprach der Arapahoe-Häuptling »Madison Man« für alle: »Vater – die Worte, die Du uns von unserem Großen Vater gegeben hast, sind gut. Wir lauschen Deiner Stimme. Unsere Jagdgründe sind sehr klein geworden. Wir sehen die weißen Menschen überall; ihre Gewehre töten unser Wild und der Rauch ihrer Lagerfeuer vertreibt den Rest; unsere kleinen Kinder schreien nach Nahrung. Wir sind gezwungen, viele Tage zu reiten, ehe wir Büffel finden; und das auch, wenn der Schnee hoch ist und das Wetter kalt. Es ist erst wenige Jahre her, daß wir hier im Tal des Deer Creek, wo wir jetzt lagern, viele Monde blieben, weil es viele Büffel gab, so daß die Prärie rundherum schwarz von ihnen war. Jetzt sind keine zu sehen, und wir sind gezwungen, zum Yellowstone zu reiten, zehn Tagesreisen. Und auch dann finden wir nur einige wenige, denn der Crow-Stamm empfängt uns mit Feindseligkeit, wenn wir dort jagen, wobei er oft das Wild verscheucht und unsere Pferde stiehlt. Unsere Alten und kleinen Kinder hungern seit vielen Tagen, und manche sind gestorben, weil unsere Jäger kein Fleisch brachten. Unsere Leiden werden mit jedem Winter größer. Auch unsere Pferde sterben, weil wir sie so weit reiten, um ein wenig Fleisch für unsere Zelte zu bekommen. Wir möchten leben.

Unser Großer Vater und auch Du, unser Vater während dieser fünf Winter, Ihr denkt an unser Wohl und sprecht immer freundliche und ermunternde Worte, die unsere Herzen froh machen.

Wir sind dazu bereit, daß unser Volk Mais als Nahrung pflanzen und züchten, auf kleineren Farmen siedeln und in Hütten leben soll. Wir bitten unseren Großen Vater, uns behilflich zu sein, bis wir es erlernt haben, zu arbeiten wie weiße Leute. Der Arapahoe-Stamm möchte auf einer Reservation im Cache la Poudre siedeln. Der Cheyenne-Stamm möchte am Laramie River oberhalb von Fort Laramie siedeln. Die Oglalas möchten sich – zum Teil – am Horse Creek und am Deer Creek niederlassen.

Die Brulés und Wassagahas möchten am White River siedeln. Wir verlangen, daß unser Großer Vater uns für einige Jahre mit einem Schmied, Schreiner, mit Farmern, Ärzten, Missionaren und Schulmeistern, mit Saatgut, landwirtschaftlichen Geräten, Vieh und solchen Jahreslieferungen versorgen soll, wie es unsere Bedürfnisse erfordern.

Mit dieser Hilfe und dem besten Willen auf unserer Seite werden wir in einigen Jahren fähig sein, Mais zu ernten und wie der weiße Mann zu leben, ohne dann noch der Hilfe unseres Großen Vaters zu bedürfen.

Vater, wir geben dem Großen Vater den ganzen Rest unseres Landes, außer den Reservationen, die genannt wurden. Es nutzt uns nicht mehr länger, da fast alles Wild verschwunden ist. Wir würden unseren Großen Vater nur bitten, uns die Jagd zu erlauben, wo sich der weiße Mann nicht niedergelassen hat [...]«[22]

Der gründliche Twiss verfaßte anschließend, im Einvernehmen mit den Indianern, einen detaillierten Vertragsentwurf, in dem alle Interessen der US-Regierung und der Indianer gleichermaßen berücksichtigt waren. Hier seien im Telegrammstil die substantiellen Bedingungen wiedergegeben:

1. Vorausgesetzt, daß alle Vertragspartner die Bedingungen dieses Vertrages ehrlich erfüllen, treten die Indianer – außer gewissen Reservationen – alles Gebiet innerhalb folgender Grenzen an die USA ab:

Von der Mündung des White River in den Missouri bis zum

Cache Butte, nordwestlich zum Bear Butte, am Nordufer des Cheyenne River zum Pumpkin Butte, von hier zu den Red Buttes am North Platte, von diesem bis zu seinen Quellen, von hier zum 100. Längengrad und zurück bis zum White River.

Die Brulé-Sioux beziehen eine Reservation am White River, nicht größer als 45 Meilen lang und 10 Meilen breit.

Der eine Teil der Oglala-Sioux bezieht eine Reservation am Horse Creek, 25 Meilen lang, 10 Meilen breit, der andere Teil am Deer Creek, die die Black Hills einbezieht.

Die Cheyennes beziehen eine Reservation am Laramie River, beginnend 5 Meilen oberhalb von Fort Laramie, bis zu den Quellen.

Die Arapahoes beziehen eine Reservation am Cache la Poudre River, von der Mündung bis zur Quelle in den Black Hills.

2. Die USA zahlen jährlich 100000 Dollar an die Häuptlinge der unterzeichnenden Stämme in Waren, für eine Dauer, die im Ermessen des Präsidenten liegt.

3. Die USA liefern an jeden Stamm für jährlich 15000 Dollar landwirtschaftliche Geräte und Entwicklungshilfen ebenfalls für eine Dauer, die im Ermessen des Präsidenten liegt.

4. Die Transport-, Erschließungs- und Vermessungskosten werden von den USA getragen.

5. Die Jahreszahlung von 100000 Dollar soll im Verhältnis der Personenzahl der Stämme wie folgt aufgeschlüsselt werden: Die Arapahoes erhalten 20000, die Cheyennes 16000, die Oglala-Sioux 40000 und die Brulé-Sioux 24000 Dollar.

6. Die Indianer leisten für alle Schäden, die Mitglieder ihrer Stämme den Bürgern der USA zufügen, Schadenersatz aus diesen Jahresleistungen.

7. Das abgetretene Landgebiet soll von den USA als »Indianerland« treuhänderisch verwaltet und genutzt werden.

8. Dieser Vertrag bedarf der Ratifizierung durch den Präsidenten und den Senat der Vereinigten Staaten.

Dieser Vertragsentwurf wurde vom US-Senat nicht ratifiziert, weil seine Bedingungen den Beamten in Washington zu liberal erschienen. In den Archiven des Innenministeriums lagen bereits skizzierte Reservationspläne, denen zahlreiche Berichte von Vermessungstrupps und landwirtschaftlichen Expertisen zugrunde lagen. Hiernach waren für die Indianer Gebiete vorgesehen, in denen – nach allen Unterlagen – landwirtschaftliche Nutzung unmöglich war. Die Indianer aber hatten sich die einzigen Gebiete ausgesucht, die eine landwirtschaftliche Nutzung, wenn auch mühsam, gewährleisteten. Wohl verstanden: Zu der Zeit, als die Indianer bereit waren, Reservationen zu akzeptieren, war dieses ganze Gebiet unbesiedelt, es existierten keinerlei Ansprüche weißer Siedler. Man hätte in Washington frei entscheiden und Tatsachen schaffen können, wenn es den Amerikanern mit dem Lippenbekenntnis, die Indianer zur agrar-ökonomischen Zivilisation bekehren und führen zu wollen, ernst gewesen wäre. Später hat die US-Regierung immer darauf hingewiesen, daß sie – bei bereits etablierten weißen Kommunen und funktionierender amerikanischer Landwirtschaft in den Indianergebieten – natürlich das Wohl amerikanischer Bürger habe stärker berücksichtigen müssen.

Der Vertragsentwurf von 1859 beweist eindeutig, daß die Indianerpolitik im Westen gleichzeitig zwei Ziele verfolgte:

1. Die nomadischen Reiterstämme zu seßhaften Ackerbauern zu machen und sich dies entsprechend hohe Summen für Ökonomisierung, Christianisierung und Zivilisierung kosten zu lassen.

2. Den Stämmen Reservationen anzuweisen, in denen Landwirtschaft nach allen Expertisen aber unmöglich war.

Den pragmatischen Rechnern in Washington war klar, daß die Kosten für ihre Politik höher waren, als es der Vertragsentwurf von 1859 vorsah. So bleibt nur ein einziger logischer Schluß: Die US-Politik lehnte niedrigere Entwicklungskosten bei gleichzeitig möglichem Erfolg, die Indianer zu Ackerbauern auszubilden, ab! Sie zog höhere Kosten bei gleichzeitiger Garantie eines Mißerfolgs vor.

Das aber kann nur bedeuten, daß das Ziel dieser Politik auf die Ausrottung der Indianer gerichtet war und die unvermeidlichen Begleiterscheinungen (Tod von amerikanischen Soldaten und Zivilisten) als zwangsläufig hingenommen und einkalkuliert wurden. Man richtete die Bemühungen – wie auch alle späteren Entscheidungen und Unternehmungen zeigen – lediglich darauf, diese Verluste so niedrig wie möglich zu halten.

Hinzu kommen andere Gesichtspunkte: Der Senat setzte sich aus Mitgliedern zusammen, die aus der Elite derer stammten, die es »zu etwas gebracht« hatten. Ansehen genoß ohnehin in der amerikanischen Gesellschaft nur der, der Kapital angehäuft hatte. Die Folge war, daß die Politik dieser Institution unlösbar mit (eigenen) wirtschaftlichen Interessen verwoben war. Die Banken, die die Entwicklungsgelder der Regierung in den Westen schleusten, waren nicht daran interessiert, eine Lösung zu akzeptieren, durch die die Indianer unabhängig und damit die Gelder allmählich versiegen würden. Industrie und Handel, die Entwicklungsgüter herstellten und nach Westen leiteten, hatten es mit einem »Markt« zu tun, den sie nicht selbst abwürgen wollten. Die Transportgesellschaften, deren Existenz in vielen Fällen auf diesem Handel und seinen immensen Gewinnmöglichkeiten basierte, waren überhaupt nicht interessiert, aus reiner Menschenfreundlichkeit einem absehbaren Bankrott entgegenzusteuern. Händler und Agenten, denen die permanente Entwicklungshilfe-Politik reiche Pfründe (durch »legales« Einkommen und Korruption) eröffnete, hatten nicht das geringste Interesse an selbständigen Indianern.

Aber auch andere, von der puritanischen Yankee-Mentalität geprägte Amerikaner, die nicht eigene Profitinteressen an einer einseitigen Steuerung der Entwicklungshilfe besaßen, unterlagen den unterschwelligen Zwangsvorstellungen und Frustrationen einer Gesellschaft von gottgefälligen Vormündern. Die Vorstellung, daß andersartige Rassen und Gesellschaftsformen unabhängig existieren könnten – und das auch noch innerhalb von Gottes eigenem Land –, schien dem amerikanischen Selbstverständnis so unerträglich zu sein, daß man sie fast unwillkürlich mit dem unerschütterlichen Glauben kompensierte, Andersartiges sei wild und wild sein sei brutal und gefährde die Existenz der Gesellschaft.

Diese amerikanische Gesellschaft hat sich allem Andersartigen gegenüber – auch Versuchen innerhalb der eigenen Gesellschaft – nie anders verhalten: so z. B. gegenüber den utopischen Kommunen und spontanen Gesellschaftsexperimenten im Westen, der Andersartigkeit mexikanischer und chinesischer Mentalität, aber auch dem Phänomen des geldverachtenden nomadischen Cowboys gegenüber. Sie hat nicht geruht, bis entweder dieses Andersartige zur alleinseligmachenden Moral bekehrt – oder ausgerottet war.

Der maßgebliche Einfluß des Militärs ist ebenfalls nicht zu übersehen: Alle Militärs dieser Welt waren in jener Zeit (die bis zum Atomzeitalter andauerte) auf die Ernstfallsituation, also auf Krieg, Kampf, Ruhm, Rang und Orden, programmiert. Nach den Siegen gegen die Kolonialmächte Europas besaßen die USA keine potentiellen Feinde außerhalb ihrer Grenzen mehr, die das öffentliche Ansehen in einer Armee – durch permanente Angst – auf Hochglanz gehalten hätte. Der Glanz vergangener Waffengänge mit äußeren Feinden war angesichts der stürmischen Entwicklung im Inneren rasch verblaßt. So blieb den säbelrasselnden Militärs nur Inneramerikanisches, also die Indianer. Sie waren *der* Feind, die einzige Möglichkeit, sich vaterländische Sporen zu verdienen. So verstanden sich die Militärs als Besatzungstruppen im Kriegszustand, deren Unternehmungen rasch nationalen Rettungscharakter annahmen. Es ist oft genug von den Militärs selbst mit marktschreierischer Zurückhaltung behauptet und von Geschichten- und Geschichtsschreibern kolportiert worden, daß ohne die heldenhaften Opfergänge der Armee in den USA nichts so wäre, wie es jetzt sei! Reduziert man die zahlreichen, in Anfällen von Größenwahn »Schlachten« und »Feldzüge« genannten Geplänkel, Scharmützel, Handstreiche und oftmals einfachen Manöverübungen auf ihren tatsächlichen Kampfgehalt, so bleiben kaum mehr übrig als polizeiliche Totschlagunternehmungen und ein ziemlich sinnloses Härtetest-Gesellschaftsspiel, das an den Stumpfsinn treudeutscher Studentenmensuren erinnert. Dementsprechend brachte die in Selbstverantwortung, Eigenrisiko und Leistungsrausch schwelgende Pioniergesellschaft des Westens dem Militär ein Höchstmaß an Verachtung entgegen, aus der nur eine Steigerung der Angst vor den Indianern einen zeitweiligen Ausweg bot.

So wird es erklärlich, daß eine massive Bewußtseinsspaltung die Grundlage amerikanischer Indianerpolitik bildete und sinnvolle und innenpolitisch nützliche Entscheidungen nahezu unmöglich waren. Gleichzeitig muß aber auch festgestellt werden, daß es innerhalb der amerikanischen Gesellschaft – unter Bankiers, Industriellen, Händlern, Politikern, Beamten und Militärs ebenso wie unter Zeitungsmenschen, Priestern, Wissenschaftlern, Ökonomen und Richtern – zu keiner Zeit an Stimmen, Meinungen und Bemühungen gefehlt hat, diesen Entwicklungen eine vernünftige und menschliche Richtung zu geben. Diese Anstrengungen sind durch ganz besonders selbstloses Engagement gekennzeichnet. Aber ihre Tragik liegt einfach darin, daß sie niemals gegenüber massiven Profitinteressen auch nur die geringste Chance erhielten.

Die unwiederbringliche Gelegenheit, die positiven geistigen Impulse indianischer »Weltanschauung« in die amerikanische Lebens- und Denkweise allmählich integrieren zu können, waren mit der Niederlage für die Menschenrechte der Indianer im Osten der USA vertan, Unrecht und Ignoranz Gesetz geworden. Damit waren schon in den Gründerjahren die Weichen in Richtung Leistungs- und Profitdenken gestellt, der Geist einer humanen Verfassung zum rein plakativen Slogan herabgewürdigt worden.

Als 1861 der Bürgerkrieg ausbrach, herrschte in den nördlichen Plains – was die Indianer betrifft – Ruhe. Die Pony-Expreß-Reiter wurden nicht belästigt, die Überland-Telegraphenlinie, die den Pony-Expreß bald überflüssig machen sollte, konnte ohne Schwierigkeiten errichtet werden. Die meisten Truppen wurden aus dem Grenzgebiet abgezogen und marschierten in den großen vaterländischen Krieg.

Noch während der Kriegsvorbereitungen hatten Beamte in Washington den verworfenen Twiss-Vertragsentwurf wieder aus der Schublade geholt. Sie verstanden ihn als Signal der Cheyennes, der südlichen Sioux und der Arapahoes, daß sie des mühsamen Nomadenlebens müde seien, und gaben Order, eine Friedensvertragskommission zu bilden und irgendwelche Häuptlinge dazu zu bringen, eine Landabtretung und die Einweisung in eine Reservation zu unterzeichnen. Im September 1860 »veranstaltete man einigen Hokuspokus in Bent's Fort, und einige Häuptlinge wurden mit Geschenken und Schmeicheleien dazu gebracht, ihre Kreuze unter ein kurzes Dokument zu setzen, in dem sie im Namen der drei Stämme auf alles Land verzichteten und eine beliebige Reservation akzeptierten«[23]. Schon bald stellte sich heraus, daß erstens die Häuptlinge gar nicht wußten, was sie unterzeichneten, zweitens gar kein Recht hatten, irgendwelche verbindlichen Vereinbarungen für die betreffenden Stämme zu treffen, und drittens dies der Kommission vollkommen bekannt war. Der Initiator dieses schlitzohrigen Coups war der Indianer-Agent A. G. Boone, Sohn des berühmten Daniel Boone, der ein persönliches Interesse an diesem Vertrag hatte, gehörte ihm doch die Stadt Booneville am Arkansas River (östlich von Pueblo, Colorado), die er zu einem Eisenbahnknotenpunkt der Zukunft auszubauen gedachte. Diesem Ziel standen nur die Indianer im Wege.

Aber die Wahl des Republikaners Abraham Lincoln zum amerikanischen Präsidenten (1861) bereitete den Hoffnungen vieler Agenten ein jähes Ende. Er entfernte nahezu alle Indianer-Agenten aus ihren Ämtern und besetzte diese mit Männern, deren einzige Qualifikation für diese Aufgabe darin bestand, daß sie stramme Republikaner waren.

Der größte Teil des den Cheyennes 1851 zugestandenen Territoriums in Colorado war inzwischen vom Gold- und Silberboom geprägt. Hunderttausende Amerikaner hatten das Gebiet verwandelt, Städte, Bergwerke und Erzmühlen waren errichtet worden, ein regelrechtes US-Territorium (Vorstufe zum Bundesstaat) als Handelsdrehscheibe zwischen atlantischen und pazifischen US-Staaten entstanden. Der erste Gouverneur dieses »Colorado-Territoriums«, John Evans, zeigte sich 1862 sehr daran interessiert, die Cheyennes auf einer kleinen Steppenreservation zu konzentrieren, damit die rapide wachsende Besiedlung Colorados ungestört vollzogen werden konnte. Er brauchte, um wiedergewählt zu werden, einen sichtbaren Erfolg. Auf dem parteipolitischen Feld waren angesichts der Vernichtungsschlachten des Bürgerkrieges keine Lorbeeren zu ernten, denn die Zivilbevölkerung Colorados setzte sich aus Leuten zusammen, die sowohl aus den Nord- wie den Südstaaten stammten. Die politischen Ressentiments waren hier im Westen zwar gedämpfter, aber kein Politiker hätte sich erlauben können, diese »schlafenden Hunde zu wecken«. So blieb Evans zur Wiederwahlprofilierung nichts als das Indianerproblem. Aber ein solches existierte im Grunde gar nicht, denn die Cheyennes verhielten sich ruhig. Sie mieden die Überlandwege und Postkutschenstraßen ebenso wie die Nähe amerikanischer Siedlungen, und sie jagten mit den Arapahoes und Sioux am Kansas und Platte River. Gouverneur Evans war mit dem von Lincoln ernannten Indianer-Agenten John Lorre kaum über die Strategie einer einzusetzenden Friedensvertragskommission einig geworden, als die ganzen Grenzgebiete von den Nachrichten über den »großen Sioux-Aufstand« in Minnesota alarmiert wurden:

Eine Raupenart – die des Eulenfalters – hatte die gesamte Maisernte der ackerbauenden Santee-Sioux vernichtet. Nur die fristgerechte Lieferung der vertraglich vereinbarten jährlichen Lebensmittel hätte die Santees vor dem Verhungern retten können. Die Lagerhäuser des Agenten waren bis an die Dächer mit diesen Lebensmitteln gefüllt. Aber er weigerte sich, diese herauszugeben, ehe nicht der entsprechende Geldbetrag der Regierung eingetroffen war. Die Finanzbeamten Washingtons aber, die Mühe hatten, die immensen Kriegskosten aufzutreiben, hielten das Geld zurück. Bald wurde bekannt, daß der Agent mit einer Gruppe von Händlern, die behaupteten, daß die Sioux große Schulden bei ihnen hätten, ein Geschäft machen wollte. Diese sollten etwa 60 Prozent des Regierungsgeldes als »Schuldentilgung« erhalten (40 Prozent der einbehaltenen Indianerwa-

Oglala-Krieger unter Grazy Horse unmittelbar vor einem Angriff

ren hatte man bereits in Nachbarcounties verkauft). Der Agent hatte Häuptling »Little Crow«, der ihn beschwor, die Lagerhallen zu öffnen, da sonst seine Leute vor Hunger sterben müßten, geantwortet: »Wenn sie hungrig sind, sollen sie Gras fressen!« Da schlugen die Santees, die sich bereits von Wurzeln ernährten, in blinder Raserei los. Am 18. 8. 1862 stürzten sie sich auf alle Amerikaner, deren sie habhaft werden konnten, und erschlugen sie. Innerhalb von vier Wochen töteten sie 737 Weiße, ehe sie von 1600 US-Soldaten gestellt und vernichtend geschlagen wurden. Ein Kriegsgericht verurteilte 303 wahllos ausgesuchte Männer zum Tode. Präsident Lincoln bestätigte 38 dieser Urteile, und ein Jahr später, am 25. 12. 1863, wurden diese Santee-Sioux in einer Massenhinrichtung an einem gewaltigen viereckigen Galgengerüst öffentlich – und gleichzeitig – gehängt. Diejenigen Santee-Sioux, die zu den westlichen Sioux-Stämmen entfliehen konnten, schilderten ihnen die Leiden ihres Volkes.

Dieser Aufstand in Minnesota hatte auf die Situation in den nördlichen Plains einen doppelten Effekt:

1. Die Zeitungen im Westen schilderten das Massaker in den schwärzesten Farben, erwähnten aber die Gründe, die zu ihm führten, mit keinem einzigen Wort. Die ganze westliche Grenze war plötzlich alarmiert. In Colorado aber fühlte man sich am akutesten bedroht: Der leere Raum im Osten bis zur Besiedlungsgrenze in Nebraska und Kansas war von Indianern kontrolliert. Im Süden konnte der Weg nach Neu-Mexiko von Apachen, Kiowas, Kiowa-Apachen und Comanchen blockiert werden. In den westlichen Bergen befanden sich die Utes, Pajutes und Shoshonen, und im Nordosten die kampfgewohnten Sioux. Wenn diese Indianer Colorado von allen Zugangswegen abschnitten und alle Nachschubstraßen blockierten, stand den Einwohnern Colorados, so die Zeitungen, die gewaltigste Katastrophe der amerikanischen Geschichte bevor.

2. Die Sioux, Arapahoes und Cheyennes waren von den Nachrichten, die sich von Lagerfeuer zu Lagerfeuer verbreiteten, zunächst aufs tiefste deprimiert. Daß Vertreter des Großen Vaters in Washington Häuser voller Lebensmittel nicht öffneten, während Frauen, Kinder und Alte Hungers starben, daß sie die Hungernden auch noch, um Geldes willen, betrügen wollten und dann nichts als Hohn für sie hatten, begriffen sie nicht. Sie kannten es seit Jahrtausenden nicht anders, daß Nahrung für alle da war, die hungerten. Dieses Verhalten des Vertreters des Großen Vaters war so etwas ganz und gar Unglaubliches, Unfaßbares, stand in solch krassem Gegensatz zu allem, was sie bisher von Weißen an Worten gehört und an Taten gesehen hatten, daß sie nicht einmal darüber in Zorn gerieten, sondern darin etwas so abgrundtief Böses ahnten, gegen das es absolut keine »Medizin« mehr geben konnte.

Ende September 1862 stattete eine Gruppe Sioux der Reservation der Pawnees, ihrer Erbfeinde, einen Besuch ab und steckte 60 Erdhütten in Brand, weil sich die Pawnees als US-Armee-Scouts gegen sie verdingt hatten. Die Folge war, daß das gesamte amerikanische Nebraska-Besiedlungsgebiet in Panik geriet. Die Farmer verließen fluchtartig ihre Höfe, kleine Städte wurden geräumt, und in den großen Städten am Missouri rief man verzweifelt nach Truppen. Aber die reguläre Armee war im Bürgerkrieg gebunden. Daher stellte man in Nebraska und Colorado Freiwilligenregimenter auf, die aus Männern bestanden, in deren Bewußtsein die gesamte Westpresse ununterbrochen die Schlagzeile von der »heiligen Pflicht zur Vergeltung« hämmerte. Hinzu kam die Nachricht von immensen Goldfunden in der Alder-Schlucht Montanas, die Zehntausende alle Risiken vergessen ließ. In schwerbewaffneten Wagenkarawanen zogen sie quer durch das Sioux-Gebiet. Diese Westwanderer waren hauptsächlich Deserteure, die von den Schlachtfeldern des Bürgerkrieges geflohen waren, junge Männer, die vor der Einberufung flüchteten, Kriminelle, die in den Atlantikstaaten gesucht wurden, und entflohene Kriegsgefangene beider kriegführenden Parteien, aber auch Männer, die ihre kinderreichen Familien im Stich gelassen hatten, hart gesottene Glücksritter und solche, die auf den Kriegsschauplätzen Hab und Gut verloren hatten und nun eine Chance sahen, mit einer – nicht ungefährlichen – Gewaltanstrengung verlorenes Vermögen wiederzugewinnen. Diese Männer waren von eigenen Kriegserlebnissen oder durch die unendlichen Verlustlisten der Zeitungsberichte abgestumpft. Sie kannten die Verhaltensweise der Indianer nicht. Sie hatten nur gehört, daß es grausame Wilde seien, auf die sie schossen, sobald sie sich sehen ließen. Die Konsequenz war unvermeidlich: Im Sommer 1863 setzten sich die Indianer zur Wehr. Wagen wurden überfallen, Postkutschen angegriffen, Telegraphenarbeiter getötet, Westwanderer umgebracht, Farmen angezündet, Vieh davongetrieben und Frachtwagen beraubt.

Die Westerners wiederum erblickten in diesen Angriffen die Bestätigung ihrer schlimmsten Befürchtungen, daß die Indianer – während sich die amerikanischen Armeen gegenseitig umbrachten – einen allgemeinen Großaufstand beginnen und versuchen würden, den ganzen Westen mit Mord und Brand zu überziehen. Diese Westerners waren es nicht gewohnt, ein drohendes Ereignis abzuwarten, sondern es zu überwinden, bevor es sich entfalten konnte. Sie bildeten schwerbewaffnete Gruppen, die sichernd um ihre Städte immer weitere Bögen zogen und auf alles schossen, das nach Indianer aussah.

Die US-Armee schickte sogenannte »galvanisierte Yankees«, gegen Ehrenwort freigelassene Kriegsgefangene aus den Südstaaten, als Soldaten in den Westen, um die Grenzgebiete zu schützen. Verlassene Posten wurden wieder besetzt, Wagenkarawanen eskortiert. Aber die »dritte Garnitur« der Armee und die galvanisierten Yankees, von denen viele – samt Uniform und Ausrüstung – in den Goldfeldern Montanas verschwanden, brachten durch ihre Unerfahrenheit und Ignoranz keinen Schutz, sondern verschlimmerten die Situation nur noch. 1864 befand sich das ganze nördliche Plainsgebiet im Kriegszustand. Der gesamte Nachschubverkehr für Colorado entlang des Platte River kam zum Erliegen.

Die Reaktionen sowohl der US-Regierung wie der parteipolitischen Agenten waren instinktlos und überheblich. Statt erfahrene Indianerkenner um Rat zu bitten, lehnten sie selbstherrlich alle Hinweise ab und stellten die jährlichen Warenlieferungen ein, ohne zu wissen oder zu berücksichtigen, daß es nur die ungestümen jungen Krieger waren, die das »Kriegsbeil ausgegraben« hatten. Die meisten älteren Häuptlinge hatten zur Besonnenheit geraten und es immerhin fertig gebracht, daß ganze Stammesgruppen sich neutral und abwartend verhielten. Aber keiner der Verantwortlichen unterzog sich der Mühe, die komplizierte Gesellschaftsordnung, Verantwortungsverteilung und Mentalität der Indianer kennen- und verstehen zu lernen. Sie standen unisono auf dem Standpunkt, daß man sich nach amerikanischen Maßstäben zu richten »oder die Folgen zu tragen« habe.

Nach der übereinstimmenden Meinung von intimen Indianerkennern wäre es ein leichtes gewesen, diesen zum Krieg eskalierenden Aufruhrzustand zu neutralisieren, besonders über jene Stammesgruppen, die sich – um ihre Neutralität zu demonstrieren – offen in den Schutz und damit unter die Observation der wenigen noch besetzten Armeeforts begeben hatten.

Eine dieser gewichtigen Stammesgruppen waren die südlichen Cheyennes unter den angesehenen und besonnenen Häuptlingen »Black Kettle« und »White Antelope«. Diese hatten für das Überleben des Stammes und die Annahme einer Reservation plädiert. Sie waren der Überzeugung, daß sich die Amerikaner noch in den Flegeljahren ihrer geistigen Entwicklung befanden und mit der rasanten Entwicklung ihrer Technik und der raschen Zunahme wirtschaftlich-militärischer Macht moralisch nicht ganz fertig wurden. Wie viele weise Häuptlinge auch anderer Stämme glaubten sie, daß die vielen Ungereimtheiten im Charakter der Amerikaner nur eine Art pubertärer Überkompensations-Erscheinungen seien, die sich mit der Zeit von selbst geben würden. Sie gingen davon aus, daß man die Existenz eines Stammes nicht dem kriegerischen Stolz junger Männer unterordnen könne, und trachteten nur danach, mit der möglichst vollständigen Substanz des Stammes den augenblicklichen Zustand der »Unzurechnungsfähigkeit und Raserei« der Amerikaner zu überstehen, etwa so, wie man eine vorübergehende Naturkatastrophe übersteht.

Die Entwicklung der Beziehungen zwischen Indianern und Amerikanern hatte den Indianern, weil ihnen die Waren und Geräte der Weißen unentbehrlich geworden waren, nur zwei Alternativen gelassen: entweder sie erhielten Waren und Nahrungsmittel von der Regierung und lebten mit den Amerikanern in Frieden, oder sie holten sich die Waren und Nahrungsmittel als Beute bei Überfällen, und das hätte Krieg bedeutet. Die Politik des BIA, die Strategie der Armee, die Lobby der mannigfaltigen Kapitalinteressen, der Haß der Pioniere, die »Kreuz-und-Schwert«-Ideologie fanatisch-religiöser Eiferer, die Einpeitscher der West-Presse und die Herrenmenschen-Allüren von Völkerrechtlern und Juristen sowie ein nahezu totales Unverständnis dem Andersartigen im Indianer gegenüber machten es aber selbst den geduldigsten Indianern einfach unmöglich, Frieden zu bewahren und sich gleichzeitig der Willkür von Demütigung, Beraubung, Mißhandlung, Totschlag und Hungertod auszusetzen.

Als die Häuptlinge »Black Kettle« und »White Antelope« sich in den Schutz der US-Armee in Fort Lyon begaben, akzeptierten sie die Forderung des Kommandanten Wynkoop, an einem bestimmten Platz am Sand Creek zu lagern und alle Waffen und Munition abzuliefern. Sie erhielten »Gefangenen-Rationen«, ein Schreiben, aus dem hervorging, daß sie »friedliche Indianer unter dem Schutz der USA« seien und eine amerikanische Flagge, die sie an einem hohen Fahnenmast beim Häuptlingszelt weithin sichtbar über ihr Zeltlager wehen ließen. Die Häuptlinge glaubten, nun alles nur Erdenkliche getan zu haben, um als freiwillig wehrlose »Kriegsgefangene« den Winter ungefährdet überstehen zu können, und den Amerikanern ein Beispiel gegeben zu haben, daß nicht alle Indianerstämme nur aus zornigen jungen Männern bestanden.

Am 29. November 1864 erschien Colonel John M. Chivington, ehemaliger Methodistenpfarrer, mit fünf Bataillonen der 3. Colorado-Kavallerie, der 1. Colorado-Kavallerie und einer Batterie mit vier 12-Pfünder-Berghaubitzen, insgesamt etwa 700 Miliz-Zeitsoldaten und veranstaltete, was seither als das sogenannte »Sand-Creek-Massaker« in die US-Geschichte einging und einen Akt unvorstellbarer Grausamkeit darstellte: Von etwa fünfhundert Indianern schlachteten die Soldaten, die den Befehl hatten, keine Gefangenen zu machen, dreihundert ab, und zwar 26 Krieger und 274 Frauen, Kinder und Alte. Die Miliz-Soldaten statuierten ein Exempel nach Western-Art: Den Kriegern wurden die Geschlechtsteile abgeschnitten, um später daraus Tabakbeutel zu machen. Ein Offizier häutete den Häuptling »White Antelope« halb ab, um sich später aus der Haut einen Lampenschirm zu basteln. Frauen schlitzte man die Leiber mit Säbelhieben auf und holte mit Bajonetten Embryos heraus. Man schnitt ihnen Brüste ab und das Geschlechtsteil heraus, befestigte sie als »Trophäen« an Hüten und Sätteln. Alle Getöteten und Sterbenden – auch Kleinkinder – wurden skalpiert.[24]

Die Denver ›Rocky Mountain News‹ vom 17. 12. 1864 feierte die heimkehrenden »Helden« überschwenglich: »Unter den brillanten Glanzstücken von Waffentaten im Indianerkrieg wird der jüngste Feldzug unserer Colorado-Freiwilligen als nur wenigen vergleichbar in die Geschichte eingehen und in seinem Ergebnis nicht seinesgleichen finden.« Obwohl die Zeitung wußte, daß es sich nicht um einen Kampf oder eine Schlacht gehandelt hatte, sondern um eine regelrechte »Schlächterei wehrloser Menschen«, versäumte sie nicht festzustellen: »Tausend Beispiele persönlicher Verwegenheit könnten aufgeführt werden, aber der [beschränkte] Raum [dieses Berichts] läßt dies nicht zu. Wir überlassen es den Augenzeugen, hierüber zu berichten. Alle bewährten sich gut, und Colorado-Soldaten haben sich wieder einmal mit Ruhm bedeckt.«

Ganz im Gegensatz dazu kam das vom US-Repräsentantenhaus gebildete »Komitee für Kriegführung« nach ausgedehnten Untersuchungen und Anhörungen am 15. 3. 1865 zu dem Schluß:

»[...] das Komitee findet schwerlich Worte, um sein [Chivingtons] Verhalten zu beschreiben [...] er plante mit Vorbedacht und vollzog ein feiges und heimtückisches Massaker, das selbst für den wildesten Wilden unter den Opfern dieser Brutalität schandhaft gewesen wäre.«[25]

Die Presse der nordöstlichen Neu-England-Staaten hatte schon im Falle des Evakuierungsgesetzes mit ihrer Kritik großen Einfluß ausgeübt, so daß das Gesetz nur noch mit gekauften Stimmen durchgeboxt werden konnte, wobei zahllose Politiker ihr Gesicht verloren und ihre Karriere beenden mußten. Nun griff sie auch das Sand-Creek-Massaker auf und klagte die »verwilderten und barbarisierten Westerners« in flammenden Worten an. Die »Schlachtberichte« der US-Armee waren voll solcher Massaker mit ähnlich sadistischen Grausamkeiten, aber der Parlamentsausschuß griff diese Gelegenheit, die Aufmerksamkeit auf das Chivington-Massaker zu lenken, nur zu gerne auf, weil ausgerechnet zu dieser Zeit von ungeheuerlichen Spionagepraktiken der Armee und des Secret Service gemunkelt wurde.

So haarsträubend die Taten der Colorado-Freiwilligen heute erscheinen und Parallelen zu Vietnam-Massakern à la My Lai bieten mögen, sollte doch nicht verschwiegen werden, in welcher seelischen Verfassung sich diese Miliz-Soldaten befanden: Monatelang war die Greuelpropaganda der Westpresse wie ein Trommelfeuer über sie niedergegangen. Man hatte die von Indianern ermordete und gräßlich verstümmelte Hungate-Familie in Denver öffentlich ausgestellt, und die von Kriegsgreueln abgestumpften Journalisten hatten sich gegenseitig darin überboten, die Indianer-Brutalitäten in allen sadistischen Einzelheiten zu schildern. Ihre Absicht schien dabei zu sein, in den Westerners, die am großen Bruderkrieg nicht teilnahmen, sondern Reichtum und Erfolg nachjagten, ein Gefühl hervorzurufen, als seien ihre Leiden und Gefahren noch größer als die der Amerikaner an den Fronten des Bürgerkrieges.

So waren die Aktionen der Colorado-Freiwilligen bestimmt von Angst, Wut und Zorn. Niemand fragte danach, wie sich die Dinge in Wahrheit verhielten. Dies wäre aber auch überflüssig gewesen, denn Armee und Regierung, die über den jeweiligen Umfang indianischer »Grausamkeiten« genau Buch führten und Auskunft hätten geben können, hüllten sich seit jeher in Schweigen. Eins muß jedoch festgestellt werden: Wenn Indianer angriffen und töteten, so schonten sie weder Frauen noch Kinder und scheuten nicht davor zurück, Lebende, Sterbende und Tote in Stücke zu hacken, sie zu skalpieren, aufzuschlitzen, abzuhäuten und sich aus weiblichen und männlichen Geschlechtsteilen Tabak- oder Medizinbeutel zu machen. Allerdings waren die Motive andere. Das Übermaß an aggressiver

Gewalt, das ein Wesenszug jener frühen Generationen von Amerikanern war, entsprach ungefähr genau jenem Übermaß an Ängsten, denen sie ausgesetzt waren. Das ging so weit, daß praktisch Ängste die wesentlichsten Impulse der Weißen bestimmten. Dies war den Indianern vollkommen fremd. Deshalb müssen ihre Handlungen, die man als Grausamkeiten ansehen kann, in einem anderen Zusammenhang gesehen werden.

Das Sand-Creek-Massaker soll, so behaupten amerikanische Historiker, auf die Plains-Stämme kriegstreibend gewirkt haben, womit sie die nach dem Bürgerkrieg folgenden »Sioux-Kriege« meinen. Viele Amerikaner glauben heute noch in ihrer oberflächlichen Betrachtungsweise, daß es die Grausamkeiten Frauen und Kindern gegenüber waren, die dem Sand-Creek-Massaker historische Bedeutung verliehen. Dem ist nicht so, denn die Plains-Indianer haben in der Regel Frauen und Kinder getötet, gefangene Frauen schwer mißhandelt, gleich reihenweise vergewaltigt, verstümmelt, gemartert, verkauft, getauscht (und manche so gut behandelt, daß diese gar nicht mehr zurück wollten). Wenn gekämpft wurde, kannten die Indianer keine Rücksicht, und sie erwarteten auch keine. Überfielen sich feindliche Stämme, wie z.B. die Sioux die Pawnees, so schonten die Sioux niemand. Sie erschlugen Frauen und Kinder ebenso wie Alte. Was auf die ganzen nördlichen Plains-Stämme vielmehr schockierend wirkte, war die Tatsache, daß eine Stammesgruppe sich ausdrücklich unter den Schutz der Armee begeben, ihre Waffen abgeliefert und eine »Schutzurkunde« erhalten hatte – und anschließend abgeschlachtet worden war!

Dies war etwas, das keinem Plains-Indianer in den Kopf ging. Die alten Krieger und Häuptlinge mußten erleben, daß alle ihre Lebenserfahrungen in bezug auf Amerikaner nichts wert waren. Tiefe Resignation bemächtigte sich ihrer, als sie von »Black Kettle«, der dem Massaker entfliehen konnte, erfuhren, was geschehen und wie es geschehen war. Seine Worte wurden an den Lagerfeuern bis zur kanadischen Grenze und bis an die pazifische Küste wiederholt. Anders als bei mündlich überlieferten Berichten, die bei Weißen stets zu gigantischen Gerüchten entarteten, waren es die Indianer seit jeher gewöhnt, Nachrichten exakt und wortgetreu wiederzugeben. Ihre verhandelnden Häuptlinge dokumentierten ein erstaunliches Wortgedächtnis.

Das Sand-Creek-Massaker formte nicht nur das traditionell respektvolle Verhältnis der Plains-Indianer zu ihren erfahrenen alten Häuptlingen um, es entwurzelte es! Diese Häuptlinge verloren ihren maßgeblichen Einfluß, die jungen Kriegshäuptlinge, die Befürworter des Kampfs, übernahmen die Führung, eine Änderung, die ohne Beispiel in ihrer ganzen Geschichte war.

Die Amerikaner hatten die Plains-Indianer davon überzeugt, daß man sie versklaven wollte, aber das auch wieder auf eine Art, die ihnen unbegreiflich erschien. Immerhin: Sie selbst machten Sklaven schon seit jeher. Gefangene hatten auch bei ihnen keine Rechte mehr, waren keine Menschen mehr, sondern Arbeitstiere, Tauschobjekte. Aber ein Sklave brachte seinem Eigentümer Vorteile – wie ein Pferd oder ein Hund. Doch die Amerikaner wollten sie alle zu Gefangenen, zu Sklaven machen und zusehen, wie sie langsam verhungerten, um sie dann, wenn sie schließlich aufbegehrten, wie auf einer Treibjagd töten zu können.

Das Jahr 1865 war das Ende des Bürgerkrieges und der feudalistischen Pflanzerhierarchie der Südstaaten. Es war gleichzeitig der Triumph der technischen Revolution und des wissenschaftlich-rationalen Denkens, der totale Sieg des industriellen Kapitalismus, der keine Sklaven brauchte, sondern Konsumenten. Der Typus des »Homo Americanus« hatte sich gründlich gewandelt. Nicht mehr Waldläufer und Squatter, Trapper und Pionier war der Prototyp, sondern der Tycoon, für den die vorpreschenden Goldsucher, Heimstätter, Cowboys, Bahnbauer, Soldaten und Gründer nur Fußvolk waren, mit denen man auch von einer New Yorker Bank aus spekulieren konnte, ohne sich unter sie mischen zu müssen. Dieser erste »technische« Krieg der Weltgeschichte hatte die endgültigen Spielregeln der neuen Macht hervorgebracht, nach denen sich nicht nur das Schicksal der Indianer, sondern auch das der Amerikaner selbst entschied. Die absolutistischen Fürsten dieser Ära waren nicht nur schon geboren, sie gediehen bereits prachtvoll: Der Quacksalbersohn John D. Rockefeller streckte bereits die Hände nach einem Ölimperium aus. Der Bankier J. P. Morgan kontrollierte Amerikas halbes Barvermögen. Andrew Carnegie hatte sich vom Kanonendonner ins Fauteuil eines Stahlkönigs katapultieren lassen, Cornelius Vanderbilt durch den Krieg zum Schiffsmagnaten emporgeschwungen und schickte sich nun an, mit dem Eisenbahn-

Zaren Jay Gould um das Eisenbahnmonopol in den Ring zu steigen.

Mit dem 1862 von der Regierung beschlossenen Bau einer Transkontinental-Eisenbahnlinie gerieten die nördlichen Plains-Stämme wie Sand in das Getriebe einer in Schwung kommenden gigantischen Industriemaschine.

»Am 6. Mai 1862 verabschiedete das Repräsentantenhaus ein Gesetz über den Bau der Transkontinental-Eisenbahnlinie mit bundesstaatlicher Finanzhilfe. Zwei Gesellschaften sollten sie errichten: die ›Central Pacific Railroad‹ von Sacramento zur Grenze zwischen Kalifornien und Nevada und weiter nach Osten, bis sie sich mit dem Schienenstrang der von Omaha am Missouri Richtung Westen bauenden ›Union Pacific Railroad‹ vereinigen konnte [...] Abraham Lincoln unterzeichnete das Gesetz am 1. 7. 1862 [...] Am 8. 1. 1863 begann die Central Pacific mit dem Bau [...] am 2. 12. 1863 die Union Pacific [...] Ein neues Gesetz, das 1864 verabschiedet wurde, garantierte den privaten Eisenbahngesellschaften die Schenkung von 20 Sektionen [ca. 52 Quadratkilometer] Land beiderseits des Schienenstrangs pro Meile fertiggestellter Gleise.«[26]

Der Gedanken einer Transkontinental-Eisenbahnlinie war dreißig Jahre lang gereift: am 6. 1. 1832 hatte Richter S. W. Dexter aus Ann Arbor in seiner Wochenzeitung ›The Weekly Emigrant‹ bereits den Bau einer Eisenbahnlinie von den Großen Seen zum Pazifischen Ozean vorgeschlagen. 1836 schlug der Ingenieur John Plumbe in Dubuque, Iowa, die Gründung einer »Pacific Railway Company« vor, 1840 unternahm der New Yorker Händler Asa C. Whitney einen regelrechten parlamentarischen Feldzug für eine Transkontinental-Eisenbahn, den er 1848 entmutigt aufgab. Josiah Perham aus Boston wandelte seine Idee von einer nördlichen kontinentalen Eisenbahn 1860 in die »Peoples Pacific Railroad«-Aktiengesellschaft um, mußte aber ohne Regierungssubventionen das Projekt enttäuscht wieder abschreiben. Seine Pläne überlebten ihn jedoch: Sie wurden später in der »Northern Pacific« verwirklicht.

Erst der massive Druck, den vier potente Großhändler Kaliforniens (Colis Potter Huntington und Mark Hopkins, beide Eisenwaren; Charles Crocker, Kurzwaren; Leland Stanford, Gemischtwaren) auf die US-Regierung in Washington ausübten, alarmierte Abraham Lincoln und nötigte ihn, den Eisenbahnbau zum Gesetz und zur Quelle immensen Profits für einige wenige Kapitalisten zu machen, die die Zeichen des technischen Zeitalters verstanden hatten. Der Gemischtwarenhändler Leland Stanford, republikanischer Gouverneur Kaliforniens und politischer Spiritus rector des potenten Händlerterzetts, hatte den Yankees in Washington unverhüllt gedroht, daß Kalifornien und Oregon möglicherweise mit ihren großen Goldreserven den Südstaaten beitreten würden, wenn der Norden sich weigere, die isolierten Pazifik-Staaten an diese »brüderliche Nabelschnur« zu nehmen. Die Goldreserven Kaliforniens aber wären kriegsentscheidend gewesen. Die cleveren Krämer verlangten Subventionen, großzügige Landgeschenke und billige Kredite, und erhielten alles.

Die Regierung machte zum Gesetz, was ursprünglich angesichts der gewaltigen Kriegskosten überhaupt nicht diskutabel erschien. Sie übernahm Bundesbürgschaften für Kredite von

16000 Dollar pro Meile Schienenstrang in ebenem Gelände,

32000 Dollar pro Meile Schienenstrang in hügeligem Gelände, und

64000 Dollar pro Meile Schienenstrang in gebirgigem Gelände.

Und sie zahlte alle Darlehenszinsen als verlorenen Zuschuß. Die Bürgschaftsraten für die Union Pacific betrugen: 16000, 32000 und 48000 Dollar. Die großzügige Schenkung von zwanzig Sektionen Land beiderseits des Schienenstrangs bedeutete, daß die Regierung praktisch beiden privaten Gesellschaften über die kräftigen Finanzspritzen hinaus auch noch Landgebiete von insgesamt 128000 Quadratkilometern Größe (was etwa dem gesamten heutigen Staatsgebiet der Tschechoslowakei entspricht) schenkte.

Man muß sich klarmachen, was diese Gesetzesprozedur in bezug auf die Indianer des Westens bedeutete: Allen Indianerstämmen westlich des Missouri waren bis zu diesem Zeitpunkt bestimmte Stammesregionen in zahllosen Verträgen »auf ewige Zeiten« garantiert worden. Und genau durch diese garantierten Gebiete hindurch war die Eisenbahnlinie geplant worden! Die Regierung billigte nicht etwa nur stillschweigend, daß die privaten Eisenbahngesellschaften beiderseits des Schienenstrangs Landgebiete einfach in Anspruch nahmen, sondern sie *schenkte* diesen privaten Gesellschaften einen riesigen Indianerlandstreifen und verankerte diese Schenkung – wie seinerzeit das Schenkungsgeschäft mit der Astor-Pelzhandelsgesellschaft – in der Gesetzgebung – ohne die Indianer zu konsultieren, ohne ihnen diese Absicht vorher mitzuteilen und ohne sie überhaupt einer Erwähnung für würdig zu erachten. Die Indianer erfuhren erstmals vom Bau der Bahn, als die Schwellenleger-Armeen mit Pulver und Dynamit, Wasserdampf und Kohlenrauch ihre Ar-

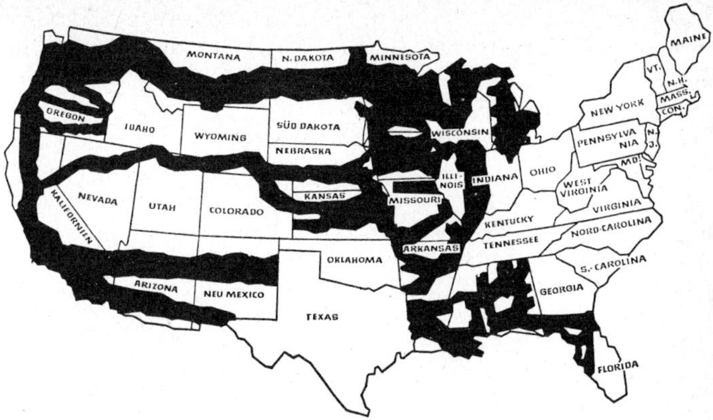

Landschenkungen der US-Regierung an die Eisenbahngesellschaften 1860–1872; die NPRR erhielt die meisten Landparzellen

beit begannen. Die Sioux, die inzwischen die Struktur der amerikanischen Gesellschaft näher kennengelernt hatten, gingen – natürlich – davon aus, daß es sich bei diesem Union-Pacific-Unternehmen um eine Privatsache handle, wie die Niederlassung der vielen »wilden« Siedler und Städtegründer. Von denen hatte der Große Vater stets behauptet, daß sie sich seinen dirigistischen Maßnahmen entzögen, ihm diese Entwicklung selbst nicht angenehm sei, er sie aber nicht zu steuern vermöchte, sondern lediglich Einfluß darauf ausüben könne, die »wilde Besiedlung von Indianergebieten« zu bremsen und umzulenken. Kluge Indianerkenner im Dienste der »Friedensvertragskommissionen« hatten den Indianerhäuptlingen dieses Dilemma des Großen Vaters in Washington durch den Vergleich mit dem ähnlichen Dilemma klarzumachen versucht, mit dem auch die Häuptlinge konfrontiert waren: Aufgrund der total-demokratischen Gesellschafts-Struktur der Indianer war es auch für die Häuptlinge unmöglich, zornige und kampfeslustige junge Krieger davon abzuhalten, immer wieder Wohlverhaltensgarantien der vertragsschließenden älteren Häuptlinge zu durchkreuzen, indem sie fortfuhren, ihre eigene Partisanenkrieg-Politik zu machen.

Dieses Dilemma des Großen Vaters in Washington verstanden die Häuptlinge durchaus noch. Aber nun mußten sie erfahren, daß im Falle des ersten Transkontinental-Eisenbahnbaus ganz und gar nicht die Privatinteressen einer Gruppe renitenter, habgieriger Kapitalisten die »väterliche« Friedenspolitik Washingtons durchkreuzten, sondern daß diese kapitalistischen Privatinteressen einer winzig kleinen Minderheit von Krämern praktisch mit der Politik – mehr noch: mit der Gesetzgebung – der Regierung identisch waren.

Was diese Landschenkungen bedeuteten, wußte man in Washington nur zu genau: Die Eisenbahn ließ die gewaltigen Entfernungen im Westen, die die wirtschaftliche Rentabilität von Bergbau, Viehzucht und Ackerbau entscheidend beeinträchtigt hatten, zur Bedeutungslosigkeit schrumpfen. Alles, was vorher ein unkalkulierbares Risiko darstellte (zu weite Entfernungen zum Nachschub aus der Zivilisation, aber auch zu weite Entfernungen zu den Absatzmärkten), wurde nun zum berechenbaren Kalkül.

Die Sicherheit isolierter Besiedlungsinseln im Westen wurde durch die Eisenbahn, die nun Truppen in Stunden (statt, wie zuvor, in Wochen) herbeiführen konnte, beträchtlich erhöht.

Dies würde aber zur Folge haben, daß sich innerhalb des Nahbereichs des Schienenstrangs ökonomische und kommunale Entfaltung unter ähnlich vorteilhaften Bedingungen vollziehen konnte wie innerhalb der Zivilisation selbst. Farmen, Ranches, Bergbau und Plantagen hatten sogar in den entferntesten Weiten des Westens, sofern sie in der Nähe der Bahn lagen, erheblich bessere wirtschaftliche Chancen als abseitige Ökonomien innerhalb der Zivilisation, wie etwa in Tennessee, Kentucky, Missouri, Illinois oder Louisiana.

Für jene aber, denen dieser unmittelbare Nahbereich am Schienenstrang gehörte, bedeutete dies, daß dieses »Eisenbahnland« wertvoll wurde wie kein anderes Land im Westen sonst. Die Bosse, Manager und Mehrheitsaktionäre beider Gesellschaften konnten sich selbst in ihren kühnsten Profitträumen nicht täuschen. Die nun folgende Entwicklung bewies ihnen immer wieder aufs neue, daß die Einnahmequellen mit parzellenweisem Landverkauf allein noch lange nicht erschöpft waren. Sie erlebten, daß jeweils an den temporären Lager- und Ausrüstungs-Schwerpunkten des Schienenstrangs sogenannte »End-of-Track-Towns« entstanden – wenn auch zunächst nur als abgestellte Wohn- und Güterwagen, Zeltlagerhallen und

»Vergnügungs-Viertel« aus Leinwand und Kistenbrettern. Am Anfang waren es – mehr oder weniger – Vergnügungszentren mit Bordellsektionen, Saloon-, Tanzhallen- und Spielhallenstraßen, wo die Armee irischer, bayrischer und schwedischer Schwellenleger ihre Lohngelder auf den Kopf hauten, Hotels, Pensionen, Speiselokale, Badehäuser, die nicht nur den Boden, auf denen sie ihre Etablissements errichteten, pachteten, sondern schließlich – als die cleveren Eisenbahnbosse den Trend erkannten – Lizenzen sogar für Spieltische, Theken-Stehplätze, Stuhlplätze, Schlaf- und Vergnügungsbetten und schließlich sogar für Alkoholausschank, Haareschneiden, Salzverkauf und Schuhreparaturen kassierten wie Steuern.

Es kam so weit, daß niemand mehr in diesen Eisenbahngebieten auch nur einen Dollar ausgab, ohne daß nicht bis zu vierzig Cents hiervon automatisch in die Kassen der Bahnmanager flossen. Ein gigantisches Geschäft fürwahr!

Nach dem Ende des Bürgerkriegs, das im Norden große Arbeiterkontingente der Kriegsindustrie und Hunderttausende von demobilisierten Soldaten als Arbeitslose freisetzte, waren die Jobs beim Eisenbahnbau so begehrt, die Nachfrage um ein Vielfaches höher als das Angebot, daß die Eisenbahnen bei ständig steigendem Profit nicht nur die Löhne halten, sondern sogar noch senken konnten. Die aufgeblasene Kriegsindustrie und ihre Zulieferbetriebe, die nach Kriegsende dem Auftragsruin entgegensahen, waren gezwungen, ihre Preise von den Auftraggebern in den Eisenbahngesellschaften immer mehr drücken zu lassen, so daß die meisten von ihnen schließlich doch Bankrott machten.

Die Eisenbahngesellschaften übten überdies innerhalb ihres Eigentums absolute Polizeigewalt aus und unterhielten schlagkräftige Polizei-Rollkommandos, die renitentes Aufbegehren in autoritärer Manier unnachgiebig und mit Gewalt unterdrückten. Als zum Beispiel die Verwalter eines Chicagoer Call-Girl-Syndikats und lokale Gangsterbosse das gesamte »High-Life«-Programm der Union-Pacific-Stadt Julesburg (in Colorado) unter ihre erpresserische Kontrolle gebracht und den Warnungen der Eisenbahnbosse nur mit herausforderndem Spott begegnet waren, erhielt der Kommandeur der Schwellenleger-Armee, General Jack Casement, den Befehl, die Ordnung wieder herzustellen. Am 4. Juli 1857 marschierte er überraschend mit fünfhundert seiner schwerbewaffneten irischen »Terries« in die Stadt und ließ »alles zwielichtige Gelichter« zusammenschießen. Innerhalb von nur wenig mehr als zehn Minuten gab es 76 Tote und 34 Schwerverwundete. Und eine halbe Stunde später hatte Casement zwanzig der noch überlebenden »Rädelsführer« öffentlich aufgehängt. Tausend Freudenmädchen wurden halbnackt in Viehwaggons eingesperrt und nach Osten in Marsch gesetzt. Die Beschaulichkeit, mit der man anschließend in Julesburg den Nationalfeiertag mit feierlichen Ansprachen und Bestattung der Toten beging, wurde hinfort noch etliche Jahre im Westen »UP-Peace« (Union-Pacific-Frieden) genannt.

Anzumerken wäre in diesem Zusammenhang nur noch, daß die Zeitungen in den UP-Städten (z.B. der ›Cheyenne Dealy Leader‹) schon vor dem »Strafgericht von Julesburg« häufig auf Sittenlosigkeit und Kriminalität in den »Hell-on-Wheels«-Städten hingewiesen hatten und sich nun in Lobpreisungen über die harte, aber gerechte Sittenstrenge der Union Pacific ergingen. Dieses Motiv der Sittenstrenge wurde dann später von Chronisten als Erklärung für das Massaker übernommen und nach genügender Wiederholung in allen möglichen Publikationen schließlich auch von seriösen Historikern akzeptiert. In Wirklichkeit weisen die Akten der Union Pacific Railroad (UPRR) eindeutig aus, daß man gegen Sittenlosigkeit und Gewaltkriminalität in Julesburg so lange überhaupt nichts hatte, wie sich die daran verdienenden Lizenznehmer an die Abgaberegeln hielten. Erst als sie eigenmächtig diese Abgaben verringerten bzw. ganz verweigerten, entdeckte die UPRR ihre christlichen Gefühle für Ausgebeutete und Beraubte. Die gleiche »Moral« ist auch bei allen anderen, den Pionieren nachfolgenden Geschäftemachern im Westen festzustellen: eiskalte Skrupellosigkeit im Geldverdienen, gepaart mit eifernder Frömmigkeit.

Die wirtschaftspolitischen Vorteile der Transkontinental-Eisenbahnlinie dienten sowohl Abraham Lincoln wie seinen Ministern, aber auch einem hohen Anteil der Opposition dazu, die handfesten Vorteile für wenige Geschäftsleute im öffentlichen Bewußtsein zu überlagern:

Die permanente technische Verbindung der pazifischen mit den atlantischen Staaten öffneten der Wirtschaft des Ostens den asiatischen Markt, während sie den pazifischen Staaten den Europamarkt erschloß.

Strategisch rückte sie die äußersten westlichen Staaten und Territorien praktisch in Tuchfühlung zum »Mutterbund«.

Für das Militär wurde die Nachschubzeit weit vorgeschobener Vorposten-Armeeverbände ungemein verkürzt, aber auch in den Transportkosten erheblich verbilligt.

Das nationale Zusammengehörigkeitsgefühl der bisher durch Wüsten, Steppen und Gebirge voneinander getrennten Brüder und Schwestern wurde beträchtlich verstärkt. Einem regelmäßigen postalischen Kommunikationsverkehr stand nichts mehr im Wege. Diesen massiven Vorteilen gegenüber konnte das Interesse einiger zehntausend nomadischer, eingeborener Jäger natürlich keinerlei Gewicht beanspruchen.

General Jack Casements Schwellen- und Schienenleger-Armee setzte sich hauptsächlich aus irischen, bayrischen und schwedischen Soldaten des Bürgerkrieges zusammen, die als trinkfeste Raufbolde einen legendären Ruf genossen. Der Bürgerkriegshaudegen hatte seine Mannschaften nach einem sogenannten »Work-and-Fight«-System organisiert: Zu welchen Arbeiten sie auch immer eingeteilt waren, stets mußten schußbereite Waffen – meist Bürgerkriegs-Repetierkarabiner (z.B. siebenschüssige Spencer) – und Munition in Reichweite liegen, und jede Arbeitsgruppe verwandelte sich innerhalb einer halben Minute in eine kampfstarke, erfahrene Infanterietruppe. Um das Wohl seiner »Terries« war Casement wie ein mittelalterlicher Söldnerführer besorgt: Dreistöckige Schlaf-, Bade-, Saloon- und Bordellwagen hielten die Arbeiter-Söldner bei Laune, unter Alkohol und am Busen der UPRR-Marketenderinnen, die er aus den aufgelösten Armee-Bordellen des unteren Missouri rekrutiert hatte. Diese Männer hätten den Schienenstrang geradewegs zur Hölle verlegt oder die Bruderschaft des erstbesten Franziskanerklosters ermordet, hätte Jack Casement es ihnen befohlen.

Die südlichen Oglala- und Brulé-Sioux, Cheyennes und Arapahoes, die im Platte-River-Gebiet jagten, setzten sich 1866, als die »Union Pacific« den Platte erreichte, heftig zur Wehr, aber hier begegneten ihnen – anders als bei den unerfahrenen Westwanderern, denen sie auf den Überlandwegen große Verluste beigebracht hatten – in Jack Casement und seinen »Terries« Kämpfer, denen sie niemals gewachsen waren. Obwohl Wassertanks umgerissen, Schienen entfernt, Züge zum Entgleisen gebracht und einsame Camps und Stationen dem Erdboden gleichgemacht wurden, ließen sich die hartgesottenen UPRR-Arbeiter nicht aufhalten, so daß die Indianer schließlich vorsichtiger wurden, da sie zu hohe Verluste hatten.

Zur gleichen Zeit machte im nördlichen Powder-River-Gebiet ein Anführer der jungen Oglala-Krieger von sich reden, der bereits in den Kriegszügen gegen Crows, Pawnees, Utes und Shoshonen hervorragende strategische Qualitäten bewiesen hatte: der 44jährige »Makhpiya-luta« (auch: »Makhpiyasha«), den Weiße »Red Cloud« nannten. »Red Cloud« war kein gewählter Häuptling, aber es hatte sich gezeigt, daß sein scharfer Intellekt, sein strategisches Denken, seine persönliche Tapferkeit, geniale Improvisationsgabe und konsequente Haltung in kritischen Situationen allen anderen gewählten Kriegshäuptlingen weit überlegen war. Seine Beurteilung der unberechenbaren Amerikaner hatte sich in den vergangenen Jahren als nüchtern und richtig erwiesen. Was ihn sowohl von den heißblütigen jungen Kämpfern wie von den besonnenen alten unterschied, war die Tatsache, daß er niemals in blindwütige Rage verfiel und ebensowenig bereit war, um eines nur kurzfristigen Friedens willen augenblickliche Vorteile aufzugeben. Indianerhändler, die die Sioux seit Jahrzehnten kannten, behaupteten von ihm, daß er, hätte er Poker gespielt und sich mit den besten Pokerspielern Amerikas gemessen, sie alle haushoch geschlagen hätte. Einigen Soldateneinheiten, die ausgezogen waren, »alle männlichen Oglalas über zwölf Jahren zu töten« (Colonel Collins), hatte er beschämende strategische Niederlagen beigebracht, ohne überhaupt zu kämpfen. Sein geschicktes Ausnutzen landschaftlicher und jahreszeitlicher Besonderheiten und die Unkenntnis der Wildnis seitens der Soldaten hatte dazu geführt, daß nahezu die gesamte Ausrüstung dieser Truppen in seine Hände fiel. Allmählich wurde klar, daß den Sioux jene überragende Führernatur erwuchs, die sie einige Jahrzehnte früher so dringend benötigt hätten.

Die Missouri-Schiffahrt hatte inzwischen einen ungeheuren Aufschwung genommen. Bis etwa zweihundert Meilen unterhalb seiner Quellen in den Rocky Mountains Montanas war er schiffbar, bis hinauf zu Fort Benton hoch im Norden, dem letzten großen Posten mit einem Armee-Ausrüstungslager. Seit man 1862 in den Bergen Montanas Gold gefunden hatte, hatte sich der Run von Zehntausenden von Prospektoren, Händlern und Abenteurern von Monat zu Monat verstärkt. Der sicherste Weg dorthin war, was die Indianer betraf, die sechzigtägige Schiffsreise den Missouri hinauf. Von Fort Benton gelangte man dann in weiteren 15 bis 20 Tagen mit Frachtwagenkolonnen zu den südlich in den Bergen liegenden Städten Virginia City, Nevada City und Helena. Von der Mündung des Platte River an hatte man an den Ufern des Missouri Armeeforts gebaut (Fort Randall, Pierre, Sully, Rice, Stevenson, Berthold, Buford, Union, Camp Cook, Benton, Shaw), Indianer-Agenturen errichtet (Santee-, Yankton-, Ponca-, Lower-Brulé-, Cheyenne-, Grand-River- und Black-Feet-Agency) und Städte gegründet (Omaha, Sioux-City, Whetstone, Bismarck). Die Dampfschiffe konnten wegen des Wechsels zwischen Schmelzhochwasser nach dem Winter und Niedrigstwasserstand im Hochsommer jährlich nur eine Fahrt von St. Louis nach Fort Benton unternehmen. Diese dauerte in der Regel stromaufwärts zwei Monate, stromabwärts dagegen nur einen. Seit die »Union Pacific« Ende 1865 nach Beendigung des Bürgerkrieges den Eisenbahnbau zügig vorantrieb, transportierten die Schiffe ungeheure Mengen von Schienen, Verbindungslaschen, Bolzen, Schwellen, Lokomotiven, Tiefladerwagen, Güterwagen, Achsen und Ersatzteile aller Art. Sie waren also bis Omaha voll beladen. Hinzu kamen die Armee-Nachschubtransporte für die Forts, die Transporte der Waren für die Indianer-Agenturen und die Spedition aller Güter für den zivilen Gebrauch. Gleichzeitig brachten die Schiffe den gesamten Nachschub für die Goldsucher in Montana, der für einen geregelten Erzabbau benötigt wurde.

Der Reingewinn einer einzigen Fahrt von St. Louis nach Fort Benton und zurück betrug 1866, wenn Hin- und Rückfahrt problemlos verlief, einschließlich des Kaufpreises des Schiffes und einer 25prozentigen Verzinsung, falls man das Schiff auf Kredit kaufte, 200705 $! Dabei war ein Schiff wie die »Deer Lodge« in den übrigen Monaten intensiv im Mittel- und Kurzstreckenverkehr eingesetzt (siehe Tabelle auf den Seiten 128, 129).

Der Profit der Unternehmer war in jenen Jahren enorm; aber nicht nur sie verdienten ansehnliche Beträge: Die Geldgeber kassierten in der Regel für kurzfristige Kredite zwischen 25 und 40% Zinsen. Die Löhne von Angestellten und Arbeitern auf den Schiffen waren etwa doppelt so hoch wie im Osten der Vereinigten Staaten.

Ein ausgelastetes Schiff brachte seinem Eigentümer auf dem Missouri durchschnittlich jährlich einen Reingewinn von 250000–600000 $ (eingerechnet zwei Monate Dockreparaturen und 10% Verluste)! Kein Wunder, daß immer mehr Menschen zum Wasser drängten: In den Jahren 1865/66 verdoppelte sich die Zahl der Dampfer nahezu (von 30 auf 51).

Ein kurzer Blick in die Frachtraten des Jahres 1865/66 mag eine Vorstellung von der Größenordnung der Gewinne vermitteln[27]:

St. Louis bis Fort Benton:	
(4800 km)	
Personenbeförderung:	
pro Person	150–200 $
Frachtraten:	
US-Armeegüter: pro 100 Pfd.	10 $
Zivil-Güter: pro 1 Pfd.	0,35 $
Fort Benton bis St. Louis:	
Personenbeförderung:	
US-Armeepersonal: pro Person	100–125 $
Zivilpersonen: pro Person	125–180 $
Frachtraten:	
Armeegüter: pro 100 Pfd.	8 $
Zivilgüter: pro 1 Pfd.	0,12 $
Gold: 0,5% vom Wert	
Einnahmen/Hinfahrt	
Beispiel: Dampfer »Deer Lodge« (800 BRT)	
325 zivile Passagiere	48750 $
200 t US-Fracht	32000 $
250 t Zivil-Fracht	36000 $
Passagiere in Kurzstrecken	18000 $
Fracht in Kurzstrecken	11000 $
Einnahmen/Rückfahrt	
92 US-Armeepersonal à 100 $	9200 $
567 zivile Passagiere à 125 $	70875 $
für 278000 $ Gold	1390 $
100 t Pelzwaren und Fracht à 175 $	17500 $
Passagiere in Kurzstrecken	9000 $
Fracht in Kurzstrecken	6100 $
Einnahmen Hin- und Rückfahrt:	259815 $

Personalkosten pro Monat	3985 $
Im Detail:	
1 Kapitän	400 $
1 Lotse (Pilot)	725 $
1 Erster Buchhalter	250 $
1 Zweiter Buchhalter	125 $
1 Erster Maat	225 $
1 Zweiter Maat	100 $
1 Erster Ingenieur	225 $
1 Zweiter Ingenieur	125 $
1 Zimmermann	150 $
1 Wächter	60 $
1 Stewart	100 $
2 Köche	300 $
2 Kabinenkellner	60 $
2 Feuerwehrmänner	110 $
1 Zimmermädchen	30 $
20 Schauermänner (Roustabouts)	1000 $

Waren und Geräte	
Lebensmittelkosten	2300 $
Werkzeuge und Ersatzteile	1000 $
Brennstoff und Schmieröl	2000 $
Sonstiges (Waffen, Munition etc.)	500 $
Herstellungskosten des Schiffs	38000 $
25% Zinsen	585 $

Daraus ergeben sich
Betriebskosten insgesamt (für 3 Monate) incl. Anschaffung

Anschaffungspreis	28000 $
25% Zinsen für 3 Monate	1755 $
Lohnkosten	11955 $
Lebensmittel	6900 $
Werkzeuge etc.	3000 $
Brennstoffe etc.	6000 $
Sonstiges	1500 $
insgesamt	59110 $

Zunächst waren es risikofreudige Einzelunternehmer, die das Geld mit dem sportlichen Ehrgeiz von Hobby-Pokerspielern auf dem »Big Old Muddy« verdienten, sich nicht scheuten, gefahrvolle Reisen selbst zu fahren und Profite wieder mit vollen Händen auszugeben: z.B. Joseph Nanson mit seiner »St. Louis & Omaha Packet Line«, die Mepham-Brüder, John P. und C. W. Keiser, Pennsylvania-Deutsche, die Franco-Amerikaner Joseph und Jean LaBarge, der bibelfeste Joab Lawrence oder Fred Dozier.

John G. Copelin und John J. Roe mit ihrer »Montana & Idaho Transportation Line«, die sich 1864/65 in St. Louis etablierten, gehörten bereits einem anderen Typus Unternehmer an: Sie besaßen umfangreiche Generalvertretungen, eine Dampferlinie und Konservenfabriken, bauten Schiffswerften und gründeten Banken und Versicherungen. Ihr Unternehmen stand bereits auf vielen Beinen, und sie konnten bei den Ausschreibungen der Regierungs-Transportverträge die anderen Konkurrenten unterbieten. Seit sie ins Geschäft eingestiegen waren, häuften sich die Indianerüberfälle auf Schiffsmannschaften, die am Flußufer Brennholz schlugen, die Sabotageakte, Brände, Abwerbungen von erfahrenen Lotsen und Kapitänen. Als sie auch noch das Chartersystem einführten, bei dem der US-Quartiermeister ihre Schiffe komplett für einen bestimmten Transport chartern konnte, ging der hemdsärmeligen Pionierkonkurrenz allmählich die Luft aus.

Längst nicht alle Glückssucher, die zu den Goldfeldern der Alder-Schlucht und des Last Chance Gulch in Montana wollten, konnten sich die hohen Fracht- und Personenbeförderungspreise leisten. Auch die saisonbedingten Reisetermine sowie die verhältnismäßig lange Zeit für den Schiffsweg nach Fort Benton waren beträchtliche Hemmnisse, zumal man von dort mit nicht weniger kostspieligen Fuhrunternehmern nach Helena und Virginia City reisen mußte. Zwar sprachen die spektakulären Berichte in Amerika von geradezu phantastischen Schätzen, die in Montana mit den einfachsten Mitteln aus dem Boden gekratzt werden konnten (immerhin waren es allein 1866 für 40 Millionen Dollar Goldstaub, Goldkörner und Nuggets, die dort »prospektiert« wurden), aber zunächst waren die weitaus meisten Goldgräber in spe fast mittellos und konnten sich nicht auf Ersparnisse, sondern nur auf ihre eigenen Kräfte verlassen. Sie nahmen in der Regel den Weg des alten Oregon-Trail (von Atchison, Kansas, nach North Platte, über Fort Laramie und Fort Hall nach Bannack und Virginia City). Aber 1866 hatte sich eine Abkürzung, der sogenannte »Bozeman-Trail« (auch »Powder River Road«) ergeben, über den zahlreiche Speditionsunternehmen ihre schweren »Murphy«-Frachtwagen zu den Goldfeldern Montanas schickten. Regelmäßig schlossen sich den schwerbewachten Speditionswagenzügen Goldsucher in Planwagen an.

Im Winter 1862 hatten John M. Bozeman und John M. Jacobs von Virginia City aus einen Überlandweg nach Fort Laramie gesucht, der die übliche Route des alten Oregon-Trail um einige hundert Meilen abkürzen sollte. Sie nahmen ihren Weg quer durch das Yellowstone-, Big-Horn- und Powder-River-Gebiet, also mitten durch Oglala-Siedlungsterritorium. Die Oglalas erwischten die beiden Goldsucher, nahmen ihnen die Pferde ab, die Waffen und Kleider und ließen sie nackt laufen, nachdem sie sie davor gewarnt hatten, es noch einmal zu versuchen.

Im Frühjahr sammelte der hartnäckige Bozeman ein Dutzend mutiger Frachtfahrer mit Wagen und machte sich auf den Weg, aber die Oglalas trieben sie zurück. Doch Bozeman kehrte mit neun Männern wieder. Sie ruhten am Tag, ritten nur nachts und passierten das Big-Horn-Gebiet, überquerten die Belt Mountains zwischen Gallatin und Yellowstone River und erreichten sicher Virginia City. 1864 führte Bozeman einen schwerbewaffneten Frachtwagenzug über die gleiche Route, und als die Oglalas nicht angriffen, folgten diesem Zug noch im gleichen Jahr eine endlose Kette von Wagenkarawanen. Nun griffen die Oglalas an, aber zu spät, denn die Spediteure hatten ihre Wagen inzwischen mit dicken Hartholzbohlen gepanzert.

Am 3. 3. 1865 verabschiedete der Kongreß, als sich der Sieg im Bürgerkrieg bereits abzeichnete und man damit rechnete, sehr bald größere Armeekontingente für die Westgrenze freimachen zu können, ein Gesetz, das die Eröffnung bestimmter Frachtstraßen innerhalb der Territorien von Idaho, Montana, Dakota und Nebraska bestimmte. Colonel James A. Sawyer legte dem Kongreß den Landvermessungsbericht des Geologen Lewis H. Smith vor, und es wurde beschlossen, daß an der Ostseite der Big Horn Mountains in den Quellgebieten des Powder River und Little Big Horn River drei Forts zu errichten seien. General Patrick Edward Connor versuchte mit einer Armee, die Sioux aus diesem Gebiet herauszufordern und zu schlagen, bevor man ihnen einen Friedensvertrag anbot. Doch der nun in Erscheinung tretende Oglala-Anführer »Red Cloud« ließ die Armee so in die Irre laufen, daß es nur zu kleinen Scharmützeln kam (bei denen Lieutenant Caspar Collins, ein Freund der Sioux, fiel) und General Connors »Powder-River-Feldzug« ein reiner Mißerfolg wurde.

Dem »Bozeman-Trail-Gesetz« folgend setzte das Indianerbüro (BIA) seinen nördlichen Superintendenten E. B. Taylor nach Laramie in Marsch, um mit den Sioux einen Friedensvertrag über die ungestörte Benutzung des Bozeman-Trail und die Errichtung von drei Forts auszuhandeln.

Gleichzeitig erhielt Colonel Henry B. Carrington von dem neuen Oberkommandierenden der US-Armee im Westen, William Tecumseh Sherman, den Befehl, sich mit einem großen Armee-Bautrupp unter »schwerer Bedeckung« ins Powder-River-Gebiet in Marsch zu setzen, um dort die geplanten Forts Phil Kearny, Reno und C. F. Smith zu erbauen. Dies war das erste Beispiel für Regierungsaktionen, bei denen das Kriegsministerium und das Innenministerium (dem das BIA angehörte) ihre Aktionen nicht nur nicht koordinierten, sondern sogar gegeneinander abwickelten. Nach dem gewonnenen Bürgerkrieg fühlte sich das Kriegsministerium mit seinen hochdekorierten Militärs – sozusagen als Retter des Vaterlands – allen Überlegungen der »Zivilisten« des Innenministeriums gegenüber als weisungsbefugt. Wie viele Militärs dieser Welt neigten auch die amerikanischen Generale der Nachkriegszeit zur Selbstüberschätzung. Sie hatten erfahren, daß sehr komplizierte und unlösbar scheinende Probleme mit Pulver und Kanonen auf die simpelste und gründlichste Art zu lösen waren, und nicht im Traum war an einen Gesinnungswandel zu denken. Sie wollten die gewonnene Entscheidungsfreiheit und Macht nicht aus den Händen geben, sondern begannen die »Indianerfrage« im Westen – mit Hinweis auf die kolonialen Indianerkriege im Osten der USA – als Kriegszustand zu betrachten. Oberkommandierender Sherman wie es schon sehr früh darauf hin, daß die »kriegsmüden Friedensapostel« in Parteien und Regierung mit dem Versuch, die Indianerpolitik friedlich zu reformieren, nichts als Kosten und langanhaltendes Blutvergießen verursachen würden. Er befürwortete die »militärische Lösung« und schlug eine Art räuberischen Krieges über Jahre hinweg vor, »in dem die Indianer hinweggefegt werden, so wie dies (von Fall zu

Fall) notwendig erscheint«. Sein Rezept war ebenso simpel wie radikal: »Je mehr wir dieses Jahr töten können, umso weniger müssen im nächsten Krieg getötet werden, denn je mehr ich von diesen Indianern sehe, umso mehr bin ich davon überzeugt, daß sie entweder alle getötet oder als eine Spezies von Almosenempfängern unterhalten werden müssen.«[28]

So wurden die von Indianer-Unterhändler E. B. Taylor am 13. 6. 1866 bei Fort Laramie zu einer friedlichen Regelung der Bozeman-Trail-Frage eingeladenen Sioux, Cheyennes und Arapahoes, gleich zu Beginn der »Konferenz« mit der geradezu grotesken Situation konfrontiert, daß

1. der Große Vater, vertreten durch seinen »Großen Sohn« vom Innenministerium, um das Wegerecht auf dem Bozeman-Trail verhandeln und garantieren wollte, daß die amerikanischen »Passanten« unter Androhung strenger Bestrafung davon abgehalten würden, Wild zu schießen und sich vom Wege zu entfernen. Hierfür wollte man erkleckliche »Annuities« zahlen;

2. der Große Vater, vertreten durch einen seiner Großen Krieger, von den Indianern die Erlaubnis haben wollte, drei Forts an der Überlandstraße zu erbauen, um mit deren Soldaten die Westwanderer gegen die Indianer beschützen zu können und

3. am gleichen Tage, als die Verhandlungen hierüber beginnen sollten, Colonel Carringtons Spezial-Fortbautruppe (700 Soldaten des 18. Inf. Rgt., 30 Musikanten einer Blaskapelle, 260 Nichtkombattanten, darunter Soldatenfrauen und Kinder, 226 Maultiergespanne und Wagen, beladen mit einer zerlegten Dampfmaschinen-Sägemühle, mit Mähern, Äxten, Sägen, Nägeln, Schrauben, Wäscherei- und Küchen-Dampfkesselgeräten, Scharnieren, Munition, Waffen, 8 Kanonen; dazu kam eine Kompanie der 2. Kavallerie mit einer kompletten Feld-Kirche und Quartierausrüstungen) auf dem Wege zum Big-Horn/Powder-Gebiet in Laramie erschien und solcherart demonstrierte, daß Verhandlungen nur eine Farce waren.

Von den Oglala-Sioux war der Oberhäutpling »Man-Afraid-of-His-Horses« und der Anführer der militanten Oglala-Gruppe der »Bad Faces«, Red Cloud, gekommen; von den sogenannten »Laramie Loafers« der Sioux (eine Gruppe gemischter Oglalas und Brulés, die seit Jahren in unmittelbarer Nähe von Fort Laramie kampierten, sich amerikanerfreundlich gab, von Geschenken und »Rationen« profitierte und an freier Büffeljagd nur noch mäßiges Interesse zeigte) »Big Mouth« und

»Blue Horse« und von den Brulés der überragende Oberhäuptling »Spotted Tail«, dazu »Swift Bear«, der Anführer einer friedfertigen, amerikanerfreundlichen Gruppe, sowie Abordnungen einiger Gruppen der nördlichen Cheyennes und Arapahoes.

In zeitgenössischen Berichten werden Red Cloud angesichts der Carrington'schen Fortbautruppe theatralische Gesten und Zornesausbrüche bescheinigt. Dem Bericht des Soldaten William Murphy (18. Inf. Rgt.), der der Verhandlungseröffnung beiwohnte, kann man folgendes entnehmen[29]:

»Red Cloud hielt eine dramatische und wirkungsvolle Ansprache. Er beschuldigte die Friedenskommission, daß sie die versammelten Häuptlinge wie Kinder behandle; daß sie nur heuchlerisch vorgäbe, um ein Land zu verhandeln, das sie in Wirklichkeit bereits durch Eroberung in Besitz genommen habe. Er klagte die Regierung des Vertrauensbruchs in allen ihren Rechtsgeschäften mit Indianerstämmen an.

In seiner leidenschaftlichen Ansprache an die Indianer hielt er ihnen vor, daß die Weißen die Indianer Jahr für Jahr immer mehr zusammengedrängt und sie gezwungen hätten, in einem kleinen Gebiet nördlich des Platte zu leben, und jetzt sollte ihnen auch noch ihr letztes Jagdgebiet, die Heimat ihres Volkes, genommen werden. Dies bedeute, daß sie mit ihren Frauen und Kindern verhungern würden, und für seinen Teil zöge er es vor, eher kämpfend zu sterben als zu verhungern.

Red Cloud versprach, daß sie in der Lage sein würden, die Soldaten aus dem Lande zu vertreiben, wenn die vereinigten Stämme ihre Heimat verteidigen würden. Er sagte, es könne ein langer Krieg werden, aber da sie ihre letzten Jagdgründe verteidigten, müßte er am Ende erfolgreich sein.

Das Palaver dauerte noch eine Zeitlang, bis schließlich die feindlichen Sioux unter Red Cloud gingen, wobei sie weitere Beratungen und Geschenke ablehnten.«[30]

Zwar unterzeichneten jene Siouxhäuptlinge, deren Jagdgründe vom Bozeman-Trail überhaupt nicht betroffen waren, ein »Agreement« (daß sie nichts gegen eine Benutzung der Straße hätten und sich bei Schwierigkeiten friedlich verhalten würden), Red Cloud und Man-Afraid-of-his-Horses jedoch, auf die es ankam, hatten das Kriegsbeil ausgegraben. Colonel Carrington war Ingenieur und besaß weder Erfahrung im Kampf noch im Umgang mit Indianern. Er war optimistisch und überzeugt, daß »Geduld, Nachsicht und gesunder Menschenverstand im Umgang mit den Sioux und Cheyennes vieles, wenn nicht alles dazu beitragen [würden], den Frieden zu erhalten«.[31] Ein kurzes Gespräch mit den Häuptlingen der Cheyennes (»Dull Knife« und »Black Horse«), die Frieden wollten, jeglichem Kampf abschworen und sich von ihm »Wohlverhaltens-Schreiben« aushändigen ließen, bestätigte Carrington in diesem Glauben. Er konnte nicht ahnen, daß einige Sioux-Häuptlinge, die wenig später beim Handelsposten von Pete Gasseau mit den Cheyenne-Häuptlingen hierüber sprachen, die führenden Cheyennes voller Verachtung mit ihren Bogen verprügelten.

Einige Stunden später erfuhr Carrington, was Red Clouds Kampfansage zu bedeuten hatte: Bei einem ersten Überfall auf einen mit Werkzeugen beladenen Wagenzug töteten die Oglalas zwei Soldaten, verwundeten zwei andere schwer und trieben 187 Stück Vieh davon. Von nun an überzog Red Cloud mit seinen rund fünfhundert Oglala-Kriegern der »Bad Faces«-Gruppe den Bozeman-Trail mit einer Art ununterbrochenen Guerilla-Kriegs. Der erfahrene Mountain-Mann Jim Bridger, der Carringtons Truppe als Scout und Indianerberater diente, warnte ständig davor, Red Clouds Krieg zu unterschätzen und ihm eine Erfolgsserie zuzulassen, weil es sonst passieren könnte, daß auch die übrigen Oglala-Sioux-Gruppen ihn als großen, erfolgreichen Anführer akzeptierten und sich von ihm überreden ließen, sich einem allgemeinen Krieg gegen die Amerikaner anzuschließen. Aber die Militärs ließen sich von einem »verwilderten Zivilisten« wie Jim Bridger nicht belehren; sie qualifizierten Bridgers Warnungen als übertrieben ab. Dies war nicht weiter verwunderlich, denn Carringtons Truppe bestand zum größten Teil aus blutjungen Rekruten (552) und frischgebackenen Offizieren, die »noch die Eierschalen der Kadettenschule an den Ohren hatten«. Sie legten Red Clouds Vorsicht und sein Bestreben, eigene Verluste zu vermeiden, als Schwäche und Feigheit aus. Damit bot sich dem militanten Red Cloud die ideale Gelegenheit, sich gegenüber den gewählten Häuptlingen seines Stammes als der große Führer zu profilieren.

Am 21. Dezember 1866 verließ Captain William J. Fetterman, Kommandeur der A-Kompanie des 18. Infanterie-Regiments, mit 48 Fußsoldaten und 28 berittenen der 2. Kavallerie (angeführt von ihrem Lieutenant Grummond) Fort Phil Kearny mit dem Auftrag, eine Holzfällergruppe, die angegriffen worden war, zu entsetzen. Der tatendurstige Fetterman, der sich erboten hatte, mit achtzig Mann alle Sioux von der Landkarte zu fegen, hielt sich nicht an seine Befehle, die ihm riskantes Handeln untersagt hatten. Gegen Mittag hörte man im Fort aus der Gegend um den Peno Creek heftiges Gewehrfeuer, das allmählich erstarb und schließlich lähmender Stille wich. Ein Suchtrupp wagte erst gegen Abend, die Lage zu erkunden, und fand das gesamte Fetterman-Kommando von einer überwältigenden Übermacht der Sioux getötet. Wenig später unternahm der Armee-Scout »Portugee Philips« jenen denkwürdigen 236-Meilen-Ritt im Schneesturm nach Fort Laramie, der ihn – mit erfrorenen Armen und Beinen – am Weihnachtsabend mit der Hiobsbotschaft in die stimmungsvollen Feierlichkeiten platzen ließ.

Das »Fetterman-Massaker« versetzte Militärs wie Pioniere im Westen in eine Hysterie, die bezeichnend für diese »Tatmenschen« war: Die Bullaugen und Brückenfenster der Missouri-Dampfschiffe wurden augenblicklich vernagelt, so daß nur kleine Sehschlitze übrigblieben. Die Missouri-Städte zogen Wachkordons um ihre Vorstadtbezirke. Selbst Freudenmädchen steckten sich Derringer-Pistolen in die Strumpfbänder, und Indianerhändler verrammelten ihre Hausöffnungen mit soliden Hartholzbrettern. Planwagenfahrer auf dem Bozeman- und Kalifornien-Trail schossen auf alles, was sich bewegte – natürlich auch auf zahlreiche »neutrale« Stammesgruppen, die hierüber nicht unbeträchtlich in Rage gerieten. Die Union Pacific verstärkte ihre Arbeiter-Kampftruppen, und den Zügen wurden »Kommandowagen« voll schwerbewaffneter Reiter samt Pferden beigegeben. Die Westernstädte in Nebraska, Kansas, Colorado und Dakota, aber auch die Minenorte in den Bergen Wyomings und Montanas, gerieten in regelrechte Kriegspsychosen. Der Oberkommandierende Sherman kabelte an seinen Abschnittskommandeur, General Cooke, markige Orders:

»[...] dieses Massaker wird als ein Kriegsakt behandelt und mit vergeltendem Ernst bestraft, bis wenigstens für jeden getöteten Weißen zehn Indianer getötet sind [...] wenn Indianer im Winter kämpfen können, so können unsere Truppen das auch [...] der Kampf soll in die Indianerlager getragen werden, wo Frauen und Kinder sind, und es soll ihnen solche Bestrafung zuteil werden, daß sie erkennen, auf die ihnen eigene Weise bekämpft und geschlagen zu werden. Es ist nicht notwendig, die Krieger zu finden, die diese Tat ausführten, sondern es sollen alle vernichtet werden.«[32]

Sherman setzte mit diesen Anweisungen Maßstäbe, die den ganzen künftigen Einsatz der US-Armee im Westen bestimmen sollten:

Für jeden getöteten Weißen mindestens zehn getötete Indianer!
Verlagerung der Bestrafungsaktion in den Winter,
kollektive Vernichtung der Indianer,
Kampf und Vernichtung nicht nur den Kriegern, sondern auch (und vor allem) den Frauen und Kindern. Zwei Jahre zuvor waren die spektakulären Militärgerichtsverfahren und parlamentarischen Untersuchungen nach allen Regeln christlicher Nächstenliebe und neuenglisch-humaner Fairneß durchgeführt worden. Doch jetzt zeigte sich eindeutig, daß dieses Vorgehen im Grunde kaum mehr als eine opportunistische Beruhigungspille für wirklichkeitsfremde Philantropen war.

Als das Innenministerium die instinktlose Strategie und Ignoranz der Militärs für das Fetterman-Massaker verantwortlich machte, wischte Sherman dies mit der Arroganz eines vaterländischen Schlachtenschlägers, der allein weiß, was für Volk und Vaterland gut ist, unbeeindruckt vom Tisch. An Generalmajor Christopher C. Augur, der den Abschnitt des Department of the Platte übernahm, schrieb er, daß er hoffe, der Kongreß würde alsbald der Armee die exklusive Behandlung der Indianer überlassen, doch »inzwischen betrachten Sie alle Sioux in Powder-River- und Yellowstone-Gebiet als feindlich und bestrafen sie im hohen Grade, wenn möglich bis zur völligen Ausrottung«[33].

Im Gegensatz zu dieser Praxis kam ein Untersuchungsausschuß des Innenministeriums zu der Empfehlung, »in Übereinstimmung mit der Rechtsprechung des Obersten Gerichts eine neue Indianerpolitik zu kreieren«[34]. Der Kongreß zwang die »Tauben« des Innenministeriums und die »Falken« des Kriegsministeriums durch die gesetzliche Begründung einer Indianer-Friedenskommission an einen Tisch. Die »Tauben«, die eine friedliche Lösung der Indianerprobleme anstrebten und im Lande eine große Anhängerschaft besaßen, waren über die Erfüllung ihrer Ansprüche so erleichtert, daß sie den Trick, mit dem sie kaltgestellt wurden, nicht erkannten: Der Kongreß, dessen Mehrheit aus Lobbyisten und Sympathisanten der Industrie, des Handels und der Banken bestand und deshalb mehr der militärischen Härte zuneigte, bestimmte, daß die »Indian

Peace Commission« aus acht Mitgliedern bestehe. Er vergab die acht Sitze an N. G. Taylor, J. B. Henderson, S. S. Tappan und John B. Sanborn als Vertreter der »Tauben« und William T. Sherman, William S. Harney, Alfred H. Terry und Christopher C. Augur (alles Generäle) als Vertreter der »Falken«.

Der Trick bestand darin, daß die »Tauben« Taylor, Henderson und Tappan Zivilisten, aber John B. Sanborn General war, so daß also die Militärs in der Kommission eine Majorität von fünf zu drei besaßen! Die angeblich friedfertige Gesinnung General Sanborns konnte ebensowenig wie seine Neigung, außer Dienst Zivilkleidung zu tragen, darüber hinwegtäuschen, daß er in entscheidenden Beschlüssen seinen Vorgesetzten und Kollegen nur widersprechen konnte, wenn ihm nichts mehr an seiner Karriere lag.

Die Aufgabenstellung der Kommission (Friedensvertragsverhandlungen zu führen, Kriegsgründe auszuräumen, die Sicherheit der Grenzsiedlungen und Transkontinental-Eisenbahn zu gewährleisten und einen Plan für die Zivilisierung der Indianer zu entwickeln) hörte sich zwar überaus friedlich an, beschränkte aber die Handlungsfreiheit der Militärs in keiner Weise. Mehr als eine Alibifunktion besaß die Kommission von Anfang an nicht.

Red Cloud hatte durch den totalen Sieg über das Fetterman-Kommando in den Augen der Oglala-Sioux gewaltig an Ansehen gewonnen. Immer mehr kampfeslustige Krieger auch anderer Sioux-Stämme schlossen sich ihm an, so daß sich seine Armee ständig vergrößerte. Seine Angriffe und Überfälle häuften sich derart, daß bald der gesamte Verkehr auf dem Bozeman-Trail zum Erliegen kam. Doch Red Cloud begnügte sich damit nicht, sondern dehnte seine Angriffe auch auf die Union Pacific aus. Daraufhin flehte Thomas C. Durant, der Aktien-Jongleur der Gesellschaft, den Oberbefehlshaber der US-Armee, Ulysses Grant, um Hilfe an, da er sonst den Bahnbau einstellen müsse. Als dann noch im Mai 1867 der Begründer der Powder River Road, John Bozeman, bei einem Indianerangriff getötet wurde, rief der Gouverneur des Montana-Territoriums, Thomas F. Meagher, den Notstand aus und ließ freiwillige Miliztruppen aufstellen. Ebenso rief in Colorado Gouverneur A. C. Hunt nach Freiwilligen, und bei einem Massentreffen der Bürger wurde eine große Geldsumme für den »Ankauf von Indianerskalps mit Ohren zum Preise von 25 Dollar«[35] gestiftet.

US-General Ulysses S. Grant, 1865; Präsident 1869–1877

US-General William Tecumseh Sherman, 1867

Zwei unmittelbar aufeinanderfolgende Ereignisse haben wohl Red Clouds Kampfbereitschaft so entscheidend gemindert, daß er danach niemals mehr einen Kampf gegen die US-Armee geführt hat: Am 1. August 1867 griff er mit vierhundertfünfzig bis fünfhundert Kriegern in der Nähe von Fort C.F. Smith 19 Soldaten und sechs Zivilisten an, die im Begriff waren, einen Heuvorrat für den Winter anzulegen. Beim ersten Angriff wurde Captain Siegeman Sternberg getötet, beim zweiten zwei Soldaten. Sieben Stunden lang versuchten die Oglala- und Minniconjou-Sioux, Cheyennes und Arapahoes, die fünfundzwanzig Amerikaner zu überrennen. Dann gaben sie es nach hohen Verlusten auf, und der »Hayfield Fight« ging als Niederlage der Indianer in die Geschichte ein. Der Grund dafür war wohl dieser: Wenige Tage zuvor hatte die Fortbesatzung neue Hinterlader-Springfield-Gewehre erhalten, und die zivilen Heumacher waren mit 16-schüssigen Henry-Repetiergewehren ausgerüstet.

Einen Tag später versuchte Red Cloud mit Oglala-, Minniconjou- und Sans Arc-Sioux 26 Soldaten und vier Zivilisten, die

– fünf Meilen von Fort Kearny entfernt – eine Holzfällergruppe bewachten, im Sturmangriff niederzurennen. Auch dieser Angriff scheiterte, wobei die Sioux wieder hohe Verluste erlitten; die Armee verlor fünf Soldaten.

Dieser »Waggonbox Fight« schien Red Cloud endgültig die überlegene Feuerkraft der neuen amerikanischen Hinterlader- und Repetiergewehre bewiesen zu haben. Er führte danach seine Angriffe nur noch gegen Armee-Nachschubkolonnen, doch auch diese Maßnahme erwies sich als wirkungsvoll: Bald wurde die Lage in den drei Forts kritisch; selbst in den Goldfeldern von Montana wirkte sich Red Clouds neue Strategie aus, weil der Nachschub der Schiffe nach Fort Benton saisonalen Beschränkungen unterlag. Als auch die Union Pacific merkte, daß die Nachfrage nach ihren teuren Landparzellen aus geschenktem Regierungsland rapide zurückging, bedrängte sie den Kongreß, unter allen Umständen einen Frieden zu erreichen, damit der versiegende Kapitalstrom wieder aufgedreht werden konnte. Die Eisenbahnbosse lieferten der Regierung auch gleich die Argumente, mit denen sie eine Aufgabe des Bozeman-Trail und der drei Forts beschließen und gleichzeitig ihr Gesicht wahren konnte:

Die Forts waren für den Schutz des Bozeman-Trail errichtet worden, der als Güternachschubstraße für Montana diente. Der Krieg der Sioux brachte sowohl der Regierung wie dem Territorium Montana und den Unternehmern immense Kosten. Wenn man diese Mittel dazu einsetzte, um die 1864 projektierte »Northern Pacific Railroad« (NPRR) zu verwirklichen und die Missouri-Schiffahrt auszubauen, so würde sich das Problem einer Güterverbindung Montanas mit den USA von selbst lösen. Darüber hinaus bot die NPRR den Vorteil einer weiteren Verbindung mit der Pazifikküste.

Den Banken entging mit jeder Meile Schienenstrang, die die Union Pacific pro Tag wegen der Indianerangriffe weniger verlegte, viel Geld. Sie verloren Unsummen durch stockenden Landverkauf an Siedler und Geschäftsleute. Die Industrie, die sich auf die Abnahme bestimmter Mengen Materials eingerichtet und dementsprechend investiert und sich verschuldet hatte, konnte Abnahmeverzögerungen und Zahlungsverzug bei ihren Rechnungen nicht lange verkraften. Die Missouri-Schiffahrt hatte sich im Vertrauen auf die Transporte für den Bahnbau in Schulden gestürzt und sich aufgeblasen wie nie zuvor. Daher standen auch ihr ernste Schwierigkeiten bevor, wenn die Union

Pacific Transporte stornierte und Lieferzeiten verlängerte. Geriet aber die Missouri-Schiffahrt in Bedrängnis, so auch die ganze US-Armee in den nördlichen Plains mit ihrem Nachschub. Eine Annahme der Herausforderung Red Clouds hätte zwar Krieg und sicherlich auch Sieg bedeutet, aber so viel Zeit besaßen die Kapitalgesellschaften und Augenblicksbarone der Wirtschaft und Industrie im Westen nicht, da sie über keinerlei Rücklagen oder Finanzpolster verfügten, sondern von der Hand in den Mund planten.

Als General Grant am 2. März 1868 an Sherman telegraphierte, daß Red Clouds Forderungen zu erfüllen und damit alle Truppen vom Bozeman-Trail abzuziehen und die drei Forts aufzugeben seien[36], war die Lage bereits sehr kritisch geworden, so daß Sherman sofort Kuriere in Trab setzte, um vor allem Red Cloud, aber auch andere Sioux-Häuptlinge davon zu informieren, daß der Große Vater ihre Wünsche geprüft und in seiner unendlichen Güte beschlossen habe, sie zu erfüllen. Er lade sie herzlich ein zu einem großen Friedens-Council, bei dem man ihnen den großzügigsten Vertrag aller Zeiten anbieten wolle. Darüber hinaus würde ihnen ein großes Landgebiet für ihren exklusiven Gebrauch garantiert – vom Missouri als Ostgrenze bis zu den Big-Horn-Bergen im Westen, vom 46. Breitengrad im Norden bis zur nördlichen Grenze von Nebraska im Süden. Außerdem sollten sie das Recht erhalten, im Gebiet nördlich des North Platte River und am Republican River zu jagen. Erkleckliche Jahreslieferungen (»Annuities«) seien für eine Dauer von dreißig Jahren vorgesehen!

Die Naivität, die die amerikanischen Militärs und vermeintliche Indianerkenner glauben ließ, daß die »Wilden« nun – einschließlich Red Clouds – in hellen Scharen herbeieilen würden, um – über so viel Großmut gerührt – nichts Wichtigeres zu tun zu haben, als ihre Namenszeichen unter den Vertrag zu setzen, ist einfach erstaunlich. Diese Naivität ist ein Phänomen, das seit dieser Zeit scheinbar zum Bestandteil jeder strategischen und politischen Überlegung der nationalen Administration wurde. Beinahe bei allen amerikanischen Engagements außerhalb der US-Staatsgrenzen (Kuba, Panama, Philippinen, Erster Weltkrieg, Zweiter Weltkrieg, Korea und Vietnam) war sie – zum maßlosen Erstaunen der übrigen Welt – immer wieder zu beobachten.

Am 10. April 1868 waren alle Vertreter des Großen Vaters in Laramie versammelt: Die Generale Sherman, Harney, Terry,

US-General Philipp Sheridan

Augur und Sanborn sowie die zivilen Kommissionsmitglieder Taylor, Henderson und Tappan. Wagenladungen von Geschenken standen bereit. Hundert Rinder hatte man für das gewaltigste »Barbeque« des Westens vorgesehen. Der »Red-Cloud-Vertrag« war vorformuliert, die Dolmetscher warteten, und die Lagerhäuser in Fort Laramie waren mit der ersten Rate der »Annuities« bis an die Dächer gefüllt. Die Agenten hatten Anweisung, sie sofort nach Unterzeichnung auszugeben.

Am 1. Mai warteten die Bevollmächtigten des Präsidenten immer noch auf Red Cloud. Am 10. Mai erhielten sie durch einen Oglala-Kurier die bündige Nachricht: »Wir sind auf den Bergen und schauen auf die Soldaten und die Forts hinunter. Wenn wir sehen, daß die Soldaten weggehen und die Forts verlassen, dann werde ich herunterkommen und Gespräche führen.«[37]

Sherman, Terry und Augur fühlten sich brüskiert und beschlossen, Laramie zu verlassen, Sanborn und Harney blieben noch bis zum 26. Mai und erhielten die Namenszeichen einer Anzahl Oglala-, Minniconjou- und Yanktonnais-Sioux. Dann überließen sie den Vertrag dem Fortkommandanten General A. J. Slemmer, damit er gegebenenfalls Red Cloud unterzeichnen ließe, und begaben sich nach Omaha. Ende Juli begann die US-Armee die Räumung der Forts C. F. Smith, Phil Kearny und Reno, die sogleich von Red Clouds Kriegern angezündet wurden. Anfang August waren Red Clouds Forderungen erfüllt!

Am 4. November 1868 erschien Red Cloud mit der imponierenden Zahl von 125 Häuptlingen und Anführern der Oglala-, Brulé-, Minniconjou-, Hunkpapa-, Blackfeet- und Sans Arc-Sioux, und es war ganz offensichtlich, daß dieser hochgewachsene Mann, der es als erster Indianer des Westens fertiggebracht hatte, die Amerikaner zu einem Frieden zu zwingen, in dem er die Bedingungen diktierte, von allen Häuptlingen als Führungspersönlichkeit akzeptiert wurde.

Am 8. November wurde der Vertrag von Red Cloud unterzeichnet, von einem Mann, der in der Häuptlingsordnung der Sioux an unterster Stelle rangierte: Kein Oberhäuptling der Oglalas, kein Häuptling, nicht einmal Anführer der Oglala-Untergruppe »Bad Faces«, sondern lediglich Anführer der Krieger der »Bad Faces«. Dennoch erkannten Oberhäuptlinge wie »Man-Afraid-of-His-Horses« und »Spotted Tail« die politischen Führerqualitäten Red Clouds stillschweigend an. Selbst »Crazy Horse«, der überragende Kriegshäuptling der Oglalas

Die Friedenskommission von 1868 wartet auf Red Cloud; v.l.n.r. die Generäle Terry, Harney und Sherman, eine Siouxfrau, N.G. Taylor, S.F. Tappan und General C.C. Augur

und geniale Schlachtenstratege, erkannte in Red Cloud den überlegenen politischen Redner, obwohl dieser im Rat der Oglalas nach wie vor prinzipiell nicht mehr Gewicht besaß als irgendein einfacher Krieger.

Der Friedensvertrag von 1868 stieß bei den Amerikanern des Westens auf größtes Unverständnis und Widerstand, bei denen des Ostens – insbesondere Neu-Englands – auf ungeteilte Zustimmung. Aber beide Teile scheinen der Meinung gewesen zu sein, daß die Motive von Regierung und Armee von keiner Seite beeinflußt worden seien. Das aber war ganz und gar nicht der Fall.

Bereits im März, als der Bau der Union Pacific zu stocken begann, hatte man die Sioux, Cheyennes und Arapahoes von dem bevorstehenden vertraglichen Zugeständnis eilig benachrichtigt. Daraufhin verringerten die Indianer ihre Angriffe gegen die Eisenbahn, so daß der Bahnbau wieder zügig vorankam. Die Central Pacific hatte inzwischen die Bergbarriere überwunden, ein Punkt nördlich des Großen Salzsees in Utah, an dem sich die beiden Schienenstränge vereinigen sollten, war bereits vorgesehen. Die letzten Monate vor diesem Ereignis wurden immer mehr zu einem erbitterten Wettkampf der Schienenleger beider Gesellschaften, die sich gegenseitig in der Tagesleistung verlegter Schienenmeilen überboten. Bald ergriff die ganze Nation das Rekordfieber, und als es auf das Ende zuging, stellte die Central Pacific einen »Weltrekord im Schienenlegen« auf: 8 irische Schwellenleger, 848 Chinesen und 41 Pferdegespanne bewegten und verlegten innerhalb eines Tages 25 800 Schwellen, 2 Millionen Pfund Eisen, 3520 Schienen, 55 000 Schwellennägel, 4040 Laschen und 14 000 Bolzen, was einer befahrbaren Strecke von 10 Meilen und 200 Yards (16270 m) entsprach.

Am 10. Mai 1869 fand die »Hochzeit der Schienen« statt. Die beiden Lokomotiven der Central Pacific und der Union Pacific fuhren aufeinander zu, bis sich Vertreter der Bahnbauer die Hände reichen konnten. Das Telegramm mit Leland Stanfords lapidarem Text: *»Done«* – Fertig – versetzte Amerika in einen Freudentaumel. In Chicago formierte sich eine sieben Kilometer lange Triumphparade. In Philadelphia läutete in der Unabhängigkeitshalle die Freiheitsglocke. In der New Yorker Trinity Church sangen Hunderte das ›Tedeum‹. In San Francisco und Sacramento tanzten Zehntausende zwei Tage und Nächte lang auf den Straßen. In den Goldgräberstädten fielen sich Todfeinde um den Hals. In Washington standen die Kongreßabgeordneten auf und beteten. Darunter befanden sich auch jene Abgeordnete, die Mitglieder des parlamentarischen »Union Pacific«-Ausschusses waren. Wenig später sollte sich herausstellen, daß die Bosse der Union Pacific sie mit hohen Summen – Aktien und Dividenden – bestochen hatten, daß man sie mit Schmiergeldern und kostbaren Geschenken, Barzahlung, Kostenerstattungen und »Altersrenten« dazu gebracht hatte, einen ungeheuerlichen Schwindel, Manipulationen und Millionenprofite zu dulden. Dieser sogenannte »Credit-Mobilier-Skandal« enthüllte nicht nur kriminelle Geschäftspraktiken, sondern auch – und davon sprach niemand –, daß sich die nackten Profitinteressen der Bahnmanager massiv auf die Indianerpolitik der Regierung und die Strategie der Armee ausgewirkt hatten. Der Einfluß dieses Finanzkonsortiums war so erheblich, daß weder der Regierungs- noch der Oppositionspartei, weder den theoretischen Planern im BIA noch den praktischen Armeestrategen, weder den Gesetzgebern in Repräsentantenhaus und Senat noch der

Rechtsprechung auch nur die geringste Möglichkeit blieb, wirklich freie, allein sachgebundene Entscheidungen zu treffen. Die Macht der Industrie-, Handels- und Banken-Lobby reichte bis tief in die Redaktionen der Westpresse, die die öffentliche Stimmung steuerte. Die Bahnmanager bedachten alle wichtigen und maßgeblichen neuralgischen Punkte, zahllose Posten- und Pöstcheninhaber bis zum kleinen Hilfspolizisten der Agenturen und Reservationen mit gewissen Profitmöglichkeiten und lenkten so alle Anstrengungen in die gewünschte Richtung.

Von den Eisenbahnbossen, Banken, Baufirmen, Zulieferern und Vertragspartnern breitete sich ein unsichtbares, lückenloses Interessennetz über Politiker, Beamte, Richter, Staatsanwälte, Landvermesser und Makler bis zu den Arbeiterheeren und Siedlermassen. Und allen bot die Handvoll von Großverdienern handfeste Vorteile dafür, daß man ihre Profite gewährleistete.

Es führt kein Weg an der Erkenntnis vorbei, daß Regierung und Armee in der »Indianerfrage« im Grunde nur taten, was ihnen die »grauen Eminenzen« der Wirtschaft in aller gebotenen Diskretion nahelegten: Als die Union Pacific Härte und Krieg brauchte, unternahm die Armee ihre Feldzüge. Als die Union Pacific den Frieden brauchte, wurden Politik und Strategie in fliegender Hast ins Gegenteil verkehrt. Die anonyme Macht von Profitinteressen hatte längst – in der Hand weniger konzentriert – hinter den Kulissen des Staatsapparates die Regie übernommen. Kleinere »Unfälle« wie der Credit-Mobilier-Skandal bestärkten die geheimen Machthaber nur darin, feinere, unauffälligere und verborgenere Spielregeln zu entwerfen und das faszinierende Spiel um Dollar und Cent auf eine – im Bewußtsein der Nation gar nicht vorhandene – geschlossene Gesellschaft zu beschränken.

Ein paar unvorsichtige Bosse und ein paar bloßgestellte Politiker wurden auf dem Scheiterhaufen scheinheiliger Empörung verbrannt. Das gehörte mit zu den Spielregeln, die von Credit Mobilier bis zu Watergate die gleichen blieben. Aber auf den Wogen öffentlicher Empörung schwammen sich die potenten alten und ein paar neue Bosse bereits wieder frei: Noch tanzten die begeisterten Enthusiasten des Dampfmaschinenzeitalters auf den Straßen, als schon die »Northern Pacific Railroad«, die 1864 gegründet worden war, die Spekulationen wieder zum Sieden brachte.

Die vertraglichen Zusicherungen, mit denen man Red Cloud bewogen hatte, das Kriegsbeil zu begraben, bereiteten weder

der Regierung noch dem Kongreß große Sorgen. Denn die geplanten drei Transkontinental-Eisenbahnlinien, die Northern Pacific Railroad, die Union Pacific Railroad und die Southern Pacific Railroad, brachten nicht nur den Arbeitern Löhne, den Regionen Geld und den Unternehmern Profite, sondern auch der Regierungskasse immense Ersparnisse: Allein im Jahre 1867 zahlte Washington an die Union Pacific für militärische Transporte 511908,24 Dollar. Hätte sie diese Transporte in traditioneller Art (Nachschub mit Planwagen, Truppen in Märschen, Post per Postkutsche) durchführen müssen, so hätten diese 1358291,06 Dollar gekostet. Washington hatte also durch die Eisenbahn allein 1867 über 840000 Dollar gespart![38]

Die Dampfmaschinentechnik, die den gewaltigen Entfernungen den Schrecken nahm, versprach den »Dollar-Raubrittern« phantastische Gewinne, den Menschenmassen einen neuen Kontinent voller eigener »Rittergüter« und unbegrenzte Möglichkeiten. Die Eisenbahnlinien mit ihren Landschenkungen und hieraus resultierenden breiten Besiedlungszonen schnitten den Präriegürtel praktisch in Stücke, drängten die Indianer in isolierte Landgebiete zurück, die von neuen Verbindungslinien und wiederum neuen Besiedlungsstreifen in immer kleinere Regionen zerteilt wurden. General Sherman hatte klar erkannt, daß »die Hauptaufgabe der Friedenskommission darin besteht, die Zeit totzuschlagen, was mehr dazu beitragen wird, das Indianerproblem zu lösen, als alles sonst, was wir tun könnten«[39].

Man hätte den Sioux statt des ganzen westlichen Dakota-Territoriums auch irgend etwas anderes Fantastisches, Beeindruckendes anbieten können, Vermont oder New York, denn im Ernst dachte niemand – außer den weit entfernt lebenden humanitätsduseligen Kaliforniern (die inzwischen alle Indianer ausgerottet hatten und nun salbungsvolle Humantöne anschlugen) und den Amerikanern am Atlanik (die auch alle ihre Indianer ausquartiert hatten) – daran, Indianern nützliches und gewinnbringendes Land zu überlassen.

Die in bezug auf massive Hintergrundinteressen stets sehr schwerfällig denkenden und naiven Westerners waren in das Kalkül der als Naturgesetz angesehenen »Entwicklungstheorie« ebenfalls einbezogen: Man garantierte Indianern großzügige Landgebiete und versprach hoch und heilig deren Unantastbarkeit. Daraufhin überschritten weiße »wilde« Siedler die Grenzen und ließen sich im Indianergebiet nieder. Wenn sich die Indianer zur Wehr setzten, reagierten die Pioniere mit brachialer Gewalt. Es war unvermeidlich, daß dabei auch Weiße getötet wurden. Nun mußte die Armee zu ihrem Schutz eingreifen und schlug die Indianer in einem »Feldzug« nieder. Dann begann dasselbe Spiel wieder von vorn: Die Gebietsbesetzungen wurden nachträglich durch einen neuen Vertrag sanktioniert und so weiter.

Die Art und Weise, wie die Pioniere sogenannte Freiwilligentruppen bildeten, Skalp- oder Ohrenprämien ausschrieben und anschließend mit Indianern verfuhren, schildert R. G. Athearn in seinem Buch: »[...] als Indianer in Zentralmontana einen Handelsposten angriffen und die Verteidiger ihnen mit ihren Henry-Repetiergewehren hohe Verluste beibrachten, wurden die toten Indianer aufgesammelt und ihre Leichen nach Eingeborenenart zerstückelt. Nachdem man sie enthauptet hatte, schnitten die Weißen alle Ohren ab und legten sie in Whisky ein. Die Köpfe wurden dann gekocht, um Haut und Fleisch abnehmen zu können, und die Schädel mit Bemerkungen versehen, die die Sieger für passend fanden: ›Nun bin ich letzten Endes doch in der Reservation‹ lautete eine. ›Laßt Harpers von meiner Tugendhaftigkeit berichten‹ und ›Horace Greeley weiß, daß ich hier draußen bin‹ besagten zwei andere. Mit einem Seitenhieb auf alle Friedensapostel wurden auf einen anderen folgende Worte gemalt: ›Ein gut aussehendes Halbblut, der Sohn eines sehr vornehmen Friedenskommissars‹.«[40]

Gerade ein halbes Jahr nach der Unterzeichnung des großzügigen Friedensvertrags durch Red Cloud und unmittelbar vor der Eröffnung der Transkontinental-Eisenbahnlinie in Promontory Summit, Utah, verlegte General Phil Sheridan sein Hauptquartier von St. Louis nach Chicago, und die ›Chicago Tribune‹ vom 17. 4. 1869 beschrieb seine Strategie: »[...] das erste, was die Wilden bekommen, ist so viel Krieg und von solcher Art, daß sie sich in Reservationen niederlassen werden [...] wenn das getan ist, kann die Philantropie an die Reihe kommen.«

Die Vereinigten Staaten erklären hiermit ihr Einverständnis und garantieren, daß das Landgebiet nördlich des North Platte River und östlich der Gipfel der Big Horn Mountains (und westlich sowie südlich des Missouri-River-Bogens) als nicht abgetretenes Indianer-Territorium betrachtet und respektiert wird und daß weder weißen Einzelpersonen noch Personengruppen erlaubt sein wird, sich hierauf anzusiedeln oder irgendein Stück desselben zu besetzen oder dieses zu durchqueren, ohne vorher die Zustimmung der Indianer eingeholt und erhalten zu haben [...][41]

[Diese im Vertrag genannte Reservation] bleibt dem absoluten und unbeeinträchtigten Gebrauch und Besitz der hierin genannten Indianer [Sioux-Nationen: Oglala, Brulé, Minniconjou, Hunkpapa, Two Kettles, Sans Arc und Blackfeet; nördliche Cheyennes und nördliche Arapahoes] sowie solcher anderer befreundeter Stämme oder einzelner Indianer, die gewillt sind, sich – mit der Zustimmung der Vereinigten Staaten – unter ihnen aufzuhalten. Die Vereinigten Staaten erklären hiermit feierlich, daß keinen Personen – außer den hierin ausdrücklich bezeichneten ermächtigten sowie solchen Offizieren, Agenten und Angestellten der Regierung, die die Indianer-Reservation in Ausübung ihrer Pflicht, die vom Gesetz vorgeschrieben ist, betreten – jemals erlaubt sein wird, das in diesem Artikel genannte Territorium zu betreten, zu durchqueren, sich hierauf niederzulassen oder aufzuhalten oder auf solchem Territorium, das dieser Reservation für den Gebrauch besagter Indianer noch hinzugefügt werden mag; diese Indianer treten hinfort alle Besitzansprüche und -rechte auf jegliche Teile oder Territorien der Vereinigten Staaten ab, außer solchen, die sich innerhalb der Grenzen des obengenannten Gebiets befinden, und solchen, die hiernach noch zur Verfügung gestellt werden.[42]

Artikel 16

Die »Northern Pacific Railroad Company« (NPRR) wurde am 1. 7. 1864 gegründet und von der US-Regierung genehmigt. Sie sollte von Duluth am Oberen See durch Dakota, Montana, Idaho und Washington zum Pudget Sound am Pazifik verlaufen. Aber der Kongreß leistete nicht, wie bei der Union/Central Pacific, Staatsbürgschaften für Hypotheken, sondern begnügte sich mit Landschenkungen von zwanzig Sektionen (= 20 Quadratmeilen) pro gelegter Schienenmeile in Bundesstaaten und von vierzig Sektionen in Territorien. Insgesamt verschenkte die Regierung an die Bahngesellschaft 50 Millionen Acres (= 202 400 Quadratkilometer), ein Landgebiet so groß wie Holland, Belgien, Luxemburg, Dänemark, Irland und Israel zusammen.

Josiah Perham, ein in den nördlichen Atlantikstaaten wohlbekannter Veranstalter spektakulärer Eisenbahn-Exkursionen, hatte Ende 1863 – auf dem Höhepunkt des Bürgerkrieges – die große Idee seines Lebens: Seit Jahren träumte er davon, eine vom Volk getragene »People's Pacific Railroad« von Maine an der Atlantikküste bis nach Oregon am Pazifik zu bauen, hatte aber damit die Parlamentarier in Washington nur erschreckt und sich in Politikerkreisen den Ruf eines Phantasten erworben. 1863 nun begrub er endgültig den Traum von seiner Volkseisenbahnlinie und gewann einflußreiche Freunde im Kongreß für den Plan, vom Oberen See eine nördliche Pazifikbahn zu bauen. Die Union Pacific war zwar bereits genehmigt, aber die nördlichen Pazifikstaaten unterstützten Perham, denn sie wollten auch – wie Kalifornien – ihre Transkontinental-Eisenbahn haben. Am 2. Juli 1864 nahm der Kongreß das »Gesetz über den Bau der Northern Pacific Railroad« mit 74 zu 50 Stimmen an. Die Ausgabe von Aktienanteilen wurde auf 100 Millionen Dollar beschränkt, der spätestmögliche Baubeginn auf den 4. 7. 1870 festgelegt, die spätestmögliche Fertigstellung auf den 4. 7. 1877. Aber Perham war einer jener idealistischen Enthusiasten, die ein großes Projekt wohl beginnen, aber nicht verwirklichen und bewahren können. Er scheiterte, brachte nicht genug Kapital zusammen und starb 1868 als desillusionierter und gebrochener Mann. Als sein Nachfolger und Präsident der NPRR wurde J. Gregory Smith berufen, ein nüchterner neuenglischer Rechner, der einen entscheidenden Schritt vollzog: Er gewann das größte Bankhaus Amerikas – Jay Cooke & Company – dafür, den Verkauf der Aktien zu übernehmen. Bankier Cooke genoß weltweites Ansehen, er rangierte in den Augen der US-Bevölkerung gleichwertig neben Morgan. In Großbritannien galt er ebensoviel wie die Rothschilds. Cooke hatte durch seinen überaus erfolgreichen Verkauf von Bundesbürgschafts-Zertifikaten während des Bürgerkrieges große Popularität errungen, denn damit hatte er praktisch den Bürgerkrieg finanziert. Seine Beziehungen reichten bis ins Repräsentantenhaus, in den Senat, in die Parteibüros der Regierungs- und Oppositionspartei, bis in die Geheimschubladen der Obersten Armeeführung. In Handel und Industrie genoß er den Ruf eines Zauberers. Cooke verkörperte den Typus des Populär-Bankiers, der die finanzielle Potenz des Volkes erkannt hatte, der Hausfrauen begeisterte und psychologische Verkaufswerbung einsetzte, der Führer einer sich majestätisch gebärdenden Finanzaristokratie, dem kein Dollar zu gering war, ihn aufzusammeln.

Jay Cookes Bedingungen: Er verkaufte Aktien für 100 Millionen Dollar mit einer garantierten Dividende von 7,3 Prozent. Der Eisenbahn zahlte er pro 100-Dollar-Aktie aber nur 88 Dollar. Für je 1000 Dollar verkaufter Aktien erhielt er zusätzlich eine Provision von zweihundert Dollar in Aktien. Beim Verkauf von zehn 100-Dollar-Aktien erhielt die NPRR also sechshundertachtzig Dollar, Cooke behielt dreihundertzwanzig. Insgesamt bedeutete dies, daß die NPRR eine Bausumme von 88 Millionen minus 20 Millionen Provision, also 68 Millionen Dollar erhielt. Cooke verdiente mit dem Verkauf der Aktien 12 Millionen Dollar in bar und Aktien mit einem Nennwert von 20 Millionen, also einen Anteil von 20 Prozent.

Darüber hinaus gründete Cooke eine Landverkaufsgesellschaft, die exklusiv mit dem Verkauf der Landschenkungen beauftragt wurde. Cooke sagte der Eisenbahn einen Festpreis von zwei Dollar pro Acre zu, was bei 50 Millionen Acres einer Summe von 100 Millionen Dollar Verkaufserlös für die NPRR entsprach. Er selbst rechnete mit einem tatsächlich zu erzielenden Durchschnittspreis von 7,5 Dollar pro Acre, also insgesamt 375 Millionen Dollar. Sein Gesamtgewinn – nach Abzug von Unkosten – betrug etwa 225 Millionen Dollar (er gab jedoch an, nur 53 Millionen verdienen zu wollen).

Mit diesen saftigen Bedingungen, auf die die NPRR notgedrungen einging, wurde das Bankhaus Jay Cooke & Co. nicht nur der exklusive Finanzmakler der Northern Pacific, sondern erhielt auch die absolute Kontrolle über die Eisenbahngesellschaft selbst. Aber damit nicht genug: Jay Cookes »Railroad Land Company«, die das Landschenkungsgebiet sorgfältig in Parzellen aufteilte, legte auch sogenannte »Town Sites«-Baupläne (für Städtegründungen) auf. Sie behielt von allen entlang der Bahnlinie neu entstehenden Städten eine 50prozentige Eigentumsbeteiligung an allen Grundstücken. Cooke folgte hiermit dem Beispiel der verschlungenen Geschäftspraktiken der geplatzten Credit-Mobilier-Finanzgesellschaft der Union Pacific, wobei er allerdings vorsichtiger und zumindest dem Schein nach legal vorging. Eine 50prozentige Eigentumsbeteiligung an Grund und Boden aller Städte bedeutete praktisch, daß Cooke sich im voraus wieder heftig sprudelnde Geldquellen sicherte:

Zunächst war es sicher, daß der Bodenpreis in den Städten

rapide steigen würde, so daß sich Cookes 50prozentige Beteiligung in Dollar und Cent vervielfachen würde. Alsdann gewann Cooke mit dieser 50prozentigen Eigentumsbeteiligung – was bereits in die einzelnen Landverkaufsverträge eingebaut wurde – das absolute Verfügungs- und Vergaberecht von Lizenzen für Alkoholausschank, Hotelgewerbe, Freudenhäuser, Herstellungsbetriebe, Lagerhaltungsgeschäfte, Eisenbahn-Instandsetzungswerkstätten etc. Gleichzeitig sicherten die Beteiligungen Cooke ein Mitsprache- und Geschäftsbeteiligungsrecht an Verbindungslinien der Northern Pacific zu den südlichen Bahnen der Union Pacific und Kansas Pacific und der nördlichen kanadischen Great Northern Pacific, ebenso an allen Anschlußbahnlinien, die man noch zur Erschließung der Räume zwischen den großen Transkontinentallinien erbauen würde.

Jay Cooke versicherte sich mit diesem Vertragswerk also nicht nur eines gewaltigen, von der Regierung verbürgten Profits, nicht nur der absoluten Kontrolle über die Northern Pacific selbst und eines Hauptbatzens an allem Gewinn, den sie einfahren würde, sondern zementierte bereits im voraus seinen dominierenden Einfluß auf alle zukünftigen Entwicklungen des gesamten Handels in allen von der Northern Pacific erschlossenen Besiedlungsgebieten! Damit trat Jay Cooke, der zuvor nichts mit dem Eisenbahnbau zu tun gehabt hatte, in massive Konkurrenz zum bisherigen Eisenbahnkönig Amerikas, Cornelius Vanderbilt, der es versäumt hatte, sich früh genug um Amerikas Westen zu kümmern.

Im Gegensatz zu den Gewaltverdienern der Credit Mobilier, deren Konstruktion – für wenige Bosse den ganzen Profit, für viele Mitmacher so gut wie keinen – zum Zusammenbruch und Skandal geführt hatte, verfuhr Cooke klüger: Er sicherte sich den Hauptbatzen am Profit des Unternehmens und verteilte den Rest auf die Interessen der Masse des »kleinen Mannes«, wohl wissend, daß in prekären Notsituationen Legislative, Exekutive und öffentliche Meinung alles zur Rettung der Interessen des kleinen Mannes unternehmen würden. Womit dann seine eigenen Interessen automatisch miteinbezogen wären.

Eine unübersehbare Zahl von Zulieferbetrieben und -industrien, Handelsfirmen und Finanzierungshäusern (für eben diese Zulieferer, Landkäufer, Siedler, Städtegründer etc.) verbanden seine eigenen Interessen mit denen der gesamten amerikanischen Wirtschaft. Damit machte er es seiner Lobby in Washington wiederum leicht, Politiker, Militärs, Minister und Administratoren für finanzielle Geschenke, Zuwendungen und Aufmerksamkeiten zu gewinnen. Denn wer die Interessen von Jay Cooke vertrat, vertrat gleichzeitig die Interessen der amerikanischen Wirtschaft und des kleinen Mannes. Und das wiederum war ja genau die Aufgabe der solcherart Bedachten. So brachte Cooke es fertig, in verhältnismäßig kurzer Zeit seine massiven eigenen Profitinteressen zu einem großen nationalen Anliegen zu machen und als sendungsbewußter, uneigennütziger Sachwalter der amerikanischen Sache ins Nationalbewußtsein zu rücken.

Der Tatmensch Cooke bezog sich – wie vor ihm Perham und Smith, aber auch der Kongreß in seinem Gesetz –, was die geographische Route der geplanten Eisenbahnlinie betrifft, auf die empfohlene Streckenführung des Landvermessers Isaac I. Stevens, den der Kongreß schon 15 Jahre zuvor beauftragt hatte, eine Überlandroute von San Paul zum Pudget Sound zu finden und zu vermessen. Die Stevens-Survey-Expedition von 1853–55 hatte sorgfältige Arbeit geleistet und eine Strecke entlang des Yellowstone River im Gebiet der Big Horn/Tongue/Powder und Little Missouri River vermessen – mitten im Sioux-Gebiet. Nun schickte Jay Cooke im Sommer 1869 – die Begeisterung über die eben fertiggestellte Union/Central Pacific schlug noch heftige Wellen – zwei Landvermesser-Expeditionen los, die künftige Strecke der Northern Pacific exakt zu vermessen und zu bestimmen:

W. Milnor Roberts vermaß das Pudget-Sound/Columbia-River-Gebiet, den Durchgang durch die Rocky Mountains bis zum oberen Missouri. Gouverneur Marshall aus Minnesota vermaß mit der anderen Gruppe die Strecke von Duluth bis nach Bismarck am Missouri.

Als beide Expeditionen ins hochheilig garantierte Siouxgebiet eindrangen, Roberts von Westen her, Marshall von Osten, und die Sioux erfuhren, daß man eine »Straße für Feuerwagen« suchte, war es der Oberhäuptling der Hunkpapa-Sioux, Sitting Bull, der den Landvermessern mit ihren Theodoliten unmißverständliche Warnungen zukommen ließ.

Cookes Landvermesser zogen sich hierauf zurück. Der Vertrag von 1868 war ihnen bekannt, und der »Sioux-Aufstand« von 1865–67 in noch zu frischer Erinnerung. Zudem galt der große Stamm der Hunkpapa-Sioux als nicht regierungsfreundlich. Sie hatten niemals erklärt, sich allmählich in Ackerbauern verwandeln zu lassen, waren also »Non-Agency-Indians« (Indianer, die keine Annuities annahmen, sondern freien Handel trieben und sich aufhielten, wo es ihnen beliebte).

Jay Cooke interessierte der Vertrag von 1868 überhaupt nicht, denn ein Zusatz zum Northern-Pacific-Gesetz von 1864 besagte eindeutig, daß alle indianischen Besitz- und Nutzungsansprüche innerhalb der NPRR-Landschenkungen null und nichtig seien. Die Regierung hatte also 1868 den Sioux Garantien gegeben, die vier Jahre zuvor schon aufgehoben worden waren! Ein Paradoxon, sicherlich. Aber im Umgang mit der Administration hielt sich Cooke an Gesetzestexte, Absprachen und Normen. Und diese besagten unisono, daß mit Indianern nach Möglichkeit, Notwendigkeit und Gutdünken verfahren wurde. Sein Problem war es, Aktien zu verkaufen, Gelder zu beschaffen, Abhängigkeiten zu begründen, Gewinn zu machen. Das Problem der Bahngesellschaft war es, die Bahn zu bauen, das der Regierung, die Indianer aus dem Wege zu räumen.

Am 15. Februar 1870 wurde bei Thomsons Junction, westlich von Duluth, mit dem Bau begonnen. Wenig später startete Jay Cooke eine noch nie dagewesene Werbekampagne: »Anzeigen, die den fruchtbaren Landgürtel der Northern Pacific lobten, erschienen in den großen Hauptstadtzeitungen und in Tausenden von kleinen Tages- und Wochenblättern, die bis in jede Ecke des Landes reichten. Schreiber wurden angestellt, um die Vortrefflichkeit des Northern-Pacific-Landes zu preisen: das milde Klima, das Gras der Plains und Bergtäler, wo Vieh den ganzen Winter über weiden konnte, die unermeßlichen Wälder und die gigantischen Ernten von Korn und Früchten, die man erzeugen konnte. Die gewaltige Anzeigenkampagne begann sich auszuzahlen – trotz heftigen Abwehrfeuers aus dem Hintergrund durch rivalisierende Eisenbahnlinien und gewichtige Freunde der Union Pacific, die auch Land zu verkaufen hatten. Gegen Ende 1871 waren für 30 Millionen Dollar Aktien verkauft, hauptsächlich an Kleinaktionäre in den USA. Ein Plan, für 50 Millionen Dollar Aktien an die Rothschilds in Europa zu verkaufen, war wegen des Ausbruchs des Französisch-Preußischen Krieges gescheitert.«[43]

In allen seinen Büros und Filialen dekorierte Cooke die Wände mit wunderschönen Lithographien des amerikanischen Nordwestens, der dem arglosen Betrachter als ein wahres Paradies auf Erden erschien: mit Städten, die wie Pilze aus dem Boden wuchsen, mit Siedlerheimstätten, umrahmt von blühenden Plantagen, mit wogenden weiten Feldern, die die Farmer des Ostens vor Neid erblassen ließen, mit einem aus der Unendlichkeit kommenden und in die Unendlichkeit wieder verschwindenden Schienenstrang, an dessen Seiten Rinderherden in sattelgurthohem Grase vor sich hin kauten, mit Westwanderern, die in zahllosen Wagenkarawanen durch dieses Wunderland zogen, mit Farmern, die in napoleonischer Siegerpose auf Hügeln standen und den Blick über's eigene Land schweifen ließen, Frauen, denen das Glück aus den Augen schaute, und rotwangigen Kindern, die vor Freude sangen.

Bald wurde dieser Nordwesten als »Jay Cookes Bananengürtel« mit beißendem Spott übergossen, aber unbeirrt fuhr Cooke fort, seine Linie als die »Wunderland-Route zur Pazifikküste« zu preisen. Seine Sirenengesänge hallten schließlich in zehn Sprachen landhungrigen europäischen Bauern in den Ohren, so daß bretonische, wallisische, schottische, irische, württembergische, bayrische und schlesische Bauern und auch russische Mennoniten in hellen Scharen aufbrachen. In Cookes Flugblättern, Plakaten, Reisebeschreibungen, halbamtlichen Verlautbarungen, Pamphleten und Prospekten wurde die Große Amerikanische Wüste der nördlichen Plains mit ihrem akuten Wassermangel, die baumlosen unendlichen Weiten, die Salbeibuschsteppe, die frostklirrenden Winter mit haushohen Schneeverwehungen, regelmäßigen Tornados, Blizzards und Zyklonen zum ideal bewässerten, mit edlen Forsten bewaldeten, vor Fruchtbarkeit strotzenden Garten Eden, in dem man ohne sonderliche Schwierigkeiten pro Acre (4048 qm) 100 Bushel Mais (3500 kg) oder 50 Bushel Weizen (1750 kg), 4pfündige Kartoffeln und 20pfündige Rettiche ernten konnte.[44] Das gesunde Klima versprach die Heilung aller bekannten Krankheiten und ein Leben, so lang wie das Methusalems. Sind sie es überdrüssig geworden, für andere zu arbeiten? Geht ihnen der tägliche Trott in der Fabrik auf die Nerven? lauteten die Suggestivfragen. Kümmern sie sich nur fünf Jahre um ihre Obstbäume – und die Obstbäume werden sich ein Leben lang um sie kümmern! versprachen die Werbeslogans, die Millionen Europäer zu Zwischendeckpassagieren auf Überseedampfern machten. Angeboten wurden ermäßigte Schiffs- und Eisenbahnpassagen, Bodenpreise von vier bis acht Dollar pro Acre nahe am Schienenstrang, zweieinhalb bis vier Dollar weiter entfernt, und sieben Jahre Kredit. Viele Broschüren enthielten Rentabilitätsberechnungen für 160-Acres-Heimstätten, nach denen schon im ersten Jahr allein der Ernteerlös von zwei Acres dem gesamten Landpreis entsprach, der Rest dann den Heimstätter nach fünf Jahren zum reichen Gutsbesitzer machte. Von Wolkenbrüchen, Heuschreckenplagen, Sand- und Staubstürmen, Dürreperioden, Präriebränden und von Indianern war keine Rede.

Wie sehr sich auch auf diesem Felde die Interessen von Staat und Kapital trafen (eigentlich wiederum identisch waren), zeigte sich daran, daß die US-Regierung mit Cookes Werbung in Europa eng zusammenarbeitete: Der amerikanische Westen benötigte dringend Siedler, der Staat neue Bürger. Er hatte nicht großzügig Land verschenkt, um einige Reiche noch reicher zu machen, sondern um einen harten, soliden Stamm von Bauern im Westen anzusiedeln. Die nordeuropäischen Botschafter schilderten die Deutschen, Skandinavier, Engländer, Dänen, Holländer, Belgier, Schweizer und Russen als intelligente, fleißige, beharrliche, saubere, ordentliche, moralische, maßvolle, sparsame und friedliche Menschen. Die amerikanischen Botschaften Nordeuropas wurden praktisch zu Werbeagenturen für Jay Cookes Northern Pacific (und nicht nur für diese), die kostenlos funktionierten. So lieferte die Regierung Cooke nicht nur das Land, sondern sie vermittelte auch noch die zahlenden Kunden und Käufer dazu. Zunächst standen die europäischen Regierungen der Abwerbung ihrer traditionell verarmten Industriearbeiter und Bauern tolerant gegenüber. Als aber die Emigration so enorme Ausmaße annahm und bald evident wurde, daß ausgerechnet die qualifiziertesten Bürger ihrer Länder zu den Überseehäfen drängten, begann man, solchen Fachkräften die Ausreise zu verweigern und renitente, arbeitsscheue und kriminelle Leute abzuschieben, so daß man in Washington den Eindruck »unfreundlicher Handlungen« erhielt.

Die Korrumpierung des Kongresses erreichte um diese Zeit einen absoluten Höhepunkt: »Allein Collis Huntington [Central Pacific] verteilte während jeder Session des Kongresses zwischen zweihunderttausend und fünfhunderttausend Dollar [Schmiergelder]. Ein jährlicher Abgeordneter, Job E. Stevenson von Ohio, der sich der Korruption dieser Parlamentsarbeit erinnerte, sagte: ›Das Repräsentantenhaus war etwas wie eine Auktionshalle, wo unter dem Hammer des Speakers über wertvollere Vergütungen verfügt wurden als an irgendeiner anderen Stelle auf Erden.‹«[45]

Der Credit-Mobilier-Skandal hatte nur die winzige Spitze eines Eisbergs sichtbar werden lassen, und sicherlich konzentrierte sich das überlaute Geschrei vieler Parlamentarier und

Regierungsbeamter auf den öffentlichen Sündenbock, Dr. Durant von der UPRR, nur, um von sich selber abzulenken. Aber schon diese kleine Eisbergspitze machte sichtbar, daß selbst der Vizepräsident Schuyler Colfax, der zukünftige Präsidentschaftskandidat James G. Blaine, der zukünftige Präsident James A. Grafield und der augenblickliche Präsident Ulysses S. Grant Bestechungsgeldern nicht abgeneigt waren. Der durch eine korrupte Bürokratie, draufgängerisches Profitstreben und skrupellose Praktiken aufgestaute Volkszorn der Masse der kleinen Leute, denen der Erfolg nur durch die Anspannung aller Kräfte beschieden war und die – im Osten wie im Westen – erfahren hatten, daß Errungenes und Erschaffenes vor Wölfen leichter zu bewahren war als vor der hemmungslosen Habgier der Besitzenden, stand nahe vor der Explosion.

In diesem Klima hysterischer Emotionen, in dem Goldrausch, Rinder-Boom, Eisenbahnfieber und Rittergut-Träume den Stolz und Besitzhunger der Massen beflügelten, in dem Berichte von Wildnistragödien und Indianermassakern dem Aufbruch ins neue Zeitalter den Charakter eines permanenten Wettkampfs um Kopf und Kragen verlieh, war die Frage nach den Wenigen, die tatsächlich den großen Profit einstrichen, zu einer höchst brisanten Frage geworden.

Die Vaterfigur Abraham Lincoln war ermordet, sein korrupter Nachfolger Andrew Johnson im Impeachment-Verfahren nur mit einer einzigen Stimme der Verurteilung entgangen. So bot sich dem Volk die Präsidentschaft in solchem Zwielicht dar, daß man bei der Wahl des Bürgerkriegs-Helden Grant schon dankbar dafür war, daß er eine saubere Weste hatte. Im Zivilleben ein Mathematik liebender, bäuerlicher Versager, war Ulysses S. Grant im Bürgerkrieg zum meistgefeierten General geworden. Er haßte das Geräusch von Trommeln und Krieg, verstand nichts von Politik und dachte melancholisch über Sinn und Unsinn von Erfolg nach. Er ließ sich zum Präsidenten wählen und wußte, daß er außer Redlichkeit nichts anzubieten hatte. Er entwarf das Konzept einer nach ihm benannten »Friedenspolitik« im Umgang mit den Indianern, entfernte die von Lincoln als Indianer-Agenten berufenen Parteimänner und ersetzte sie durch ihm neutral erscheinende Vertreter der Kirchen, hauptsächlich durch Quäker. Unter seinem friedfertigen Desinteresse entwickelte das BIA, das die Indianer in zwei Kategorien – in friedlich gesinnte und feindliche – einteilte, eine Neuauflage des Reservations-Systems. Friedlich gesinnte Indianer waren solche, die sich widerspruchslos als Mündel behandeln ließen, sich in für sie bestimmte Reservationen begaben, auf Selbsterhaltung durch herkömmliche freie Jagd verzichteten, das Gebiet der Reservation nur mit Sondererlaubnis verließen und durch Regierungslieferungen von Bedarfsgütern und Lebensmitteln an bestimmten Agentur-Ausgabestellen unterhalten wurden. Als feindliche Indianer galten solche, die sich nicht als befehlsgebundene Mündel behandeln ließen und – auch innerhalb von garantierten Reservations-Großräumen – nicht auf Selbsterhaltung durch freie Jagd verzichten wollten.

Zunächst sollte feindlichen, besser gesagt: renitenten Indianern nur der Genuß der Regierungsalmosen vorenthalten werden, um sie schließlich durch akuten Mangel auf »friedliche« Art zum Einlenken zu zwingen. Dann aber gelang es »Hofschranzen« des Weißen Hauses, Grant zur Unterzeichnung einer gesetzlich sanktionierten Präventivmaßnahme zu bewegen: Wenn alle friedlichen Mittel erfolglos waren, sollte im äußersten Falle auch Gewalt angewendet werden können, um Indianer an die Schöpfkellen der Agentur-Gettos zu bringen. Damit aber hatte sich die alte Ausrottungspolitik durch die Hintertür wieder ins Grant'sche Friedenskonzept hineingeschlichen.

Hatten die Spekulanten um Indianergüter, -geld und -land zuerst Untergangsvisionen, so beruhigte sie die »Gewaltanwendungs-Verordnung« wieder; denn wo sich die Interessen von Westerners, Indianer-Vertragshändlern, Eisenbahnern, Schiffseignern, Bankiers, ehrlichen und unehrlichen Politikern, ja sogar die der Kirchen gemeinsam trafen, waren Vorwände für Gewaltanwendung allemal verfügbar. Stimmen für eine faire Behandlung der Prärieindianer-Stämme waren zwar vorhanden, aber hauptsächlich auf Poeten, Journalisten, Kirchen, Frauenvereine, Tierfreunde, Philosophen, Geisteswissenschaftler und Idealisten beschränkt, also – wie es die hemdsärmeligen Tatmenschen der Epoche sahen – auf weltfremde Träumer. Das Grollen dieser Indianerfreunde ertrug man mit Fassung, solange ihre beschwörenden Appelle mehr oder weniger internen Seancecharakter behielten und im allgemeinen Getöse dieser komplexen chaotischen Gesellschaft verhallten. Man dachte nicht im entferntesten daran, daß sich der allgemeine Volksunmut über Korruption und Profitaggression einmal an eben diesem Indianerproblem entzünden und damit die politische und ökonomische Struktur dieser Ellenbogen-Gesellschaft ernstlich gefährden könnte.

Der Bau des Northern-Pacific-Schienenstrangs von Duluth zum Missouri ging zügig voran. Die Strecke war sorgfältig vermessen. Sie verlief durch ehemaliges Santee-, Sisseton- und Wahpeton-Sioux-Gebiet. Diese Stämme befanden sich in den Reservations-Gettos der Regierung, und nur kleine Gruppen von jugendlichen Hitzköpfen bereiteten hin und wieder Schwierigkeiten, mit denen die bewaffneten Schwellenleger-Kolonnen aber jeweils rasch und gründlich fertig wurden. Die Strecke jenseits des großen Reservationsgebietes, das die Sioux-Stämme der Plains bewohnten, bis zum Pudget Sound war ebenfalls vermessen. Indianerschwierigkeiten standen hier nicht ins Haus. Lediglich das Gebiet innerhalb des Großen Missouri-Bogens war auf den Karten der Gesellschaft bisher weiß geblieben.

Der grob geplante Verlauf des NPRR-Schienenstrangs durch Sioux-Land berührte hauptsächlich die Stämme der Hunkpapas, Minniconjous, Sans Arcs, Two Kettles und der nördlichen Oglalas, also die Interessen des größten Teils von etwa sechzigtausend Sioux. Daß der berühmte Hunkpapa-Oberhäuptling Sitting Bull Vermessungsversuche bereits 1869 abgeblockt hatte, bedeutete für die NPRR kein nennenswertes Handicap, denn man rechnete fest damit, daß die zweihundertjährige Strategie der Regierung auch hier reibungslos funktionieren würde. Die »Friedenspolitik« des 1869 gewählten Präsidenten Grant betrachtete man als eine bedeutungslose Variante, eine zweckentsprechende Maßnahme, mehr als außenpolitisches Alibi denn als praktizierbar erachtet. Man hatte in den Augen der Welt gerade erst für die Freiheit der Sklaven Dollars, Blut und Leben geopfert und nun eine vorbildliche Indianerpolitik verkündet, die von den amerikanischen Auslandsvertretungen in der Welt wie ein Markenzeichen freiheitlich-demokratischen Gesinnungsfortschritts von Bankett zu Bankett getragen wurde. Die Indianerfreunde in den USA besaßen in Europa ein williges Auditorium, und die europäischen Fürstenhäuser zogen die Anklagen amerikanischer Indianerfreunde nur zu gern als Vergleich heran, wenn man direkt oder indirekt auf ihre rüd-brachiale Kolonialpolitik in Afrika, Südamerika und Asien hinwies. Sie brauchten Argumente, um ihren qualifizierten Industriearbeitern die Auswanderung zu verleiden, und hielten dem Gespenst sozialdemokratischer Bewegungen die Exorzitien eines hemdsärmeligen Kapitalismus entgegen.

Die Erinnerung an die zivilisierten atlantischen Indianernationen war inzwischen sowohl in Europa wie in Amerika vollkommen verdrängt und verschüttet, denn hier war die Verhaltensweise des europäischen Kolonialismus und der amerikanischen Demokratie identisch gewesen. Der Typus des Prärieindianers hingegen stellte sich als uramerikanisches Problem dar, an dem man Exemplarisches entdecken konnte, ohne eigene Peinlichkeiten verbergen zu müssen.

Der Zeitplan der Northern Pacific sah vor, daß gegen Ende 1872 das Ostufer des Missouri erreicht würde und anschließend zügig von Bismarck an Fort Abraham Lincoln vorbei (das Bismarck gegenüber auf der Westseite des Missouri lag) gebaut wurde, quer durch das Sioux-Gebiet über den Little Missouri zum Yellowstone River und an dessen südlichem Ufer über den Powder, Tongue und Big Horn River nach Westen durch die Rocky Mountains auf Helena zu. Nur durch zügigen Fortgang der Bauarbeiten war der vom Kongreß gesetzte Fertigstellungstermin einzuhalten. Viel entscheidender aber war, daß vom planmäßigen Weiterbau die gesamte Kapitaldeckung abhing, denn die Landschenkungen der Regierung traten erst mit jeder fertiggestellten Meile in Kraft. Der Landparzellenverkauf wurde nämlich folgendermaßen abgewickelt: Landkäufer zahlten den Kaufpreis für ein bestimmtes Stück Northern-Pacific-Land. Sie erhielten für diesen Betrag NPRR-Aktien im Nennwert mit einer Verzinsung von 7,3 Prozent. Sobald der Schienenstrang innerhalb einer Doppelsektion fertiggestellt war, gaben die betreffenden Käufer ihre Aktien zurück, die Landschenkung wurde rechtskräftig und die Käufer erhielten ihre Eigentumsurkunden. Wie bei der Union/Central Pacific, so würde auch bei der NPRR die Inbesitznahme des Eisenbahnsiedlungsgebietes um etwa zwei bis drei Monate hinter dem Eisenbahnbau hergezogen.

Fristgerechter etappenweiser Bahnbau bedeutete für das Bankhaus Jay Cooke, daß die meisten dieser Aktien zum Landerwerb innerhalb von vier bis acht Monaten wieder zurückgegeben wurden, bevor die Dividenden fällig waren. Das hatte für Cooke einen zusätzlichen Gewinn zur Folge. Fristgerechter Bahnbau war also für ihn eine elementare Voraussetzung für sein Geschäft mit der Northern Pacific. Und dieses Geschäft war ein mimosenhaft empfindliches: Immer wieder neue Käufer von Land und Aktien waren nur zu gewinnen, wenn die propagandistisch geschaffene Hochstimmung und Überzeugung, daß mit NPRR-Aktien hohe Dividendengewinne und mit NPRR-Land hohe Erträge zu erzielen waren, anhielt. Erschütterungen dieser Überzeugung waren nur schwer auszugleichen. Deshalb war Cooke gezwungen, immer weitere Gelder in positive Berichte, Reportagen und Börsengerüchte zu investieren, immer weitere Aktien als Schmiergelder exponierten Persönlichkeiten zu geben, damit auch diese ein Interesse daran hatten, die Kurse hochzuhalten.

Die große stählerne Eisenbahnbrücke über den Missouri bei Bismarck war 1870 in der Planung und statischen Berechnung fix und fertig und erschien bereits als technisches Wunderwerk in Lithographien und auf Plakaten. Die Northern Pacific rühmte sich, die »erste Bahnlinie der Welt mit Speise-, Salon- und Schlafwagen« zu sein.

Um den knappen Zeitplan einhalten zu können, begann die NPRR von drei Stellen aus gleichzeitig zu bauen: von Duluth am Oberen See in Richtung Westen zum Missouri, vom Missouri in Richtung Duluth, vom Pudget Sound am Pazifik in Richtung Osten, speziell nach Helena in Montana. Von Duluth aus nach Westen schaffte die Eisenbahn selbst ihren Nachschub heran, ebenfalls vom Pudget Sound, aber das ganze Material (Schwellen, Schienen, Eisenteile, Lokomotiven, Wagen, etc.), das für den Bahnbau vom Missouri nach dem Osten gebraucht wurde, mußte mit Dampfschiffen flußaufwärts transportiert werden. Jay Cooke nutzte die Rivalität zwischen der Coulson- und der Kountz-Linie und die persönliche Feindschaft ihrer Eigentümer, um »Commodore« William J. Kountz besondere Frachtraten-Zugeständnisse zu entlocken: Er zeigte Kountz eine Karte über den voraussichtlichen Verlauf des NPRR-Schienenwegs, der ein großes Stück am Ufer des Yellowstone River entlang durch Sioux-Gebiet verlief, und stellte ihm die exklusiven Landerechte für dieses Gebiet in Aussicht. Der Northern Pacific gehörte nämlich dort, wo der Schienenstrang durchs Yellowstone-Tal verlief, beide Ufer als Privateigentum. Die Bahn konnte demnach der einen Dampfschiffahrts-Gesellschaft das Anlegen erlauben, der anderen verbieten. Solche Exklusiv-Landerechte hatte es auf dem Missouri – wie auf den anderen Flüssen – niemals gegeben, denn dies hätte bedeutet, einem Schiffahrtsunternehmen für einen bestimmten Abschnitt ein absolutes Monopol zu sichern. Demgemäß zögerte Kountz nicht, ging auf alle Bedingungen Cookes ein und sah sich bereits nach sechs neuen Spezialdampfern mit geringerem Tiefgang um, mit denen er seine neue »Yellowstone Steamship Company« begründen wollte.

In diesem Zusammenhang muß noch ein anderer Punkt Erwähnung finden: Seit Präsident Ulysses S. Grant – populär »US-Grant« genannt – mit seinem Einzug ins Weiße Haus 1869 seine »Friedenspolitik« verkündet, das Innenministerium mit Sympathisanten eben dieser Politik besetzt und das dem Innenministerium angeschlossene »Bureau of Indian Affairs« praktisch dem dominierenden Einfluß neuenglischer Indianerfreunde überlassen hatte, die wiederum religiöse Eiferer der verschiedensten Kirchen als Indianeragenten beriefen, hatte sich der Gegensatz zwischen Innen- und Kriegsministerium zur offenen Feindschaft entwickelt. Die Administrationen zweier feindlicher Staaten hätten sich nicht haßvoller angiften können. Hier spielten auf der Seite des Kriegsministeriums und der Armeeführung Frustrationen mit, die unmittelbar nach dem Bürgerkrieg entstanden waren: So überschwenglich nach dem errungenen Sieg das Kriegsministerium und die Armee von der Öffentlichkeit gefeiert wurden, so enthusiastisch diese Verehrung war, so unvermittelt richtete sich das Augenmerk derselben Öffentlichkeit kurz darauf auf die gewinnversprechende Aufgabe der Erschließung des Landes im Westen. Noch keine zwei Jahre waren vergangen, als sich das öffentliche Bewußtsein eines völlig anderen Problems annahm: Die Stimmen häuften sich, die das Verhalten von Offizieren und Soldaten kritisierten – und das nicht ohne Grund: Nach dem Kriege, der eine Unmasse Generäle und hoher Offiziere hervorgebracht hatte, wurden alle Reserve-Einheiten demobilisiert, und nur eine Armee in Friedensstärke (knapp 40000 Mann) blieb erhalten. Für diese »Schrumpfarmee« aber wurden erheblich weniger Offiziere benötigt. Wer also als Berufssoldat weiterhin in der Armee bleiben wollte, mußte eine schmerzliche Zurückstufung von Rang und Sold in Kauf nehmen. Aus einem hochdekorierten Bürgerkriegs-General konnte ein Oberst, Major, Hauptmann, ja sogar ein Leutnant werden. Hieraus ergaben sich groteske Konstellationen, zum Beispiel dienten in einem einzigen Infanterie-Regiment 18 ehemalige Generäle, 26 ehemalige Obersten und Oberstleutnants als Majore, Hauptleute und Leutnants. Der hochdekorierte Brigadegeneral George Armstrong Custer, der eine Armee befehligt hatte, konnte nur als Lieutenant Colonel (Oberstleutnant) im 7. Kavallerie-Regiment untergebracht werden, wo er vom Regimentskommandeur, einem Oberst, Befehle entgegenzunehmen hatte.

So waren die Armee-Offiziere, was ihr öffentliches Ansehen, was ihren augenblicklichen Rang – und damit auch Sold – betraf, aufs höchste frustriert, Eifersüchteleien und persönliche Feindseligkeiten an der Tagesordnung. Einer mißgönnte dem anderen den höheren Rang und versuchte – hauptsächlich im Westen –, den ehemals gleichrangigen, jetzt aber vorgesetzten Soldaten durch eigenmächtige Aktionen in den Schatten zu stellen und seine persönliche Qualifikation zu beweisen.

Die neue US-Armee war mit jener vor dem Bürgerkrieg überhaupt nicht mehr zu vergleichen: Berufssoldaten hatten im Bürgerkrieg rasch die höchsten Unteroffiziersränge erreicht und waren nun nicht mehr bereit, als kleine Korporale den Kumpanen von gestern zu gehorchen. Sie verließen die Armee. Nur die Älteren, die sich von einem freien Leben und freiem Risiko nichts mehr versprachen, blieben. Die Armee bot einem nicht viel mehr als dreizehn Dollar Sold im Monat (bei freier Kost), extreme klimatische Bedingungen, Einsamkeit und Strapazen waren zu ertragen, während im Westen ein Hexentanz um Profit und Besitz stattfand. Für Soldaten gab es keine unbegrenzten Möglichkeiten, keine außergewöhnlichen Chancen, nicht diesen Rauschzustand im Bewußtsein ungezügelter Freiheit. So geschah es, daß die Armee zur Zwischenstation für Heruntergekommene und Flüchtende, für familienlose Einwanderer wurde: Die Reise zum Westen kostete Geld. Alleinstehende und mittellose Einwanderer – zumeist Deutsche und Iren – meldeten sich zum Wehrdienst, um dann im Westen die erste beste Gelegenheit abzuwarten, einen »lebenslangen Urlaub« anzutreten. Trunkenbolde und flüchtige Familienväter, gesuchte Kriminelle, Gescheiterte und Erfolglose suchten in der Armee Schutz, Versteck und Anonymität. Da waren ausgebrochene Strafgefangene, geflohene Untersuchungshäftlinge und Angeklagte, Männer, die Frau und Kinder mitsamt einem Berg Schulden zurückließen, die »Schneevögel«, die nur einen Winter lang ein warmes Unterkommen, dann aber das Weite suchten. Da gab es die »Handgeld-Angler«, die nach dem Motto »Heute anwerben lassen, morgen desertieren« nur die Rekrutierungsprämie kassierten. (Sie kosteten die Regierung in acht Jahren mehr als eine halbe Million Dollar.) Da waren die jugendlichen Heißsporne, die von Heldentaten träumten und nach Monaten voll zermürbender Einsamkeit, Strapazen und drakoni-

Monats-Sold in der US-Armee um 1880

I. Mannschafts-Dienstgrade

	1. Jahr	2. Jahr	3. Jahr	4. Jahr	5. Jahr
Private	13	13	14	15	16
Trumpeter	13	13	14	15	16
Corporal	15	15	16	17	18
Sergeant	22	22	23	24	25
Sergeant Major	23	23	24	25	26

II. Offiziere

		nach 5	10	15	20	Jahren
2. Lieutenant	125	137,50	150	162,50	175	+ 1 Zimmer
1. Lieutenant	133,33	146,67	160	173,33	186,67	+ 2 Zimmer
Captain	166,67	183,33	200	216,67	233,33	+ 3 Zimmer
Major	208,33	229,17	250	270,83	291,67	+ 4 Zimmer
Lt. Colonel	250	275	300	325	333,33	+ 5 Zimmer
Colonel	291,67	320,83	350	375	375	+ 6 Zimmer

Alle Offiziere erhielten monatliches »Wohngeld« von 12 Dollar pro zugestandenem Zimmer, freies Brennmaterial, Licht, und Futter für 2 Pferde.

Offiziere mußten den schuldhaften Verlust (oder die Beschädigung) von US-Eigentum ersetzen. Beispiel: Ein Batterie-Kommandeur versuchte bis an sein Lebensende zu beweisen, daß der Verlust von einer Kanone und sechs Pferden nicht seine Schuld war. Sein Sohn versuchte es ebenfalls vergeblich, und dessen Sohn endlich gelang es, nachdem er drei Truhen voller Akten hatte, den Fall auf dem »Gnadenwege« abzuschließen!

Die Soldaten wurden im Alter von 64 Jahren oder nach 30 Dienstjahren pensioniert.

schen Strafen Selbstmord begingen. Da waren die pathologischen Schlägertypen aus Union und Konföderation, die befehlen und schinden wollten, und die an Kadavergehorsam gewöhnten Europäer, die in der Armee ein geordnetes Leben suchten.

Es war eine Armee, in der ein buntes Nationalitätengemisch herrschte und die mehr der Fremdenlegion glich. Die langhaarigen, bärtigen Soldaten ähnelten in ihren Uniformen eher Guerilleros als ordentlichen Truppen. Sie nannten sich selbst »Uncle Sams verlorener Haufen«, in ihre Gefangenschaft zu geraten war oft gleichbedeutend mit dem Tod. Diese Männergesellschaft befand sich in permanentem sexuellen Notstand, in der Sodomie und Homosexualität zur Regel, das »Verschlingen« von Indianerinnen zur Ausnahme, der Besuch teurer Grenzbordelle zum Traum gehörte. Diese Soldaten verfielen wegen der geringfügigsten Anlässe in brutale Raserei, zerfetzten sich die Gesichter mit ihrer »drinking jewelry« (Ringe aus gebogenen Hufnägeln, bei denen die schweren Köpfe vorstanden), brachten sich gegenseitig um und desertierten so häufig, daß z.B. Custers 7. Kavallerie-Regiment zeitweise eine Desertionsrate von 40 Prozent verzeichnete! An dieser US-Armee im Westen war wenig Menschenfreundliches, noch weniger Beneidenswertes. Man brauchte sie, man setzte Erwartungen in sie, aber ihre Soldaten verachtete man.

Je weniger die Mitglieder dieser Armee an der allgemeinen Prosperität teilnahmen, je mehr sie von der Jagd nach Besitz und Reichtum ausgeschlossen blieben, um so mehr suchten sie Glück in Schlachtenruhm und Anerkennung statt Besitz, Genugtuung im Dreinschlagen. So boten sich die Indianer als einzige Möglichkeit dar, ihre verschiedenartigsten Bedürfnisse zu befriedigen. Manche Armeeoffiziere nutzten die spärlichen Gelegenheiten, das militärische Prestige aufzubessern, den kargen Sold aufzufrischen oder ihrer Leidenschaft für Frauen nachzugehen. Zu ihnen gehörte auch George A. Custer. Im allgemeinen aber hielten sich die amerikanischen Offiziere an jene Spielregeln, die allem Kommiß auf Erden gemeinsam sind. Sie besaßen im Indianer ein klassisches Feindbild, das Frauen und Kinder einschloß. Nach dieser Vorstellung hatte der Feind entweder zu kämpfen und zu sterben, oder er war Gefangener und hatte zu parieren. Zivilcourage und Verantwortung für eigenes Tun waren nicht gerade die hervorstechendsten Eigenschaften dieser Männer.

Nun sollten also plötzlich besiegte und gefangene Indianer den Zivilisten des Innenministeriums unterstehen. Da die Armee die Indianer bekämpfte und hierbei Verluste erlitt, hatte sie keinerlei Verständnis dafür. Sie verlangte, daß das BIA dem Kriegsministerium angeschlossen wurde. Die ganzen Denkschemata der uniformierten Strategen kreisten nur um den Begriff Gewalt, mit der sie alle Probleme zu lösen gedachten. Die Friedensverträge betrachteten sie als durchaus legitime Kriegslist. Wenn der Feind darauf hereinfiel, hatte er es nicht besser verdient. (Es ist in der Tat ein Phänomen, daß Indianer nahezu 300 Jahre lang immer wieder solche Verträge abschlossen und glaubten, daß sie eingehalten würden.) Solange sich Strategie und Politik von Kriegsministerium und Innenminsterium im Gleichklang befanden – und das war bis zu Grants Friedenspolitik stets der Fall gewesen –, funktionierte diese Ausrottungspolitik. Aber nun, da in den nördlichen Atlantikstaaten die Verkünder der »Gerechtigkeit für Indianer« eben durch Grants Politik immer mehr an Boden gewannen, da der Sioux-Aufstand von 1862 nach der Aufdeckung der ungeheuren Korruption der Agenten, der Grausamkeit der Armee und der Profitinteressen im Kriegsministerium in neuem Licht erschien und man viele leitende US-Militärs wegen des Sand-Creek-Massakers des hinterhältig-feigen Abschlachtens von wehrlosen Frauen und Kindern bezichtigte, hatte die Armee Mühe, sich vor der öffentlichen Meinung zu rechtfertigen.

Die Feldzüge gegen Kiowas, Comanchen, südliche Cheyennes und Arapahoes in den südlichen Plains, die sich gegen das systematische Büffelschlachten zur Wehr setzten, hatten die üblichen »Fortschritte« in der Ausrottung gebracht: Die Besiedlungsgrenzen schoben sich konzentrisch von allen Seiten in die Plains hinein, die Stämme wurden in einem Feldzug nach dem andern geschlagen, immer mehr dezimiert und zu immer neuen Friedensverträgen gezwungen. So blieben die Interessen der Siedler, Büffeljäger und Eisenbahn-Gesellschaften in Kansas, der Rinderherdentreck-Veranstalter in den Plains, der Viehaufkäufer der fleischverarbeitenden Industrie, der Bergwerks-Gesellschaften Colorados und der Rinderzüchter in Texas und Neu-Mexiko sowie der Indianeragenten in Oklahoma gewahrt. Trotz zahlreicher Friedensverträge, die den Indianern Lebensraum garantierten, gewährleistete die Armee ungehinderte Entwicklungsmöglichkeiten. Dies war um so einfacher, da nicht nur die zivilen und uniformierten Amerikaner stets auf die gleiche Weise vorgingen, sondern auch die Indianer: indem sie sich gegen jeden Bruch der ihnen gemachten Zusagen kriegerisch zur Wehr setzten! Angesichts der ermordeten amerikanischen Bauern und ihrer Frauen und Kinder aber wurden die Indianerfreunde im Osten immer kleinlauter. Wo sich Widerstände gegen die Aktionen der Armee regten, wurde dagegen argumentiert, daß diese immer nur zum Schutz des Lebens amerikanischer Bürger auf den Plan trete.

Die Indianerstämme der südlichen Plains konnten nicht wissen, daß die Macht der US-Armee zu paralysieren war: allerdings nicht mit Waffengewalt, sondern auf dem Felde der Diplomatie und Öffentlichkeitsarbeit. Sie wußten nicht, daß der amerikanische Nationalcharakter neben den bekannten Eigenschaften – Habgier und Aggression – auch eine andere Seite besaß, die immer dann zum Vorschein kam, wenn man direkt vom Run nach Geld und Reichtum ausgeschlossen war: nämlich Sentimentalität. Sie ahnten nicht, daß ein erheblicher Teil der Amerikaner aus den Atlantikstaaten das selbst begangene Unrecht beklagte und etwas an den Indianern, denen nun von den Westerners gleiches Unrecht geschah, wiedergutmachen wollte. Sie konnten nicht ahnen, daß sie selbst den Einfluß dieser gewichtigen Fürsprecher ihrer Belange immer wieder durch Überfälle auf amerikanische Pioniere – und mochten diese noch so gerechtfertigt sein – minderten. Es fehlte in den südlichen Regionen nicht an Amerikanern, die den Indianern gute Ratschläge im Umgang mit Armee und Behörden gaben (z.B. in den »Staked Plains« der Texas-Rancher Charles Goodnight, der dem Quahadi-Häuptling Quannah Parker zu Vortragsreisen in den Atlantikstaaten riet), aber die Indianer waren nicht in der Lage, sich hierunter irgend etwas Erfolgversprechendes vorstellen zu können.

Deshalb gingen Armeeführung, kapitalkräftige Investoren und Westerners ganz einfach davon aus, daß nach jedem neu geschlossenen Friedensvertrag und neu garantierten Lebensräumen für die Indianer das »Ausrottungskarussell« nahezu automatisch wieder in Gang käme. Die Initiative der ersten eklatanten Vertragsbrüche übernahmen erfahrungsgemäß Siedler, Heimstätter, Westwanderer, Goldsucher, Rancher, Büffeljäger und Eisenbahnbauer. Die Armee hielt sich – sozusagen abrufbereit – im Hintergrund und wartete – auf Mord, Brand und öffentliches Lamento. Wenn dieses Lamento einen bestimmten Umfang erreicht hatte, griff sie ein: Hierzu hatte General Philip

Sheridan in den südlichen Plains inzwischen eine probate Taktik entwickelt: Indianer führten größere Kriegszüge meist im Sommer, weil dann ihr ganzer Stammestroß beweglich war und in ihre Strategie miteinbezogen werden konnte. Im Winter kämpften sie in der Regel nicht, weil Kälte, Eis und Schnee keine Bewegung der Frauen, Kinder und Alten, der Pferde, Rudel und Wintervorräte erlaubten. Dies war der schwache Punkt, den Sheridan erkannt hatte: Seine Armee war im Winter beweglich wie zu jeder Jahreszeit. Er griff die schwach verteidigten Zeltdörfer an, brannte Zelte, Geräte, Waffen, Vorräte nieder, erschoß alle Pferde und jagte die nun wehr- und hilflosen Indianer zu Paaren. Nach diesem seit nahezu 300 Jahren funktionierenden Schema wären Anfang 1870 die ersten »Massaker« an Amerikanern innerhalb des garantierten Gebiets der Sioux fällig gewesen.

Doch es geschah ganz und gar Ungewöhnliches, mit dem niemand rechnen konnte: Der kriegerische Sitting Bull erschien vor der ersten Northern-Pacific-Landvermessergruppe mit furchteinflößender Übermacht, palaverte freundlich und sprach ernstgemeinte Warnungen aus. Die Brulés unter Spotted Tail verhielten sich ruhig, die Oglalas unter Red Cloud jagten an den Grenzen ihres Gebiets den Büffel. Die Minniconjous, Sans Arcs und Two Kettles, die Yanktonnais und Sissetons verhielten sich abwartend und orientierten sich an den großen Stämmen der Hunkpapas, Brulés und Oglalas.

Amerikanische Büffeljäger wurden ohne Kampf nach Süden verwiesen, Treibherdenbosse entweder zu Umwegen oder »Transitgebühren« gezwungen. Das offizielle Armee-Register, in dem alle, selbst die kleinsten und bedeutungslosesten Gewalttätigkeiten zwischen Amerikanern und Indianern mit peinlicher Genauigkeit aufgeführt sind[46], verzeichnet 1869 insgesamt 53 Zwischenfälle mit zahlreichen Toten auf beiden Seiten, aber alle in Kansas, Neu-Mexiko, Nordwest-Texas und Oklahoma. Nicht ein einziger Zwischenfall ereignete sich mit Sioux. Auch für die Jahre 1870 und 1871 sind keine Zwischenfälle mit Sioux vermerkt. Die Armee war nämlich verpflichtet, allen Gerüchten über Indianerübergriffe, sowohl innerhalb wie außerhalb des 1868 garantierten Gebiets, nachzugehen, selbst solchen, bei denen kein Blut geflossen war.

Dennoch berichtet der ›Grapevine Telegraph‹ von Kriegsvorbereitungen der Sioux in Dakota, Wyoming und Montana, von aufputschenden Skalptänzen, finsteren Massakerdrohungen und von weißen Frauen, die die Sioux von anderen Stämmen gekauft hätten und jetzt langsam zu Tode quälten. In den Zeitungsspalten erschienen Berichte über geheimnisvoll verschwundene, »verlorene« Wagentrecks, über Anzeichen, die auf eine Ansammlung riesiger Sioux-Armeen hindeuteten. Niemand konnte jedoch Zeugen nennen für solche Vorkommnisse, nirgends sah man verbrannte Wagen und Häuser. Man sprach von undefinierbaren, gespenstischen Vorzeichen, der Ruhe vor dem Sturm. Die emsigen Phantastereien der Journalisten hatten einen noch größeren Erfolg als Gerüchte über Mord und Brand. Bald galt es schon als verwegen, überhaupt in die Nähe der Sioux-Grenze zu kommen. Furcht breitete sich aus, und mit der Furcht Zorn.

Im Winter 1869/70 wurde in Wyoming die »Big Horn Mining Association« gegründet. Große Geschäftsleute aus Cheyenne hatten an die Bevölkerung appelliert, eine bewaffnete Expedition in die Big-Horn-Berge zu unternehmen. Dort seien ebenso reichhaltige Goldvorkommen zu finden, wie Montana sie habe. Diese Berichte hatten zwei Ursachen: erstens war die Bevölkerung von Wyoming neidisch auf das Gold des Nachbarterritoriums Montana. Und außer den immensen Goldvorkommen war es auch die Arroganz, mit der man dem armen Wyoming gegenübertrat. Deshalb wandte man sich an die Bevölkerung von Omaha und Chicago und versprach riesigen Profit durch die Ergebnisse der Expedition, deren Mitglieder – selbstverständlich – Anspruch darauf haben sollten, sich die besten Claims der Big-Horn-Goldfelder zu sichern. Vier Kompanien von je 80 Männern sollten gebildet werden. Jeder Teilnehmer zahlte 65 Dollar in einen Fundus ein und brachte sein eigenes Pferd, Bewaffnung und Munition mit. Mit der eingezahlten Summe sollten Wagen, Gespanne, Schürfausrüstung und ein erfahrener Landvermesser bezahlt werden.

Der zweite elementare Grund dieser Unternehmung offenbarte sich in den Reden der Veranstalter, die sich klar darüber sein mußten, daß die Expedition einen der größten Indianerkriege Amerikas verursachen konnte. Man sonnte sich in der Bewunderung und dem Respekt, den man ihrem tollkühnen Mut entgegenbrachte. Der ›Cheyenne Daily Leader‹ vom 3. 3. 1870 schrieb: »Die Indianer müssen entweder weichen, oder in der ständig näherkommenden und ständig größer werdenden Flut der Besiedlung untergehen [...] Das Schicksal der Eingeborenen trägt Zeichen, die nicht mißverstanden werden können. Derselbe unergründliche Schiedsrichter, der den Untergang Roms verfügte, hat dem roten Mann Amerikas das Los der Ausrottung zugedacht. Der Versuch, in einem rührseligen Sentimentalismus dieses Ergebnis zu Gunsten der Wilden aufzuschieben, ist des Geistes unseres Zeitalters nicht würdig.«

Der ›Cheyenne Daily Leader‹, der die Männer im Westen »unangefochtene Pioniere« nannte, deren Mut, Energie, Opfer und Leistungen die Existenz der Regierung überhaupt erst ermöglicht habe, widersetzte sich dieser Regierung und forderte sie heraus, doch zu versuchen, diese Expedition und die ihr unvermeidlich nachfolgende Besetzung von Indianergebiet zu verhindern. Er unterstützte die Auffassung, die damals die meisten Pioniere immer wieder für sich in Anspruch nahmen: die wirklich wahren Souveräne zu sein, deren zeitweise gewählte Diener, die die Regierung bildeten, nichts, aber auch absolut nichts anderes zu erfüllen hätten, als ihren Willen.

Wie sich die Pioniere das Recht nahmen, »Vigilanzkomitees« zu bilden, wenn ihrer Meinung nach die gewählten Diener des Rechts versagten oder korrupt waren, so nahmen sie sich ebenfalls das Recht, das zu tun, was ihrer Mehrheit beliebte, denn sie sahen sich als die Herrschaft und die Administratoren als ihre Bediensteten an. Offensichtlich schlug der ›Cheyenne Daily Leader‹ solch starke »volksautoritäre« Töne an, weil er erwartete, daß Armee, Kriegsministerium und Innenministerium diesen eklatanten Bruch des Friedensvertrages von 1868 auf das heftigste verbieten und verhindern würden. Aber der Oberkommandierende Sherman teilte dem Obersten Richter des Territorium Wyoming, J. H. Howe, am 21. 3. lediglich mit, daß Präsident Grant gegen die Expedition nichts einzuwenden, sondern lediglich angeordnet habe, daß die US-Armee Sioux-Gebiet nicht betreten dürfe, die Goldsucherexpedition also auf sich allein gestellt wäre. Der General abschließend zum Oberrichter: »Bevor die Goldsucher zurückkehren, werden sie gegen die Sioux zu kämpfen haben, trotz aller Vorsichtsmaßnahmen. In diesem Falle hoffe ich, daß die Jungens sie fertigmachen werden!«[47]

Daß Washington schwere Kämpfe und Verluste der »Schaufel & Pfannen-Provokanten« erwartete, ist evident. Ebenso eindeutig ist es, daß man nach Eintritt solcher Verluste mit einem langen und harten Sioux-Krieg rechnete, also mit dem üblichen Straffeldzug der Armee. Aber das vollkommen Unvorhersehbare, mit dem niemand auch nur im entferntesten gerechnet hätte, trat ein: Gegen Mai 1870 kehrte der Haupttrupp entmutigt zurück. Und während der kommenden drei Monate trafen die restlichen kleineren Gruppen allmählich in Cheyenne ein: Kein Gold in den Big-Horn-Bergen! Man hatte die Sioux sehr wohl in großer Zahl gesehen, war aber nicht angegriffen worden.

General E. S. Parker, der Beauftragte für indianische Angelegenheiten, erklärte, »daß die Nation angesichts der Provokation durch eine unpassende und unbesonnene Aktion einer Gruppe bestimmter Bürger wirklich glücklich sein kann, nicht in ernsthafte Schwierigkeiten verwickelt worden zu sein«. Er gab freimütig zu, »daß der politische Druck auf [Präsident] Grant so stark gewesen ist, daß er gegen Shermans Empfehlungen entschieden hatte«[48]. Sherman hatte vorgeschlagen, die Expedition nicht zu erlauben (weil er für einen Aufmarsch mehr Zeit brauchte, als zur Verfügung stand). Einen anderen »politisch starken Druck« als den der NPRR, nun endlich die notwendigen Landvermessungen im Sioux-Gebiet möglich zu machen (was nur durch einen Feldzug und nachträgliche Verkleinerung des Gebiets hätte erfolgen können), gab es zu dieser Zeit nicht.

Während die Expedition noch in den Big-Horn-Bergen nach Gold suchte und die Sioux ihnen dabei zuschauten, ließ Red Cloud dem Oberkommandierenden General Sherman mitteilen, daß er jetzt bereit sei, frühere Einladungen zu Gesprächen mit dem Präsidenten und seinen Beratern anzunehmen. Sherman riet davon ab. Er meinte, daß dies wohl augenblicklich ein ungünstiger Zeitpunkt sei und der Präsident sicherlich einen anderen Termin vorziehen würde. Ein ungünstiger Zeitpunkt war dies ganz gewiß, aber nicht für Red Cloud, sondern für Sherman und die Armee. Sherman fürchtete, daß Red Cloud das jüngste Massaker der US-Armee an den Piegans (bei Fort Benton) propagandistisch benützen würde, um dem Ansehen der Armee in der Öffentlichkeit noch mehr zu schaden, als dies durch dieses sogenannte »Baker-Massaker« bereits geschehen war:

Am 15. 1. 1870 hatte Colonel E. M. Baker (2. Kavallerie, Fort Ellis), nachdem eine unbekannte Bande Indianer Pferde gestohlen und den Maultiertreiber James Quail getötet hatte, von General Sheridan den Befehl erhalten: »[...] ich wünsche, daß sie geschlagen werden. Baker, schlagen sie sie hart!«[49] Mit vier Kompanien der 2. Kavallerie und zwei Kompanien berittener

Infanterie hatte Colonel Baker daraufhin am 23. 1. 1870 das Zeltlager des Piegan-Häuptlings »Mountain Chief« nach einem Nachtmarsch umzingelt und dann die Soldaten mit massiertem Feuer so lange auf die schlafenden 219 Indianer, die unter einer Pockenepedemie litten, geschwächt und krank waren, schießen lassen, bis 173 Indianer tot waren. Der zuständige Indianeragent, Lieutenant Pease, berichtete in seinem Rapport, daß von 173 Toten 33 Männer (davon 15 Krieger zwischen 12 und 37 Jahren, 10 Kranke zwischen 37 und 60 Jahren und 8 Alte zwischen 60 und 70 Jahren), 90 Frauen (davon 35 zwischen 12 und 37 Jahren und 55 zwischen 38 und 70 Jahren) und 50 Kinder (bis 12 Jahre) waren.

Es gab nur 46 Überlebende, davon 9 junge Männer (die fliehen konnten), 18 Frauen und 19 Kinder (die gefangen genommen wurden). Ein Soldat wurde getötet(durch die Kugel aus einem Spencer-Kavallerie-Karabiner), ein anderer verletzt, als er vom Pferd stürzte. Die ›New York Times‹ vom 24. 2. 1870 wetterte empört, daß dieser heimtückische »Überfall eine Brutalität, eine sinnlose Barbarei, ein Gewaltverbrechen, eine Schande und ein Massaker« sei. Sherman klagte Sheridan seine mißliche Lage[50]. »Wir sitzen zwischen zwei Feuern, ein sehr ungemütliches Dilemma, dem wir nicht entgehen können, aber wir müssen die Offiziere, die ihre Befehle ausführen, decken.« Das ›Army and Navy Journal‹ vom 12. 3. 1870 deckte sie auch. In einem höhnischen »Nachruf« auf den getöteten Piegan-Häuptling hieß es: »Oh, Mountain Chief, letzter und vornehmster aller Pferdediebe, ritterlichster aller Skalpierer, wir werden Deiner gedenken, wenn wir durch Montana marschieren; wir werden versuchen zu bedauern, daß Colonel Baker Deine Schädelbearbeiterei beendet hat, bevor Du eine Gelegenheit bekamst, Dein Zeichen in unsere Schädel zu schneiden [...] Wir sind Philantropen. Wir hätten Dich nicht getötet, wenn Du es nicht mit uns versucht hättest. Aber nun, da Du und hundertsiebzig Deinesgleichen mehr oder weniger tot sind, gratulieren wir Dir.«

Indianerfreundliche Stimmen in den Atlantikstaaten hatten nach dem Baker-Massaker begonnen, die Reduzierung der Armee von 40000 auf 25000 Mann zu fordern. Jetzt, da Red Cloud nach Washington zu reisen wünschte, befürchtete Sherman, daß seine sanften Vorbereitungen für den »großen Sioux-Feldzug« vorzeitig bekannt würden; denn Red Cloud war nicht nur ein hervorragender, überzeugender Redner, sondern hatte sich seit Monaten von einem eingeweihten Manne, der inzwischen für ihn eine Art strategischer Berater geworden war, über geheimste Absichten der Obersten Heeresführung informieren lassen. Dem Indianerkommissar E. S. Parker und den »Tauben« in Washington gelang es jedoch, von Präsident Grant eine Zusage zu erhalten. Kurze Zeit später war eine Delegation der Sioux-Häuptlinge nach Washington unterwegs.

7. Ein letzter Versuch – die Sioux-Diplomatie

»Von Anbeginn gab es im Westen entschlossenen Widerstand gegen jede Lösung, die den Indianern große Landgebiete zusprach, von denen Weiße verbannt sein sollten [...] Für viele von jenen, die die Naturschätze des neuen Landes ausbeuten wollten, wo immer man sie fand, war der Indianer lediglich ein Hindernis, dessen man sich so schnell und gründlich wie möglich entledigen mußte. Diese Leute hatten keine andere Lösung für das Indianerproblem als die Ausrottung, und sie warteten, wie eine Zeitung in Montana es ausdrückte, ›auf den Tag, an dem im Lande von den Indianern nur noch ihre Gräber zeugen würden‹.«[51]

Die Sioux-Häuptlinge hatten den Laramie-Vertrag von 1868 unter der ausdrücklichen Bedingung und Voraussetzung unterzeichnet, daß Fort Laramie, ihr langjähriger Handelsposten, auch in Zukunft Ausgabe- und Tauschhandelsort für sie bleiben würde. Aber ein Jahr später schon verlangte man von ihnen, daß sie zur Ausgabe der Jahresleistungen und zum Tauschhandel zu den Forts am Westufer des Missouri ziehen sollten. Gleichzeitig wurde privaten Händlern der Tauschhandel strikt verboten, so daß man die Sioux auch hier vollkommen von der Armee abhängig machte. Doch John Richard jr., der Sohn des alten Sioux-Händlers John Richard und einer Sioux-Mutter aus der Familie Red Clouds, durchbrach dieses Verbot: Am 24. 2. 1869 erschien er in General Augurs Büro in Omaha und zeigte eine vom BIA ausgefertigte »freie Handelslizenz« vor, an die gleichzeitig eine Handelserlaubnis, unterzeichnet von US-General Harney, geheftet war. Es ist schleierhaft, wie es Richard gelang, diese Ausnahmegenehmigungen zu erhalten. Er ging in den Hauptquartieren ein und aus und galt als der erfolgreichste Dolmetscher zwischen Armee und Sioux, den man je gehabt hatte. Unter dem Namen »Lean Elk« gehörte er der Bad-Face-Gruppe der Oglala-Sioux an, und er galt auf beiden Seiten gleichermaßen als vertrauenswürdig. Richard war ein hochintelligenter Mann, der über alle Wünsche und Spekulationen beider Seiten bestens Bescheid wußte und auch häufig zu Geheimkonferenzen der Generäle hinzugezogen wurde.

Ehe die hohen Militärs begriffen, daß Richard gleich Wagenladungen der von den Sioux begehrten Tauschhandelsgüter – nämlich Waffen, Munition, Pulver und Blei – während des ganzen Sommers und Frühherbstes verkaufte, war das, was sie als Malheur empfanden, passiert: Die Sioux waren von den Armeelieferungen – wenigstens für ein Jahr – unabhängig geworden. Am 9. September 1869 geriet Richard wegen der Gunst einer Frau mit einem Korporal in Fort Laramie in Streit. Dieser wollte ihm ein Bajonett durch den Leib rennen, aber Richard schoß schneller, und der Soldat wurde getötet. Richard floh zu Red Cloud und streute das Gerücht aus, daß er alle Sioux vereinigen und zum Kriege überreden würde, sollte man ihn anklagen.

In Wirklichkeit überredete er Red Cloud und Man-Afraid, nach Washington zu gehen und dort mit Hilfe der »Tauben« zu versuchen, die Presse und Kirchen noch mehr für ihre Anliegen einzunehmen. Es mag durchaus sein, daß er dabei egoistische Ziele verfolgte: Wenn die Sioux-Führer seinem Vorschlag folgten, würden sie ihn – natürlich – als Dolmetscher zum Mitglied dieser Delegation machen. Dabei würde er Gesprächspartner des Präsidenten, des Innenministers, Kriegsministers und wichtiger Verleger und Journalisten sein und auf diese Weise seine unentbehrlichen Dienste demonstrieren können. Demgegenüber müßte eine Anklage wegen Totschlags zurückstehen. Wenn es ihm außerdem noch gelang, die Situation der Armee im Westen weiter zu verschärfen, so würden die Generäle sehr rasch begreifen, welch wichtiger und einflußreicher Mann er sei, und würden sich seiner versichern, um gegenüber den Indianern ihre Wünsche durchzusetzen. So war es Richard gelungen, eine vermeintliche Krisensituation zu schaffen, die nur durch seine persönliche Vermittlung wieder entschärft werden konnte.

Erst viele Jahrzehnte später wurde der maßgebliche Einfluß dieses Mannes auf Red Clouds »neue Diplomatie« bekannt, ebenso wie die Tatsache, daß Sitting Bull und Spotted Tail mit Red Cloud und Richard darüber berieten, wie sie sich in Zukunft den Amerikanern gegenüber verhalten sollten. Welchen Einfluß Richard hierbei ausübte, ist nicht bekannt. Aber seit dieser Unterredung änderte sich das Verhalten der Häuptlinge radikal: Spotted Tail zeigte sich als gewandter, nachgiebiger Mann, der kriegerischen Auseinandersetzungen auswich. Der stolze Sitting Bull, der niemals sein Zeichen unter einen Vertrag mit der Armee gesetzt hatte, wurde zu einem konzilianten Manne, der zwar seine kriegerische Macht und Stärke demonstrierte, sie aber nicht mehr einsetzte. Red Cloud begegnete den hinterhältigen Ansinnen der Amerikaner nicht mehr mit kriege-

Oglala-Führer Red Cloud um 1870

rischem Dreinschlagen, sondern wollte nach Osten reisen, um mit dem Präsidenten, mit Ministern, Bischöfen und Journalisten zu sprechen. Nur der Oglala-Kriegshäuptling Crazy Horse wollte von dieser neuen Strategie nichts wissen, spaltete sich mit einem großen Teil seines Stammes von Red Cloud ab und wanderte nach Norden in die Nähe der Hunkpapas.

Am 17. Mai 1870 verließ Spotted Tail mit den Brulé-Häuptlingen Fast Bear, Swift Bear und Yellow Hair, mit Dolmetschern und Captain Poole die Whetstone-Agentur am Missouri, um die Reise nach Washington anzutreten. Von der Cheyenne-River-Agentur machte sich eine Delegation der Minniconjou-, Two Kettle- und Sans Arc-Sioux auf, und am 26. Mai verließ die große Red-Cloud-Delegation Fort Laramie (Mitglieder: Red Cloud, Red Dog, Brave Bear, Little Bear, Sitting Bear, Bear Skin, Lone Wolf, Brave, Man-Afraid, Red Fly, Rocky Bear, Swing Bear, Yellow Bear, Black Hawk, Sword, The-One-That-Runs-Through, die Frauen der vier letzten Häuptlinge, John Richard, Jules Ecoffey und Colonel Smith).

Die Red-Cloud-Delegation erreichte Washington am 1. Juni 1870, wo John Richard gleich Red Cloud ein Exemplar der gewichtigen ›New York Times‹ überreichte und ihm den Artikel übersetzte, in dem die Mehrheit der Oststaaten ihre Hoffnung, in Verhandlungen zu einer Einigung zu gelangen, darlegte: »Der Besuch von Red Cloud in Washington kann nicht anders als zum Besten sein [...] Red Cloud ist unzweifelhaft der meistgefeierte lebende Krieger des amerikanischen Kontinents [...] ein Mann mit Verstand, ein guter Herrscher, ein überzeugender Redner, ein fähiger General und fairer Diplomat. Die Freundschaft von Red Cloud ist für die Weißen wichtiger als die irgendeines anderen Häuptlings in den Plains. Man sollte ihn, während er im Osten ist, mit größter Aufmerksamkeit behandeln und keine Mühe scheuen, seinen guten Willen zu gewinnen und in seinem Bewußtsein einen vorteilhaften Eindruck hervorzurufen. Er ist ein Heide, aber immerhin ein weiser und mächtiger Mann.«

Die ›New York Times‹ verfiel in jenen Fehler, der – seit Weiße den Boden Amerikas betreten hatten – stets der gleiche blieb: Man konnte sich einfach nicht vorstellen, daß die Indianer zu keiner Zeit Herrscher, Sachems, Häuptlinge oder einfach Beauftragte hatten, die für alle Indianer, für eine ganze Nation oder einen ganzen Stamm hätten sprechen und Beschlüsse fassen können. Die indianischen Gesellschaftsformen schlossen

Sioux-Delegation unter Red Cloud in Washington

wegen ihrer individuellen Vielfalt solche rechtsverbindlichen Gesamt-Stellungnahmen vollkommen aus (außer bei den fünf zivilisierten Nationen). Red Cloud mußte sich, wie jeder Häuptling oder Beauftragte, vor einer ganz bestimmten Aufgabe bei einer großen Versammlung die Vollmacht holen, was er in Verhandlungen zusagen durfte und was nicht. Und selbst wenn er Zusagen machte, mußten diese vor Inkrafttreten noch »ratifiziert« werden, was durchaus nicht immer der Fall war.

Die Gefühle der Westpresse faßte am 8. Juni 1870 der ›Omaha Weekly Herald‹ zusammen: »Dem Vernehmen nach soll er [Red Cloud] ein Mitglied des Kabinetts werden, anstelle von Fish, der seinen Posten zur Verfügung stellt. Damit wird er eine Stimme in unseren nationalen Angelegenheiten und eine ähnliche Macht haben, wie er sie bis jetzt vorgeführt hat.« Im Osten also Hoffnung, Erwartung und guter Wille, im Westen Spott und Bitterkeit.

Gleich nach ihrer Ankunft wurde Red Clouds Delegation in

die Diplomatenherberge »Washington House« gebracht, wo sie die Delegation Spotted Tails vorfand, die bereits seit dem 24. Mai hier und der Hauptstadt schon überdrüssig war. Nach einem Ruhetag gab es am 3. Juli einen Empfang bei Innenminister Cox, am 4. wurde ihnen die Stadt gezeigt. Sie stiegen auf die Kuppel des Capitols und schauten sich eine Sitzung des Senats an, der gerade die Gesetzesvorlage zur Bewilligung von Indianergeldern beriet. Am 5. Juni demonstrierte man ihnen die militärische Potenz der USA, indem man sie in die gewaltigen Army- und Navy-Arsenale führte, die sie sich mit stoischer Indifferenz anschauten. Der Tag endete mit der Vorführung der neuesten Küstenbatterie von 15-Inch-Rodman-Kanonen. Die Indianer betrachteten das gewaltige Kaliber, die große Pulverladung und sahen, wie die gewichtige Granate in fünf Meilen Entfernung ein Schiff auf dem Potomac traf und zerfetzte. Am 6. Juni zeigte man ihnen Waffen- und Munitionsfabriken, und ein Regiment der Marine paradierte vor ihnen. Ein »Monitor« (Volleisenkanonenboot) und die neueste Entwicklung von »Gatling Guns« (Maschinenkanonen) beeindruckten sie sehr.

Am Abend des 7. Juni bereitete Präsident Grant den Indianern im Weißen Haus einen Gala-Empfang: »Mitglieder des Kabinetts waren mit ihren Frauen dort, die letzteren in hübschen ausgeschnittenen Sommer-Abendkleidern. Der britische Botschafter mit seiner Familie war da, der russische Botschafter und ein Dutzend Außenminister anderer Staaten mit ihren Attachés und Damen; es waren Senatoren und Kongreßabgeordnete und ihre Frauen anwesend, alle nach der letzten Mode gekleidet. Der ganze Aufzug wurde als ebenso in jeder Weise beeindruckend beschrieben wie der Empfang für Prinz Arthur ein Jahr zuvor.

Die 25 Ehrengäste an diesem Abend waren keine östlichen Potentaten, sondern Indianer-Häuptlinge und ihre Frauen, direkt aus der westlichen Prärie. Sie hatten nie eine Stadt gesehen, bevor sie wenige Tage zuvor auf der weiten Reise zum Großen Weißen Vater Omaha erreichten [...]

Alle waren in vollständiger Indianerkleidung erschienen und machten einen blendenden Eindruck, so strahlend und farbenprächtig wie die Ministerfrauen, unterschieden sich aber stark von der dekolletierten Zerbrechlichkeit der Ladies.

Präsident Grant überreichte den vier Indianerfrauen je ein schönes Sommer-Bouquet, während Mrs. Grant und ihre ›hübsche kleine Papoose‹, wie die Sioux ihre junge Tochter Nellie nannten, den Häuptlingen gleiche Aufmerksamkeit erwiesen. Was diese Krieger, die daran gewöhnt waren, Bogen, Gewehre und Tomahawks in den Händen zu halten, von den Blumensträußen hielten und was sie schließlich mit ihnen machten, ist in den Annalen dieser Nacht nicht vermerkt. Der Tisch war mit Blumen und Früchten und einer Auswahl schmackhafter Naschereien dekoriert. Der Anführer Spotted Tail brachte das Vergnügen der Indianer an dem Fest zum Ausdruck. Er bemerkte zu seinem Dolmetscher, daß die Weißen viel mehr guter Dinge zu essen anböten, als sie den Indianern gewöhnlich schickten. Der Dolmetscher erwiderte, daß dies so sei, weil die Weißen dem Kriegspfad entsagt und Landwirtschaft betrieben hätten. ›Hoho!‹ rief Spotted Tail aus, ›ich werde auch den Kriegspfad verlassen und Land bestellen, wenn ihr mich immer so behandelt wie jetzt und mich in solch einem großen Haus leben laßt.‹ Präsident Grant begann zu lächeln und brach dann in herzliches Lachen aus. Der Abend war ein Erfolg – die Indianer in Hochstimmung und humorvoll [...]

Präsident Grant schaute zu Red Cloud hinüber. Der war, mehr als Spotted Tail, der Mann, der Frieden oder Krieg machen würde. Welch ein kraftvoller Bursche er nach allen Maßstäben war! Sechseinhalb Fuß groß, robust, mit einem imposanten Kopf mit starkem Unterkiefer. Wie die anderen war Red Cloud in einen herrlichen Büffelmantel gekleidet, mit Ornamenten und Schmuck benäht. Seine roten Leggins waren schön gearbeitet und mit Perlen und Bändern geschmückt. Sein Hemd glich dem des biblischen Joseph, vielfarbig wie ein Regenbogen. Von der Spitze seiner Truthahnfeder im schwarzen Haar bis zu den Mokassins an den Füßen war er jeder Inch ein Mann – ein Mann, mit dem man rechnen mußte.«[52]

Grant hoffte, Red Cloud durch die Demonstration der Macht und Stärke der Amerikaner beeindruckt und zugeständnisbereit gemacht zu haben. Die Politik der Beschwichtigung während des Baus der Union-Pacific-Bahn mußte unter allen Umständen fortgesetzt werden, solange die Northern Pacific noch nicht fertiggestellt war. Ein Sioux-Krieg wurde zwar von Bahn und Banken, Fabrikanten und Händlern und den Westerners gefordert, aber Grant war überzeugt, daß man zunächst mit friedlichen Mitteln versuchen sollte, zu einem Ergebnis zu kommen. Er wußte, daß ein Krieg gegen die Sioux nicht mit den Feldzügen zu vergleichen war, die die Armee nach der bisherigen »Salami-Taktik« gegen andere Stämme geführt hatte. 70000 Indianer gehörten den Sioux an, und Red Cloud war der Mann, dem man zutrauen konnte, sie alle zu einigen. Dann aber würde das ganze Gebiet zwischen Missouri und Rocky Mountains in Flammen aufgehen. Die unvermeidliche Folge wäre der Ruin der inzwischen zum nationalen Unternehmen gewordenen Northern-Pacific-Bahn. Dieser Bankrott würde eine nationale Wirtschaftskatastrophe nach sich ziehen. Auf der anderen Seite konnte man die Politik des Entgegenkommens nicht endlos fortsetzen. Die Landschenkungen der Regierung an die Northern Pacific stellten ein Problem dar, das nicht ohne weiteres zu lösen war.

Red Cloud betrachtete den erheblich kleineren Präsidenten und wußte, daß er ein »großer Kriegshäuptling« der Amerikaner war. Er wußte aber auch, daß alles, was man ihm zeigte, nichts daran änderte, daß er die US-Armee besiegt und die Regierung zu einem Frieden nach seinen Bedingungen gezwungen hatte. Er suchte nicht den Krieg mit den Amerikanern, er wollte seinem Volk nur erhalten, was es jetzt besaß: Büffeljagd und die Freiheit, innerhalb des vereinbarten Gebiets dorthin zu gehen, wohin es ihm beliebte. Allerdings war der Handel mit den Amerikanern lebensnotwendig geworden. Sein Volk brauchte die Waren der Weißen, ihre Waffen und Geräte. Daher war er bereit, Zugeständnisse zu machen, denn er wußte, daß die Amerikaner damit eine starke Waffe in der Hand hatten.

Die wenigen Worte, die der Präsident mit Red Cloud während des Banketts über sein Problem wechselte, machten ihm klar, daß Red Cloud unter keinen Umständen bereit war, die Northern Pacific auf Sioux-Gebiet zu dulden oder Land für den Bau der Eisenbahn herzugeben. Als er seine Sorgen den Kabinettsministern kurz andeutete, beschlossen diese, am nächsten Tag den Versuch einer Überrumpelung zu unternehmen: Bei einem Arbeitsgespräch versuchte der Innenminister, Red Cloud klarzumachen, daß der Friedensvertrag von 1868 die Büffeljagd für die Sioux nur noch für sehr kurze Zeit vorsehe und daß die Indianer dann seßhafte Farmer werden sollten. Die freie Benutzung des garantierten Gebiets beziehe sich nicht auf das Eigentum an diesem Gebiet, sondern nur auf das Jagdrecht, was natürlich nicht ausschließe, daß die USA als Eigentümer des Landes anderweitig darüber verfügen könnten.

Red Cloud überdachte das, was gesagt worden war, und sagte dann: »Ich komme von dort her, wo die Sonne untergeht. Sie sind auf Stühlen aufgewachsen, ich nicht. Deshalb ziehe ich es vor, mich zu setzen, wie ich es gewöhnt bin.« Er ließ sich mit gekreuzten Beinen auf dem Boden nieder und formulierte seine Erwiderung:

»Der Große Geist hat mich nackt empfangen und, mein Großer Vater, ich habe nicht gegen ihn gekämpft. Ich habe dem Großen Geist meine Gebete dargebracht, so daß ich sicher hierherkommen konnte. Schaut mich an. Ich war ein Krieger in diesem Land, wo die Sonne aufgeht, jetzt komme ich daher, wo sie untergeht. Welche Stimme ertönte zuerst in diesem Land? Die des roten Volkes mit Pfeilen und Bogen. Der Große Vater sagt, er ist gut und freundlich zu uns. Das vermag ich nicht zu sehen. Ich bin gut zu seinen weißen Leuten. Als er mir seine Einladung schickte, bin ich den langen Weg gekommen in sein Haus. Mein Gesicht ist rot, eures ist weiß. Der Große Geist hat euch zu lesen und zu schreiben gelehrt, mich nicht. Ich habe das nicht gelernt. Ich kam hierher, um meinem Großen Vater mitzuteilen, was ich in meinem Land nicht zu ertragen vermag. Ihr befindet euch in der Nähe meines Großen Vaters, und ihr seid viele Häuptlinge. Die Männer, die der Präsident dorthin schickt, haben weder Verstand noch Gefühl. Was man meinem Lande angetan hat, ist mir unerträglich – fragt mich nicht danach. Weiße dringen in mein Land ein. Vater, hast du oder irgendeiner deiner Freunde Kinder? Du möchtest sie großziehen. Schaut mich an, der ich mit allen diesen jungen Männern hergekommen bin. Alle sind verheiratet, haben Kinder und wollen sie großziehen.

Die weißen Männer haben uns umzingelt und mir nichts als eine Insel gelassen. Als wir zuerst das Land besaßen, waren wir stark, nun schmelzen wir dahin wie Schnee in der Sonne, während ihr wachst wie das Frühlingsgras.

Nun bin ich zum Hause meines Großen Vaters gekommen, seht, ob ich vergossenes Blut hinterlasse, wenn ich zurückgehe. Sagt dem Großen Vater, daß er das Fort Fetterman aufgeben soll, und wir werden keine Schwierigkeiten mehr haben. Ich habe zwei Gebirge in diesem Land [Black Hills und Big Horn Mountains]. Ich wünsche, daß der Große Vater dort keine Straßen anlegt. Ich habe diese Dinge schon dreimal verlangt. Ich bin gekommen, sie jetzt ein viertes Mal zu verlangen.

Ich wünsche keine Reservation am Missouri. Es ist das vierte Mal, daß ich nein gesagt habe. Hier sind einige Männer vom Missouri. Unsere Kinder sterben dort wie Schafe. Das Land paßt ihnen nicht.

Ich bin an den Nebenflüssen des Platte geboren und gelehrt worden, daß dieses Land mir gehört. Von N.E.S.W.[53] ist der rote Mann zum Hause des Großen Vaters gekommen. Wir Oglalas sind die Letzten, die gekommen sind, aber ich bin gekommen, um die Worte des Großen Vaters zu hören. Sie haben mir Händler versprochen, doch wir haben keine. An der Mündung eines Flusses wurde 1862 ein Vertrag geschlossen, und der Mann, der diesen Vertrag abschloß, ist der einzige, der mir die Wahrheit gesagt hat.

Wenn ihr Waren an mich abschickt, so werden sie auf dem Wege gestohlen, so daß es nur noch eine Handvoll ist, wenn sie mich erreicht. Sie halten mir ein Papier hin, das ich unterzeichnen soll, und das ist alles, was ich für meine Waren erhalte.

Ich weiß jetzt, daß alle Leute, die ihr dorthin schickt, Lügner sind [...] Schaut mich an, ich bin arm und nackt. Ich wünsche keinen Krieg mit meiner Regierung. Jetzt verläuft die Eisenbahn durch mein Land. Ich habe keine Bezahlung für das Land erhalten, nicht einmal [die beiden nächsten Worte sind unleserlich]. Ich wünsche, daß ihr all dies dem Großen Vater mitteilt.

Dieser junge Mann [Richard] ist mein [Berater]. Die Weißen haben ihn von uns weggenommen. [Ein Soldat] nahm ihm sein Vieh ab und schoß auf ihn. Für Fort Fetterman war Richard ein Vertragslieferant für Heu. Indianer nahmen ihm alles, was er besaß. So ging er hin, sie zu töten. Er hat etwas getan, das ihn hergebracht hat und das er dem Großen Vater mitteilen möchte. General Smith ist der einzige Gentleman, der uns in allem die Wahrheit gesagt hat, und ich weiß, daß er gut ist, [...]«[54]

Die ›New York Times‹ vom 8. 6. 1870 schrieb: »Wir würden in einem Monatsordner des Kongreß-Globe vergeblich nach einer so interessanten Ansprache suchen, wie sie Red Cloud gestern gehalten hat [...] Eine einfache und leidenschaftslose Darstellung der indianischen Ansicht des bestehenden Problems zwischen Barbarei und Zivilisation ist präzise das, was die meisten erwarteten und was Red Clouds Rede, vervollständigt durch seine Gefährten, darstellte. Es ist nicht gerade wenig verblüffend, wenn man die unerschrockene Mahnung des Häuptlings hört: ›Ihr seid die Leute, die Frieden halten sollten!‹ Und, so einseitig das auch sein mag, es liegt vieles zum Nachdenken darin. Die klare Vorstellung, mit der dieser unbelesene Wilde beherrscht, was er als seine Rechte beansprucht und was er als Unrecht übel nimmt, zeigt sehr eindringlich die Notwendigkeit, mit den Anführern der eingeborenen ›Nationen‹ nach den Prinzipien der Offenheit und Vernunft zu verhandeln. Der Versuch, ihnen um den Bart zu gehen und sie zu beschwindeln, als ob sie keinen Verstand besäßen, sollte aufgegeben werden, ebenso die Politik, sie wie wilde Tiere zu jagen. Wie immer die Theorien auch beschaffen sein mögen, die wir über die endgültige Zukunft einer zugrundegehenden Rasse entwickeln, wir kommen nicht umhin, nachdem wir Red Cloud und seine Leute getroffen haben, seine Weisheit und den Geist der Offenheit und Rechtschaffenheit dieses Mannes zur Kenntnis zu nehmen. In dieser Hinsicht sollten wir nicht erhaben darüber sein, eine Lektion gelernt zu haben, selbst von einem Wilden.«

Der ›New York Herald‹ vom 9. 6. 1870 bemerkte, daß man hoffen sollte, die Rede habe den Innenminister davon überzeugt, daß »Palaver die Indianer wenig beeindruckt, [...] daß Treulosigkeit auf unserer Seite, was die Verträge betrifft, und Großbetrug an den Indianern, begangen durch unsere Agenten und ihre Helfershelfer, den Vertragshändlern, der wirkliche Grund aller dieser Indianerschwierigkeiten sind«.

Das positive Echo der gewichtigen Presse veranlaßte die Regierung, den Vertrag von 1868 neu zu interpretieren. Man war sich klar darüber geworden, daß Politik im Osten, nicht im Westen gemacht wurde, wenigstens was die Minister- und sonstigen Posten anging. Man gestand Red Cloud alle seine Forderungen zu: Die Sioux brauchten nicht in Getto-Reservationen umzusiedeln, sie konnten den Handelsposten wählen, bei dem sie Tauschhandel treiben wollten, sie konnten sich im garantierten Gebiet frei bewegen, Weißen blieb das Betreten verboten, sie konnten sich die Agenten selbst aussuchen, denen sie vertrauten.

Damit hatte Red Cloud auch »den Frieden gewonnen«. Seine Schlußbemerkung erschien in der ›New York Times‹ vom 12. 6. 1870 an exponierter Stelle: »Was ich zum Großen Vater, dem Präsidenten, sagte, ist jetzt in meinem Gedächtnis. Ich habe an diesem Morgen nur wenige Worte hinzuzufügen. Ich bin des Sprechens müde. Gestern, als ich den Vertrag mit all den falschen Dingen darin sah, war ich zornig. Ich vermute, daß es ihnen auch so ging. Der Innenminister erklärte es heute morgen, und jetzt bin ich zufrieden [...]«

Die Würde des großen Häuptlings hat einen solchen Eindruck auf die zahlreichen Freunde der Indianer gemacht, daß man ihn und seine Delegation einlud, vor einem großen Auditorium des New Yorker Cooper-Instituts zu sprechen. Am 16. 6. 1870 sagte er, nach nicht enden wollenden Ovationen:

»Meine Brüder und Freunde, die ihr heute vor mir steht. Gott der Allmächtige[55] hat uns alle erschaffen, und er ist heute hier, um zu hören, was ich euch zu sagen habe. Der Große Geist erschuf uns beide. Er gab uns Land, und er gab euch Land. Ihr kamt hierhier, und wir empfingen euch als Brüder. Als der Allmächtige euch schuf, machte er euch alle weiß und kleidete euch. Als er uns erschuf, machte er uns mit roter Haut und arm. Als ihr zuerst kamt, waren wir unserer viele, und ihr wart wenige. Falls ihr nicht wissen solltet, wer hier vor euch erschienen ist, um zu sprechen, so sage ich euch, daß er ein Repräsentant der ursprünglichen amerikanischen Rasse ist, des ersten Volkes auf diesem Kontinent. Wir sind gut, nicht schlecht. Die Berichte, die ihr über uns bekommt, sind alle einseitig. Ihr hörtet von uns nur als von Mördern und Dieben. Wir sind das nicht. Wenn wir mehr Land hätten, es euch zu geben, so würden wir es euch geben, aber wir haben keines mehr. Wir sind auf eine kleine Insel getrieben worden, und wir möchten, unsere teuren Freunde, daß ihr uns helft, uns mit der Regierung der Vereinigten Staaten zu einigen.

Der Große Geist machte uns arm und unwissend. Er machte euch reich und weise und geschickt in Dingen, von denen wir nichts wissen. Der gute Vater aller Menschen gewöhnte euch daran, zahme Tiere zu essen, uns daran, wilde Tiere zu essen. Fragt irgendeinen, der auf dem Wege nach Kalifornieren unser Gebiet durchquert hat, ob wir ihn nicht gut behandelt haben. Ihr habt Kinder. Wir haben auch Kinder, und wir möchten sie aufziehen, wie ihr. Deshalb bitten wir euch, uns dabei zu helfen.

1852 machte der Große Vater an der Mündung des Horse Creek einen Friedensvertrag mit uns. Wir waren damit einverstanden, daß ihr unser Land unversehrt für fünfundfünfzig Jahre durchqueren könnt. Wir hielten unser Wort. Wir töteten niemand und begingen keine Überfälle – bis die Truppen kamen. Als die Truppen dorthin geschickt wurden, begannen die Schwierigkeiten und Störungen. Seit dieser Zeit sind verschiedene Waren von Zeit zu Zeit zu uns geschickt worden, aber sie haben uns nur einmal erreicht, und bald nahm der Große Vater den einzigen guten Mann weg, den er uns geschickt hatte, Colonel Fitzpatrick. Der Große Vater sagte, wir müßten Land bestellen, und einige unserer Männer begannen damit bei Fort

Laramie, aber wir wurden dort wirklich sehr schlecht behandelt.

Wir kamen nach Washington, um unseren Großen Vater zu sehen und zu bewirken, daß der Frieden fortdauern möge; wir möchten den Frieden bewahren. Werdet Ihr uns dabei helfen? 1868 kamen Männer zu uns heraus und brachten Papiere. Wir konnten sie nicht lesen, und sie sagten uns nicht, was in ihnen stand. Wir dachten, daß der Frieden gemacht und die Forts aufgegeben würden, damit wir den Kampf beenden sollten. Aber sie wollten uns Händler an den Missouri schicken. Wir mochten nicht zum Missouri gehen, sondern wünschten die Händler dort, wo wir waren. Als ich in Washington war, erklärte mir der Große Vater, was der Friedensvertrag bedeutete, und zeigte mir, daß mich die Dolmetscher hintergangen hatten. Alles, was ich möchte, ist Gerechtigkeit und Recht. Ich habe versucht, vom Großen Vater zu erhalten, was recht und gerecht ist. Ich bin nicht vollkommen erfolgreich gewesen. Deshalb bitte ich euch, mir zu helfen, damit ich erhalte, was richtig und gerecht ist. Ich repräsentiere die ganze Sioux-Nation, und sie wird an das gebunden sein, was ich sage [...] Schaut mich an, ich bin arm und nackt, aber ich bin der Häuptling der Nation. Wir verlangen keine Reichtümer, aber wir wollen unsere Kinder gut und richtig aufziehen. Reichtümer täten uns nichts Gutes. Wir könnten sie nicht mit in die andere Welt nehmen. Deshalb begehren wir keine Reichtümer, sondern Frieden und Verständnis.

Die Reichtümer, die wir in dieser Welt besitzen, sagte uns Minister Cox sehr richtig, können wir nicht mit in die nächste Welt nehmen. Aber dann möchte ich gerne wissen, warum man Kommissare zu uns schickt, die nichts anderes tun als uns zu berauben und uns die Reichtümer dieser Welt abzunehmen? Ich bin unter den Tauschhändlern aufgewachsen, die in früherer Zeit zu uns kamen und mich gut behandelten, und ich habe mich mit ihnen gut verstanden. Sie lehrten uns Kleider zu tragen, Tabak und Munition zu gebrauchen. Aber nach und nach schickte uns der Große Vater eine ganz andere Art von Männern: Männer, die betrogen und Whisky tranken; Männer, die so schlecht waren, daß der Große Vater sie nicht zuhause bei sich behalten wollte und sie deshalb dort hinausschickte.

Ich habe sehr viele Worte an den Großen Vater geschickt, aber sie haben ihn nie erreicht. Sie versanken auf dem Wege, und ich fürchtete, daß die Worte, die ich zuletzt zum Großen

Vater gesprochen habe, auch euch nicht erreichen würden. Deshalb bin ich gekommen, selbst zu euch zu sprechen, und jetzt werde ich wieder zurückgehen in meine Heimat. Ich möchte, daß Männer zu meinem Volk geschickt werden, die wir kennen und denen wir vertrauen. Ich bin glücklich, hergekommen zu sein. Ihr gehört in den Osten, ich gehöre in den Westen, und ich bin froh, daß ich hergekommen bin und daß wir einander verstehen. Ich bin euch sehr zu Dank verpflichtet für eure Aufmerksamkeit. Ich gehe heute nachmittag in meine Heimat. Ich hoffe, daß ihr über das, was ich gesagt habe, nachdenken werdet. Ich entbiete euch allen ein herzliches Lebewohl.«

Der Kommentar zu dieser am 17. 6. 1870 in der ›New York Times‹ wörtlich abgedruckten Ansprache Red Clouds gab den Anstoß zu einer enthusiastischen Sympathiewelle in den Atlantikstaaten für die Indianer im allgemeinen und die Sioux im besonderen. Fast die ganze Presse druckte diese Zeilen nach:

»Niemand, der Red Clouds bemerkenswerter Ansprache gestern zuhörte, kann daran zweifeln, daß er ein Mann sehr großer Talente ist [...] Er hat sein Leben damit zugebracht, die Schlachten seines Volkes zu schlagen, und eines Tages wird er ins Cooper-Institut eingeladen und bittet um ein sauberes Hemd, einen neuen Rock, einen breitrandigen Hut und hält dann eine Rede [...] seine ernste Art, seine leidenschaftlichen Gesten, die Beredsamkeit seiner Hände und seine Ausstrahlung verursachten bei der großen Menschenmenge, die ihm gestern zuhörte, einen tiefen Eindruck. ›Ihr habt Kinder, und wir auch. Wir möchten unsere Kinder gut aufziehen, und bitten euch, uns dabei zu helfen.‹ Es scheint uns, daß dies kein unvernünftiges Verlangen ist, auch dann nicht, wenn es von einem ›Wilden‹ kommt.«

Red Cloud hatte seine erste Reise in den amerikanischen Osten mit einem Triumph beendet. Und jetzt schon war deutlich zu sehen, daß der Teil der Bevölkerung des Ostens, der für eine anständige Lösung des Indianerproblems war, bereits eine absolute Mehrheit erreicht hatte. Man übte Druck auf den Präsidenten und seine Regierung aus, indem man bereits die Wiederwahl Grants daran zu messen gedachte, wie er seine Zusagen verwirklichen würde. Dies aber bedeutete für die Wallstreet-Bankiers, die Northern Pacific und die großen und kleinen Investoren ein ebenso ernstes Handicap wie für den Präsidenten, seine Regierung und Partei.

Zum ersten Mal in der Geschichte der USA war es einem

Indianervolk gelungen, die Amerikaner in größte wirtschaftliche Verlegenheit zu bringen und die neuralgischen Punkte im Charakter dieser neuen Gesellschaft und ihrem Selbstverständnis zu treffen: Wahrte man das Gesicht, so riskierte man eine Wirtschaftskrise ungeheurlichen Ausmaßes. Verhinderte man eine solche Katastrophe, verlor man unweigerlich das Gesicht. Schon damals war es den Drahtziehern der wirtschaftlichen und politischen Macht vollkommen klar, daß es praktisch keinen Ausweg aus diesem Dilemma gab, wenn die Sympathiewelle mit den Indianern im stark bevölkerten und industrialisierten Osten anhielt. Das Verhalten von Armee und Regierung war in den nachfolgenden drei Jahren von einer nie zuvor gekannten Unsicherheit und Vorsicht, während sich im Westen die Erbitterung der Pioniere immer mehr steigerte und in deren Presse ein vielfaches Echo fand. Auch die Armeeführung begann zu resignieren. Im Osten wurde sie verachtet, weil sie zuviel getan hatte und immer noch tat, im Westen, weil sie zu wenig tat. Eine nationale Armee aber, die ohnehin dem Verdacht der Nutz- und Sinnlosigkeit ausgesetzt ist, braucht Anerkennung (oder Furcht) und Respekt, wie keine andere Institution des Staates. Diese wurden ihr aber weder im Osten noch im Westen zuteil. Die Pioniere hatten keinerlei Grund, die Bewaffnung der Armee als ein überlegenes Instrumentarium zu empfinden, eher war das Gegenteil der Fall: Die Infanterie- und Kavalleriewaffen der Armee waren veraltet, man besaß zumeist einschüssige Vorderlader, die nur teilweise zu patronenführenden Hinterladern umgebaut wurden, während die Pioniere über die modernsten vielschüssigen Repetiergewehre (z.B. 16schüssige Winchester-) und erstklassige (Sharps-)Weitschußbüchsen verfügten, mit denen sie auch umzugehen verstanden. Zudem hatten die Pioniere bewiesen, daß sie ohne weiteres in der Lage waren, viel kurzfristiger als die Armee schlagkräftige Miliztruppen aufzustellen. Sie besaßen überdies eine erheblich bessere Schießpraxis als die Soldaten, die ihr dürftiges Trainingsprogramm aus Sparsamkeitsgründen nur unvollkommen absolvieren konnten, so daß ihre allgemein schlechte Treffgenauigkeit im Westen bereits sprichwörtlich geworden war. Von daher konnte die Armee also nur Hohn und Spott ernten.

Was den rein ökonomischen Aspekt betrifft, so rechneten sowohl die östlichen wie die westlichen Amerikaner der Regierung vor, daß der aufgeblasene bürokratische Militärapparat viel zu teuer war: Einen einzigen Indianer in eine Reservation zu bringen und dort zu halten, kostete die Armee immenses Geld. Man hielt dem Kriegsministerium vor, daß einem einzigen kämpfenden Soldaten allein 14 nichtkämpfende Planstelleninhaber gegenüberstanden.

So sehr die Erfolge der Sioux-Delegationen in Washington und New York die Armee auch zur Zurückhaltung zwangen, die Northern Pacific und das Bankhaus Jay Cooke befanden sich in akutem Zugzwang. Sie drängten Kriegsministerium und Armee, das vorgesehene Eisenbahngelände »von Indianern zu räumen«. Die Armee flüchtete sich in die Feststellung, daß sie absolut nichts unternehmen könne, solange die beabsichtigte Schienenstrecke noch nicht einmal vermessen sei. Aber man war sich klar darüber, daß man mit der Vermessung des Landes allein überhaupt nichts verwirklichen konnte. Die Armee brauchte einen handfesten Grund, um einen Feldzug gegen die Sioux zu unternehmen. Die Sioux hatten sich jedoch 1869, 1870 und im ersten Halbjahr 1871 ruhig verhalten. Als die Armee im Sommer 1871 schließlich einwilligte, eine neue Landvermessergruppe der Eisenbahn zu eskortieren, hielten sich sowohl in Fort Rice (Dakota-Territorium) wie in Fort Ellis (Montana-Territorium) sogenannte »Rescue-Troops«. Und jeder dieser Einheiten gehörte ein Fotograf und einige Personen an, die nicht – wie das sonst üblich war – die Toten an Ort und Stelle bestatten, sondern sie in Spezialwagen zum nächstgelegenen Fort schaffen sollten.

Welchem anderen Zweck hätten diese Maßnahmen dienen können als dem, für den Fall eines Angriffs und von Verlusten die getöteten Soldaten und Vermesser der Öffentlichkeit als Beweis dafür vorzuzeigen, daß die Sioux es einfach nicht lassen konnten, Amerikaner »abzuschlachten«.

Von Fort Rice aus begleitete eine Armee-Eskorte unter Major J.N.G. Whistler das Team der Northern-Pacific-Landvermesser zur Mündung des Glendive Creek in den Yellowstone. Eine andere unter Captain Edward Ball bewegte sich mit einer zweiten Landvermessergruppe von Fort Ellis nach Osten, am Yellowstone River entlang, um sich irgendwo am Powder River mit der ersteren zu treffen. Wieder tauchten schwerbewaffnete Horden von Hunkpapa-, Oglala- und Minniconjou-Sioux auf, aber es geschah nichts. Durch die ständig aufrechtzuerhaltende Kampfbereitschaft wurde aber die eigentliche Arbeit der Landvermesser so verlangsamt, daß die ganze Expedition mit dem

Einbruch des Winters abgebrochen werden mußte und beide Gruppen wieder zu ihren Ausgangspunkten zurückkehrten.

Im Jahr 1872 rüstete die Northern Pacific wieder zwei Vermesser-Expeditionen aus. Jetzt befand sie sich bereits in akutem Zeitverzug. Der Schienenstrang von der Ostseite des Missouri bis nach Duluth näherte sich rapide der Fertigstellung. Beide aufeinander zu arbeitenden Mannschaften würden irgendwann gegen Ende des Jahres die Vereinigung vollziehen, und wenn bis dahin der Weiterbau nach Westen nicht gewährleistet war, so näherte sich das ganze Projekt mit jedem Monat Verzögerung einer unvermeidlichen, unabsehbaren Katastrophe.

Am 1. August verließ Colonel David S. Stanley Fort Rice, diesmal mit einer erheblich stärkeren Eskorte und einem großen NPRR-Vermessertrupp. Als die ersten Hunkpapa-Horden auftauchten, eröffneten die Truppen sofort das Feuer auf sie. War schon die Expedition selbst ein klarer Bruch des Friedensvertrages von 1868, so bedeutet dieser Angriff der Truppen geradezu eine Provokation. Die Sioux befanden sich in der absoluten Überlegenheit, sie waren besser bewaffnet als die Soldaten und verstanden auch offensichtlich erheblich besser zu schießen als die Soldaten. Die zahlreichen Scharfschützen trafen auf Entfernungen von zweihundert bis vierhundert Meter die optischen Geräte der Vermesser, ohne sonst jemand zu verletzen. Auf dem Weg zum Powder River wurde Colonel Stanley so massiv behindert und aufgehalten, daß sich schon sehr bald abzeichnete, daß es zu einer Vereinigung beider Expeditionen nicht mehr kommen konnte.

Am 14. August hatte eine nicht weniger große Expedition unter der Führung von Major Eugene M. Baker (derselbe, der das Piegan-Massaker veranstaltet hatte) Fort Ellis im Westen verlassen und bewegte sich den Yellowstone River hinunter auf den Powder River zu. Auch dieses Kommando wurde von Sioux und nördlichen Cheyennes zunächst begleitet, dann durch Scheinangriffe massiv aufgehalten.

Die späteren Berichte beider Expeditionen erwähnten solch massive, unblutige »Schlachten«, daß sich schließlich der Chefvermesser der Eisenbahn bei Pompeys Pillar in Montana weigerte, weiter nach Osten vorzudringen, weil ihm die Aktionen Major Bakers selbstmörderisch erschienen. Das Armeeverzeichnis »Record of Engagements« verzeichnet für das Jahr 1872 lapidar:

14. August: Am Pryor's Fork, Montana, wurde eine Truppe, bestehend aus den Kompanien F, G, H und L der 2. Kavallerie und den Kompanien C, E, G und I der 7. Kavallerie unter dem Kommando von Major E. M. Baker, 2. Kavallerie, von einigen hundert Sioux und Cheyennes angegriffen. Ein Soldat wurde getötet, ein Zivilist und drei Soldaten verwundet, zwei Indianer getötet und zehn tödlich verwundet.

16. August: Nahe Yellowstone River, Montana, wurde eine Truppe der 22. Infanterie unter dem Kommando von Colonel D. S. Stanley von einer großen Anzahl Indianer angegriffen.

17. August: Am Yellowstone River, Montana, wurde ein Soldat der Kompanie L der 2. Kavallerie, befehligt von Captain L. Thompson, von Indianern verwundet.

18., 21. und 22. August: An der Mündung des Powder River, Montana, hatten die Kompanien D, F und G der 22. Infanterie Kämpfe mit Indianern, am 21. und 22. bei O'Fallons Creek.

26. August: Eine Kriegshorde von 125 Sioux griffen einen Sergeant mit sechs Soldaten und zwei Ree-Scouts zwölf Meilen von Fort A. Lincoln entfernt an und töteten die zwei Ree-Scouts.

2. Oktober: Dreihundert Sioux griffen bei Fort A. Lincoln Ree-Scouts an, töteten drei und verwundeten einen.

Das Ergebnis der Expeditionen war mehr als mager: Östlich des Missouri hatte man im Sioux-Gebiet bis zur Mündung des Powder-River – etwa zweihundert Meilen – vermessen und den Weg des Schienenstrangs festlegen können. Danach endete das Projekt im Nichts.

Als gegen Ende 1872 der Schienenstrang der Northern Pacific das Ostufer des Missouri erreichte, war die Finanzlage der Northern Pacific und des Bankhauses Jay Cooke bereits brisant. Von der Regierung Grant hatte Jay Cooke im großen Wahlkampfjahr 1872 keine Hilfe erwarten können. Präsident Grant war zwar genauestens darüber informiert, daß sein Entschluß, keinen Sioux-Krieg zu machen, den unvermeidlichen Zusammenbruch des Bankhauses Cooke zur Folge haben würde, aber Grants Gegenspieler und Herausgeber der ›New York Tribune‹, Horace Greeley, nagelte Grant auf seine Friedenspolitik fest. Damit blieb diesem, wenn er den Wahlkampf gewinnen und für eine weitere Amtsperiode im Weißen Haus verbleiben wollte, keine andere Wahl, als die Armee am kurzen

Zügel zu halten, bis die Wiederwahl gewonnen war. Und Grant gewann die Wahl.

Doch nun drohte dem Präsidenten Ungemach: Der Bau der Northern Pacific stockte am Missouri, die Missouri-Dampfschiffahrts-Gesellschaften gerieten allmählich in immer größere finanzielle Schwierigkeiten. Ende 1872 berieten Cooke, der zum neuen Präsidenten der Northern Pacific ernannte General George Cass und die Oberste Heeresführung im Westen in einer Geheimkonferenz über die Lösung ihrer Probleme. Wie immer sie die Frage auch drehten und wendeten: Solange die Sioux nicht massierter angriffen, war kein Feldzug in Aussicht. Sherman hatte zwar inzwischen getan, was in seiner Macht stand: das 7. Kavallerie-Regiment war nach Fort Lincoln verlegt worden, und auch in den übrigen Forts rund um das Sioux-Gebiet vollzug sich eine Massierung starker Einheiten, aber der geschlagene Präsidentschaftskandidat Horace Greeley hielt ein wachsames Auge auf die Armee im Westen und wartete nur darauf, Präsident Grant ein stillschweigendes Begräbnis seiner Politik nachweisen zu können.

Als zusätzliches Handicap erwies sich für Cooke, daß Preußen den Krieg gegen Frankreich (1870/71) gewonnen hatte. Mit dieser Neuordnung der europäischen Großmachtverhältnisse sanken die Preise für amerikanische Produkte und fielen schließlich Ende 1872 ins Bodenlose. Parallel dazu gerieten auch die amerikanischen Inlandspreise auf allen Gebieten in Bewegung. Immer mehr Besitzer von Northern-Pacific-Aktien verloren das Vertrauen in die von Cooke versprochene fristgerechte Fertigstellung des Bahnbaus. Der Sioux-Krieg hatte nicht stattgefunden, die Landschenkungen waren nicht fällig geworden, Cooke mußte Zinsen zahlen, der Verkauf weiterer Grundstücke hörte auf, ungeduldige Landkäufer, für die kein Termin in Sicht war, zu dem sie das gekaufte Land in Besitz nehmen konnten, stießen ihre Landparzellen wieder ab. Aktionäre begannen, ihre NPRR-Aktien schon unter Nennwert zu verkaufen. Jay Cooke suchte Rettung in sogenannten »Wash sales«: Um die Aktienkurse nicht ins Bodenlose sinken zu lassen, fingierte eine Gruppe seiner »Börsenjobber« den Verkauf von hunderttausend Aktien, eine andere Gruppe trat als Käufer von neunzigtausend Aktien auf. So gelang es, zehntausend Aktien loszuwerden und einen Aktienhandel vorzutäuschen, den es in Wirklichkeit gar nicht gab.

Auf der Geheimkonferenz vom Ende des Jahres 1872 zwischen Northern Pacific und der Armeeführung im Westen wurde eine Großexpedition beschlossen: In einem Befehl vom 13. April 1873 beauftragte General Alfred H. Terry Colonel David S. Stanley mit der Zusammenstellung und Ausrüstung des umfangreichen Begleitschutzes für eine aufwendige »Yellowstone-Expedition«. Die interne Aufgabe dieser Expedition war unmißverständlich:

Einschüchterung und Unterwerfung der »feindlichen« Indianer,
Errichtung möglicher Forts und Befestigungen,
Schutz der Northern-Pacific-Landvermessertrupps,
Schutz wissenschaftlicher Erforschung des Landes.

Offiziell wurde diese durch und durch aggressive militärische Operation, die schon eher einem Feldzug glich, als »wissenschaftliche Entdeckungsreise unter militärischem Schutz« ausgegeben. Eine Übersicht über die Teilnehmer mag Aufschluß geben, wie entschlossen die Militärs nun selbst den fadenscheinigsten Vorwand benutzten, um eine Entscheidung herbeizuführen:

Wissenschaftler:
Joel A. Allen, Ornithologe, Lawrence Scientific School, Harvard,
J. H. Nettre, Geologe, Smithonian Institute,
C. W. Bennett, Präparator, Harvard's Museum of Comparative Zoology,
Edward Konopicky, Zeichner aus Wien, Cambridge,
W. R. Powell, Fotograf, Washington.

Landvermesser:
Montgomery Meigs, Northern Pacific, mit 26 Vermessern

US-Armee:

7. Kavallerie-Regiment:	10 Kompanien
6. Infanterie-Regiment:	4 Kompanien
8. Infanterie-Regiment:	3 Kompanien
9. Infanterie-Regiment:	5 Kompanien
17. Infanterie-Regiment:	4 Kompanien
22. Infanterie-Regiment:	5 Kompanien

(= 80 Offiziere, 1439 Soldaten und 30 Arikara-Scouts)
Artillerie: zwei 12-Pfünder-Haubitzen

Troß:
327 Kutscher und Gespanntreiber
275 Wagen
2321 Maultiere
600 Fleischrinder

Von insgesamt 1908 Teilnehmern der »wissenschaftlichen Forschungsexpedition« waren 5 tatsächlich Wissenschaftler, 27 Landvermesser der Northern Pacific, 327 private Gespanntreiber aus St. Louis und St. Paul und 1549 Armeeangehörige. Damit aber noch nicht genug: Der Raddampfer »Key West« (unter Captain Grant Marsh) verließ am 3. Mai Fort Lincoln mit Nachschub an Nahrungsmitteln, Waffen und Munition, Werkzeugen zur Errichtung von Stützpunkten, Verbandszeug und Medikamenten (unter der Aufsicht von Colonel George A. »Sandy« Forsyth und Luther S. »Yellowstone« Kelly), nahm im Fort Buford zwei Kompanien Infanterie an Bord und dampfte vom Missouri den Yellowstone River hinauf bis zur Mündung des Glandive Creek.

Hier hatte Stanleys Expedition bereits den befestigten Armeeposten »Camp Thorne« angelegt, in den die »Key West« den gesamten Nachschub entlud. Während Stanley beim Nachschubposten eine Kompanie der 7. Kavallerie und zwei Kompanien der 7. Infanterie als Bewachung zurückließ, marschierte die Expedition am 26. Juli weiter.

Kern dieses Massenaufgebots an Truppen war das 7. Kavallerie-Regiment unter Lieutenant Colonel George Armstrong Custer, dem die Arikara-Scouts und die beiden erfahrenen Indianerkämpfer »Lonesome« Charley Alexander Reynolds und Basil Clement angeschlossen waren. Während die Landvermesser ihrer Arbeit nachgingen und einen 40-Meilen-Landstreifen südlich des Yellowstone River vermaßen (das Nordufer war für einen Verkauf an Siedler wegen des unfruchtbaren, steinigen Bodens ungeeignet), unternahm Custer mit Scouts und Truppen ständig »Erkundungsritte«, die schließlich am 4. August zu ersten Kämpfen führten. Im »Record of Engagements« liest sich das so:

»Truppe A und B, 7. Kavallerie, als Vorhut, kommandiert von Captain M. Moylan, hatte einen Kampf mit Indianern in der Nähe des Tongue River, wobei ein Soldat vermißt und zweifellos getötet wurde. Später am selben Tag wurde die Haupttruppe der 7. Kavallerie unter dem Kommando von Lieutenant Colonel G. A. Custer von einigen hundert Sioux am Yellowstone River angegriffen; vier Soldaten wurden getötet und Lieutenant C. Braden, 7. Kavallerie, und drei Soldaten verwundet.«

Am 7. August entdeckten Armee-Scouts oberhalb der Mündung des Rosebud Creek Spuren, die auf ein in der Nähe liegendes großes Sioux-Zeltlager deuteten und keine zwei Tage alt waren. In diesem Augenblick wurde die eigentliche militärische Aufgabe von Custer deutlich:

»Colonel Stanley war klar, daß dies die von ihm gesuchte Gelegenheit war, den Indianern einen vernichtenden Schlag zu versetzen; er beauftragte Custers Kavallerie und die Scouts damit, die Spur sofort zu verfolgen.

Die berühmte Taktik der ›Nachtmärsche‹ anwendend, folgte Custer der Spur zwei Tage lang und überholte beinahe das Zeltlager. Am 10. August entdeckten die Scouts, daß die fliehenden Indianer den Yellowstone drei Meilen unterhalb des Big Horn River überquert hatten. Die starke Strömung vereitelte die tagelangen Anstrengungen der Siebten, den Fluß ungesehen zu überqueren; an diesem Abend wurden sie von Sioux-Spähern entdeckt. Da nun das Überraschungsmoment verloren war, gab Custer den Versuch der Überquerung auf und bezog am Nordufer Lager.

Früh am nächsten Morgen eröffneten indianische Scharfschützen das Feuer vom anderen Flußufer her. Custer ließ seine besten Scharfschützen Stellung beziehen, das Feuer erwidern und teilte seine Truppe in drei Schwadronen. Sioux-Gruppen überquerten den Fluß oberhalb und unterhalb von Custers Stellung, griffen seine Flanken an und bereiteten einen Angriff in seinem Rücken vor, von fünfhundert Meter entfernten Hügeln aus. Custers Schützenkette wehrte die ersten Angriffe ab und nahm damit der Attacke die Stoßkraft. In diesem Augenblick unternahmen die Schwadronen einen ›Dreizinkigen‹ [hufeisenförmig sich nach innen zu verjüngende Kavallerie-Säbelattacke], und trieben damit die Sioux in die Flucht.«[56]

Damit war die Chance, nach der dieses feldmarschmäßige Aufgebot so krampfhaft gesucht hatte, durch die Wachsamkeit und Vorsicht der Hunkpapa-Führung vereitelt. Der Nachtmarschstoß auf das große Zeltlager, in dem sich der streitbare Kern des Hunkpapa-Stammes, die gesamten Wintervorräte und Pferderudel sowie ein Großteil der Waffen und Munitionsvorräte befanden, hatte den Indianern mit unmißverständlicher

Hunkpapa-Medizinmann, Häuptling und Seher Sitting Bull

Klarheit gezeigt, daß die Absicht der US-Armee die Totalvernichtung à la Sand-Creek-, Washita- und Piegan-Massaker war. Sie brachten ihre Zelte in Sicherheit und zermürbten die Truppen in einer Art Guerilla-Krieg, den Hunderte von kleinen Splittergruppen ununterbrochen führten. Sie zwangen die Soldaten durch Scheinangriffe auf den zivilen Expeditionskern, zu diesem zurückzukehren, und erweckten den Anschein, als könne jeden Augenblick ein massiver Vergeltungsangriff erfolgen.

Nur ganz allmählich wurde Colonel Stanley klar, daß die geniale Strategie des Hunkpapa-Häuptlings Sitting Bull und die vorsichtige Durchführung durch den Hunkpapa-Kriegshäuptling Gall, den gesamten Feldzug zum Scheitern gebracht hatte. Die Sioux hatten sich über die sogenannte »Nachtmarsch-Strategie« und »Grundlagen-Vernichtung« so eingehend informiert und – wie später von Weißen, die bei und mit ihnen lebten, bekannt wurde – sogar Manöver ausgeführt, in denen sie eine bestmögliche Taktik entwickelten. Eine Form bestand darin, die angreifende US-Armee nur zu paralysieren, sie ins Leere laufen zu lassen, die andere, sie in vorbereitete Hinterhalte zu locken und dann vollständig zu vernichten.

Stanley setzte den Marsch fort, die Landvermesser arbeiteten fieberhaft und erreichten Camp Thorne am 9. September, wo der Dampfer »Josephine« wartete, drei Kompanien und alle überflüssigen Vorräte übernahm und davondampfte. Der Versuch des »Kriegsministeriums, mit der Yellowstone-Expedition seine Ausrottungspolitik fortzusetzen« (›Montana Magazine‹), war gescheitert. Die Northern Pacific hatte zwar den zukünftigen Schienenweg vermessen, aber die Sioux besaßen nach wie vor die Kontrolle über ihr Gebiet. Auch die Wissenschaftler hatten keine spektakulären Entdeckungen gemacht.

»Ein Bankkrach ist zu jeder Zeit eine schreckliche Sache. Der Börsenkrach von 1873 war der schlimmste, den die Vereinigten Staaten je erlebt haben. Cooke verkaufte alles, was er besaß, um seine Schulden zu decken: seine wunderschöne Villa in Philadelphia, seinen Sommersitz am Eriesee, seine Kunstwerke, seine Jacht, seine Karossen, seine Möbel und setzte sich in einem kleinen Landhaus bei Philadelphia zur Ruhe. In einer nur leicht ausgeschmückten Geschichte wird sein Leben in diesem Häuschen erzählt. Eine der beiden Frauen, entweder seine Tochter oder seine Frau, stand am Gartentor des kleinen Häuschens, um einen an Leib und Seele gebrochenen Mann zu empfangen. Sie trat ihm weder mit Vorwürfen noch mit Bedauern entgegen. Sie hatte ein kleines Rosensträußchen am Gürtel, und Cooke schritt über den kleinen Gartenpfad zu einem Hafen von Frieden und Liebe. Der Börsenkrach wurde nie erwähnt. Dort gewann er seinen Nerv, sein Gleichgewicht und seine unbezähmbare Courage wieder und erinnerte sich einer Silbermine, die er in der Turbulenz der schrecklichen Jahre vergessen hatte. Er hatte die Hälfte des Lebens hinter sich. Er eröffnete seine Büros in der South Third Street, und es gelang ihm, diese Mine für zwei Millionen Dollar zu verkaufen. Diese verschnörkelte Story mag ein bißchen rührselig sein, aber in der Hauptsache stimmt sie tatsächlich.«[55]

Drei Monate Stillstand nach der Fertigstellung des Schienenstrangs bis Bismarck hätte das Bankhaus Cooke wahrscheinlich einigermaßen gut verkraften können, wenn innerhalb dieser Zeit der Weiterbau hätte sichergestellt werden können. Das aber wäre nur durch einen freiwilligen Verzicht der Sioux auf dieses Eisenbahnland möglich gewesen oder durch einen Feldzug, wie man ihn schon oft erlebt hatte: Die Sioux wären geschlagen worden und hätten anschließend in einem neuen Vertrag die Landnahme des Eisenbahngebietes zugestanden. Aber keins von beiden war geschehen. Die US-Armee hatte sich von 1869–73 »redlich« bemüht, die Sioux zum Aufstand und Krieg zu provozieren. Diese aber waren nicht darauf eingegangen, sondern ihre Häuptlinge – allen voran Red Cloud – hatten durch ihr würdevolles, bestimmtes Auftreten und durch den Appell an den Gerechtigkeitssinn und die Fairneß der Amerikaner die gesamte Atlantikpresse und damit die Mehrheit der atlantischen Bevölkerung für sich und ihr Problem gewonnen. Sie hatten geschickt die Zwangslage, in der sich Präsident Grant durch seine Friedenspolitik und den Wahlfeldzug befand, für ihre Interessen genutzt und über die Ausrottungspolitik des Kriegsministeriums, der Armee und der Westernpioniere triumphiert.

Die Art und Weise, wie Red Cloud jeden heimlichen Anlauf der Armeeführung, den »großen Sioux-Krieg« ausbrechen zu lassen, blockierte, ist imponierend: Im Mai 1872 reiste er mit einer großen Delegation nach Washington und erklärte Grant mit entwaffnender Offenheit: »Dies ist das zweite Mal, daß ich gekommen bin, und jetzt komme ich ohne Einladung.«[58] Er erklärte, daß er öffentlich aufgetreten sei, um anzuklagen, als er

Anklagen vorzubringen gehabt habe, und daß er jetzt, da der Große Vater sein Wort gehalten habe, ebenso öffentlich sagen werde, welch ein großer Mann Grant sei. Das war eine ganz klare Wahlunterstützung für Grant, dessen Parteimanager dies sehr wohl zu schätzen wußten. Auf diese Weise handelte Red Cloud wieder Vorteile für seine Nation aus und erfüllte anschließend sein Versprechen, dem Großen Vater Wohlverhalten zu bescheinigen. Es gab Stimmen, die das Auftreten Red Clouds für das »Zünglein an der Waage« hielten. Wenn dem so ist, hat Red Cloud es in der Hand gehabt, die Wiederwahl Grants herbeizuführen oder zu verhindern.

Pläne der Armeeführung, zu Beginn des Winters 1872 Zwischenfälle zu provozieren und dann loszuschlagen, wurden auf diese Weise praktisch im Keime erstickt. So merkten nicht nur Militärs und Politiker, daß weder 1872 noch 1873 an einen Sioux-Krieg zu denken war, sondern ebenso die zahllosen kleinen Aktionäre, Zulieferer, Banken und Landkäufer der Northern Pacific. Der Aktienkauf stoppte, dann kam der Börsenrückfluß, die Kurse fielen, und der Sturz wäre nur noch durch eine überraschende kriegerische Wende aufzuhalten gewesen. In diesem Licht erscheint die »Yellowstone-Expedition« als eine ebenso verspätete wie verzweifelte Rettungsaktion der Armee. Als die Soldaten dann in ihre Ausgangsforts zurückkehrten, war die Katastrophe geschehen. Jay Cooke schloß seine Bank am 18. September, weil er nicht einmal mehr die Zinsen der NPRR-Aktien zahlen konnte. Die Folge war ein Schock, der das ganze Wirtschaftsgefüge erschütterte. Man konnte es einfach nicht fassen: Jay Cooke pleite! Das schien den Menschen so unglaublich wie der Bankrott der Bank von England. Innerhalb einer einzigen Woche waren Hunderttausende Angestellter arbeitslos, hatten Hunderttausende kleiner Leute nicht nur alle ihre Ersparnisse verloren, sondern waren obendrein noch bis über die Ohren verschuldet. Eine Selbstmordwelle erschütterte die Atlantikstaaten. Innerhalb von 24 Stunden nach der Schließung von Cookes Schaltern brachen in New York allein 30 Banken zusammen. Elf weitere folgten innerhalb von drei Tagen. Panische Angst lähmte Industrie und Bevölkerung. Kleine Eisenbahngesellschaften, Lokomotiv- und Wagenfabriken, Eisenindustrie-Betriebe, Firmen und Geschäfte schlossen. Der Sturm auf die Börse war so »groß, daß man fürchtete, die Innengalerie würde zusammenstürzen«[59]. Am 20. September schloß auch die New Yorker Börse. In den Straßen fanden blutige Kämpfe um

Sparguthaben-Auszahlungen und Aktienverkäufe statt. Die Aktionäre verloren alles Vertrauen in die Eisenbahngesellschaften. Menschen, die sich »reich an Land« geglaubt hatten, sahen nun, daß dies ihre ganze Existenz bedrohte. Sie konnten nicht verkaufen, ohne alles zu verlieren, und sie konnten nichts behalten, ohne sich nicht noch tiefer zu verschulden. Die Nation hatte es begriffen: Die Northern Pacific Railroad war nur noch ein gigantisches Wrack!

Im Westen wirkte es sich vor allem auf die Missouri-Dampfschiffahrt nachteilig aus, daß die NPRR nicht mehr weiterbauen konnte. Ganz besonders aber wurde jene Stadt in Mitleidenschaft gezogen, die überhaupt erst durch den Bau der Northern Pacific entstanden war: Bis zum Sommer 1873 wurde sie inoffiziell »Railroad Crossing«, offiziell »Edwinton« genannt. Edwinton lebte von Dampfschiffahrt und Eisenbahnbau und diente der NPRR hauptsächlich als Ausrüstungsdepot. Als im Sommer schon deutlich wurde, daß der Northern Pacific eine gewaltige Pleite ins Haus stand, bemächtigte sich der Stadtbewohner größte Existenzsorge. In der Hoffnung, daß sich der deutsche Reichskanzler Otto von Bismarck in Old Germany dafür verwenden würde, daß Banken bei Edwinton Land kauften, benannten sie ihre Stadt in Bismarck um. Aber der in dieser Hinsicht phantasielose und uneitle Deutsche schien sich der ungeheuren Ehre, die man ihm da antat, nicht so recht bewußt zu sein. Außer einem freundlichen Dankschreiben ernteten die Missouri-Spekulanten nichts, das die Aufmerksamkeit gelohnt hätte.

8. Gold in den Black Hills

»Die Indianer können von dem Landgebiet, das für sie reserviert wurde, keinerlei vernünftigen Gebrauch machen. Die Waldgebiete und die mineralischen Bodenschätze haben keinen Wert für sie, weil sie weder die Kenntnisse noch die Neigung besitzen, sie auszubeuten. Die Regierung ist es dem Lande und besonders Dakota schuldig, jedes Hindernis zur sofortigen Öffnung und Entwicklung dieses weiten Feldes unermeßlichen Reichtums aus dem Wege zu räumen.«[60]

Nach dem Börsenkrach von 1873 richtete sich das Interesse der Spekulanten im Westen auf alle möglichen und denkbaren Schätze, die das Land noch bergen mochte und die eine neue Quelle des Reichtums werden könnten. Das Goldfieber in Kalifornien, Nevada, Montana und Idaho hatte dem »kleinen Mann« nur vorübergehend ein wenig Glück gebracht: nicht, weil die Bodenschätze allzu rasch erschöpft gewesen wären, sondern weil den mittellosen Massen der Prospektoren die dollarschweren Spekulanten aus dem Osten auf dem Fuße folgten. Diese verstanden es sehr rasch, die auf die Dauer gewinnträchtigsten Objekte an sich zu bringen und damit die vielzitierten »unbegrenzten Möglichkeiten« in verhältnismäßig kurzer Zeit entscheidend einzuengen. Es blieben die industriellen Bergwerksbetriebe, Gruben, Wasserdruck-Abbauanlagen und Erzmühlenbetriebe, in denen die mittellosen Glücksritter allenfalls noch Lohnarbeit erhielten, die häufig zur Fron ausartete.

Die Entwicklung der sogenannten »Rinder-Bonanza« verlief nicht anders: War 1866 das Treiben von Millionen halbwilder Longhorn-Rinder noch ein Abenteuer für wagemutige Cowboys, die Geld und Besitz verachteten, aber individuelle Freiheit und die Herausforderung der Wildnis liebten, so verdrängten kapitalkräftige Rinderzüchter aus Illinois, Pennsylvania und Massachusetts und Viehsyndikate aus Schottland und Chikago auch hier allmählich die kleineren Rancher. Jener Typus Pionier, der aus Zivilisationsmüdigkeit und Freiheitsdrang in die Wälder und die Prärie, in die Steppen und Wüsten des Südwestens und schließlich in die Berge gezogen war, hat niemals der ihm auf dem Fuße folgenden Welle der Siedler und Heimstätter entgehen können, deren Zivilisation mit dem Bau von Kirchen und Gefängnissen begann. Im Jahre 1874 zeichnete sich sein

Schicksal bereits ab. Das sogenannte »Granger-Movement«, eine große Bauern-Selbsthilfe-Organisation, die künftigen Farmern genaue Anleitungen für den Anbau diverser Feldfrüchte unter den verschiedensten Bedingungen gab, sie über ihre Rechte und Pflichten aufklärte und bei Auseinandersetzungen mit Viehzüchtern, Eisenbahnbauern und Städten beriet, errang allmählich eine beherrschende Stellung und wurde zu einer Art Gewerkschaft oder Bauernverband, und die Funktionäre waren bald mit kapitalistischen Alleinherrschern vergleichbar.

Die Zeit der grenzenlosen Freiheit – bei hohem Risiko – ging vorüber. Pioniere, Jäger, Cowboys und Goldsucher sahen sich allmählich wieder auf den Status einfacher Lohnarbeiter reduziert. Es zeigte sich, daß die Pioniere zwar den ungeheuren Reichtum der Bodenschätze des Westens hatten entdecken können, ihn aber nicht zu bewahren wußten. Was für einen Atemzug der Geschichte Wirklichkeit geworden war – Freiheit, Gleichheit, Brüderlichkeit, die Ideale der französischen Revolution und des jungen Amerika – wurde wieder zum unerfüllbaren Traum. Risiko, Anstrengung und Unbequemlichkeiten hatten Mut erzeugt. Jetzt zeigte sich, daß Sicherheit, Arbeitsersparnis und Komfort Angst schufen. Die Allmacht der Administration begann sich abzuzeichnen.

Der Philosoph Henry George warnte die hemmungslosen Amerikaner im ›Overland Monthly‹[61] eindringlich vor einer maßlosen Zukunft: »Eisenbahnen werden nicht nur einfach einen neuen Weg quer durch den Kontinent eröffnen; sie wandeln eine Wildnis in ein volkreiches Imperium innerhalb kürzerer Zeit als in Europa viele Kathedralen und Paläste entstanden sind. Sie machen Schatzkammern zugänglich, die die Welt mit Edelmetallen überfluten werden. Die Naturschätze dieses Landes sind so groß und mannigfaltig, ihr Anreiz, den sie Kapital und Arbeit bieten, so überragend gegenüber anderen Möglichkeiten sonstwo, daß [...] Einwanderer wie Sturmfluten das Land überschwemmen, Staaten bevölkern und Städte mit einer Geschwindigkeit bauen werden, die zuvor unbekannt war [...] von den Veränderungen, die einer solchen Völkerwanderung folgen, wird ein grenzenloses und höchst verführerisches Feld für Spekulation eröffnet [...] Die neue Ära wird die eines großen materiellen Wohlstands sein, wenn damit mehr Leute, mehr Häuser, mehr Farmen und Bergwerke, mehr Fabriken, Eisenbahnen und Schiffe gemeint sind [...] sie wird ohne Zweifel eine Ära ständigen, schnellen und ausgedehnten Wachstums sein;

[...] aber wir können dem großen Gesetz des Ausgleichs nicht entgehen, das jedem Gewinn einen Verlust gegenüberstellt [...] Das Wachstum von Bevölkerung und Wohlstand über ein gewisses Maß hinaus bedeutet einfach eine Annäherung an den Zustand der Länder der Alten Welt [...] Mit der Neigung der menschlichen Natur, stets dem den höchsten Wert beizumessen, was man nicht hat, haben wir klagend nach Einwanderern und Bevölkerung geschrien, als wäre es das einzig Gute auf der Welt. Aber wenn das so wäre, wie kommt es dann, daß die bevölkertsten Länder in der Welt gleichzeitig auch die ärmsten, korruptesten, die mit der größten Hoffnungslosigkeit und geringsten Entwicklung sind? Wenn eine große Bevölkerung weder ein Fluch noch ein Segen ist, wie kommt es, daß nach der großen Pestepidemie, die ein Drittel der Bevölkerung Englands dahinraffte, solch eine Steigerung der Standardlöhne und des allgemeinen Komforts im Volk stattfand?

Wir wollen große Städte, große Fabriken und billig arbeitende Bergwerke [...] Würden wir es für einen Gewinn ansehen, wenn sich Verhältnisse wie in New York, das von Dieben, Stadtstreichern und Bordellbesitzern regiert wird und das eine Rasse von Wilden nährt, schrecklicher und grausamer als die, die auf den Plains ihren Kriegsruf ausstoßen? Wäre es ein Gewinn, wenn die Baumwollmühlen von Massachusetts mit ihren Tausenden von Kindern, die sich buchstäblich zu Tode arbeiten müssen, hierher versetzt würden, oder die Feilen und Nägelfabriken von England, wo junge Mädchen schlimmer behandelt werden als Sklaven auf südlichen Plantagen. Oder würden wir wünschen, daß es in unseren Bergen Bergleute – Männer, Frauen und Kinder – wie in den Eisen- und Kohlebergwerken von Belgien und Frankreich gäbe, wo die Verdienstmöglichkeiten den Arbeitern Fleisch nur einmal pro Woche erlauben?

Können wir das eine haben ohne das andere? Ist die menschliche Natur eine andere, wenn sie den Längengrad wechselt? Verlieren die Gesetze der Produktion und Verteilung, die in ihrer Sphäre unerbittlich sind wie die der Gravitation, ihre Kraft in einem Lande, wo im Sommer kein Regen fällt? [...] Die Wahrheit ist, daß [...] die konsequente Ausdehnung von Geschäft und Bevölkerung ein Vorteil nicht für uns alle sein wird, sondern nur für einen Teil von uns. Im allgemeinen werden jene, die reich sind, noch reicher; für jene, die nichts haben, wird es dann noch schwerer, etwas zu bekommen. Solche, die Land, Bergwerke, Geschäfte und besondere Möglichkeiten haben, werden noch reicher, weil sich ihnen mehr Chancen ergeben; solche, die nichts als ihrer Hände Arbeit haben, werden noch ärmer, [...] weil man mehr Kapital braucht, um Land zu kaufen oder ins Geschäft zu kommen und weil Wettbewerb die Arbeitslöhne reduziert, wird Kapital immer schwieriger zu erwerben sein [...] Und weil Eigentum für den Armen schwerer zu erwerben und zu erhalten ist, werden immer mehr Menschen gezwungen, auf dem Arbeitsmarkt miteinander in Wettbewerb zu treten, was wiederum die Arbeitslöhne herabsetzen wird. Das Verhältnis zwischen Kapital und Arbeit wird sich immer mehr zu Gunsten des Kapitals und zu Ungunsten der Arbeit verschieben [...] Wenn man sagt, daß Macht unentwegt viele bestiehlt, um wenige zu bereichern, so ist dies nur eine andere Umschreibung des Naturgesetzes, daß Reichtum zur Konzentration neigt. In der neuen Ära, in die die Welt seit der Nutzbarmachung des Dampfes eingetreten ist, sind diese Gesetze stärker als je zuvor [...] Mit der Sicherheit, die Eigentum vermittelt in dieser modernen Zeit – mit Aktien, Schuldverschreibungen, einbruchsicheren Tresors und Polizeibeamten, mit Eisenbahn und Telegraph – geht ein Mann von einer bestimmten Summe Geldes an keinerlei Risiko mehr ein [...] Jede Anhäufung von Reichtum zieht notwendigerweise andere und neue Anhäufungen von Reichtum nach sich [...] Man braucht den Blick nicht weit vom Palast zu wenden, um die Elendshütte zu entdecken. Wenn Leute einen ganzen Dampfer mieten, um zu baden, wenn sie 4000 Dollar Miete für ein Sommerhaus bezahlen, wenn sie Edelholzställe für ihre Pferde bauen, und zu Essen einladen, die Tausende von Dollars kosten, so wissen wir, daß in unmittelbarer Nähe die Armen sind, die hungern. Wenn feine Kaleschen vorüberfahren, schaut euch nach barfüßigen Kindern um [...] Die Ansammlung von Menschen in Großstädten, die Anhäufung von Reichtum in großen Brocken, die Einordnung von Menschen in große Kolonnen unter der Kontrolle der großen ›Industriekapitäne‹, all dies steht persönlicher Unabhängigkeit entgegen [...]

Die allgemeine Tendenz der vor uns liegenden neuen Zeit ist: die große Entwicklung des Wohlstandes, der Konzentration, der Klassenunterschiede, die Verringerung der persönlichen Unabhängigkeit vieler und die größere Machtentfaltung weniger [...] Im Wachstum großer Gesellschaften und anderer besonderer Interessen liegt ein Element größter Gefahr.

Die Zukunft unserer Nation, unserer Rasse sieht glatt und

glänzend aus; ähnlich etwa mag den Philosophen von Athen die Zukunft erschienen sein, oder denen, die die Städte erbauten, deren Ruinen jetzt im Süden vor uns liegen. Unsere Zivilisation sieht wie ein Treffer aus, breit, tief und hoch – wie jener Turm, den Menschen einst fast bis in den Himmel bauten.«

Henry George wurde in Kalifornien im Jahre 1868 mit Hohn und Spott übergossen. Schon zehn Jahre später erschien im ›Overland Monthly‹ eine spektakuläre Untersuchung »Progress and Poverty« (Fortschritt und Armut), und niemand spottete mehr.

Das Gold in den Black Hills geisterte schon lange durch die Erzählungen an den Lagerfeuern im Westen, Fakten allerdings waren nur wenige vorhanden:

1833 fanden Ezra Kind (ein westfälischer Westwanderer) und sechs Gefährten Gold, kamen aber um. In einen Sandstein ritzten sie die folgenden Worte: »Haben alles Gold genommen, das wir tragen können, alle unsere Pferde von Indianern gestohlen, ich habe mein Gewehr verloren und nichts zu essen, und Indianer jagen mich.«

1852 verließen 30 Kalifornien-Wanderer einen Wagentreck und suchten nach Gold. Acht Männer tauchten wieder auf und berichteten, daß es Gold gäbe. Von den restlichen 22 Männern fehlte jede Spur.

1836 gaben Jim Goodle, Seth Grant und Jim Bridger an, beim Tauschhandel mit Crows, Hunkpapas und Minniconjous Gold-Nuggets aus den Black Hills erhalten zu haben.

1854–1860 drangen verschiedene Gruppen in die Black Hills ein und berichteten, daß es in zahlreichen Flüssen Anzeichen für Placergold-Vorkommen (Oberflächengold in Form von Staub, Körnern oder Nuggets) gäbe.

1865 übergaben zwei Schweden, die aus den Black Hills zurückkehrten, dem Marketender von Fort Laramie, Charly Clay, zwei Büchsen zur Aufbewahrung, die für 7000 Dollar Goldkörner enthielten. Sie gaben an, daß fünf Gefährten von Indianern getötet worden seien. Wenig später holten sie ihr Gold wieder ab und verschwanden spurlos.

Daneben gab es noch zahlreiche Versuche, das Gold zu finden. Nicht nur kleine Einzelgruppen drangen in die Black Hills ein, sondern auch regelrechte Zivilexpeditionen, die hauptsächlich von Cheyenne aufbrachen. Aber alle scheiterten. Um ihren Mut zu betonen, erzählten fast alle diese Leute von furiosen

Sioux-Angriffen. Gingen aber die nüchternen Statistiker der US-Armee solchen Berichten nach, um gesichertes Material für ihren »Record of Engagement« zu erhalten, stellten sich diese angeblichen Attacken als reine Phantasieprodukte heraus. Obwohl den Journalisten des Westens wie des Ostens die Ergebnisse solcher Untersuchungen regelmäßig mitgeteilt wurden, blieb die Westpresse dabei, über haarsträubende Ausschreitungen der Indianer zu berichten. Die Oberkommandierenden der US-Armee im Westen bezogen diese von der Presse geschürte Hysterie in ihre Kalkulation ein: Die Ausrottungsfeldzüge in den südlichen Plains gegen die Comanchen, Kiowas, Kiowa-Apachen und Cheyennes waren teilweise noch im Gange und endeten im Jahre 1874 mit der vollkommenen Unterwerfung dieser Stämme, ihrer substantiellen Dezimierung und Umsiedlung des kläglichen Rests Überlebender in die Getto-Reservationen von Oklahoma.[62] Die Stämme des Nordwestens waren seit dem Modoc-Vernichtungskrieg 1872/73 befriedet, die des gesamten Westens und Südwestens – bis auf einige hartnäckige Apachen-Horden – in Reservationen untergebracht. Das große Büffelschlachten in den Plains hatte von 1864–74 von ursprünglich 30 Millionen Büffeln nur noch knapp drei Millionen übriggelassen. Die ganzen südlichen Plains wurden von Viehzüchtern und Siedlern überschwemmt, und auch in den Bergregionen machte die »Zivilisation« Fortschritte. Praktisch bildete die große Sioux-Reservation noch die einzige Indianer-Oase, in der sich Indianer einigermaßen frei bewegen konnten und in der es noch Überreste von Bisonherden gab. Nun, da im Südwesten große Truppenteile sehr bald frei sein würden und auch im Nordwesten einige entbehrlich waren, stand – vom militärischen Standpunkt her gesehen – einem Sioux-Feldzug praktisch nichts mehr im Wege.

Natürlich waren Büffeljäger, Rinderzüchter, Siedler, Heimstätter, Postkutschenpassagiere und Soldaten in den südlichen Plains während der Ausrottungs-Aktion in Mitleidenschaft gezogen worden, hatte es Tote und Gemarterte gegeben – die Zeitungen, auch im Norden, waren voll davon. Aber viele Gewalttaten, die von Indianern der südlichen Plains auf der Flucht nach Norden begangen wurden, lastete man einfach den Sioux an.

So berichtete General Phil Sheridan in seinem Rapport für das ganze Jahr 1874 von solchen Gewalttaten südlich der Grenze zum Sioux-Gebiet (wohlwissend, daß Sioux hiermit nichts zu tun hatten). Er vertrat die Ansicht, die einzige Möglichkeit zur Unterbindung solcher Vorfälle sei, mitten in den Black Hills ein großes Fort zu errichten, um von hier aus die Sioux besser kontrollieren zu können. Sheridan trug diesen Rapport persönlich dem Präsidenten, dem Innenminister, dem Kriegsminister und dem Oberkommandierenden der US-Armee vor. Der Innenminister stimmte seinem Vorschlag zu, »ein Militärfort in dem als Black Hills bekannten Gebiet zu errichten« und eine »Erkundung des Gebiets vorzunehmen«[63].

Daraufhin fand im Frühjahr 1874 zwischen den Oberkommandierenden der US-Armee im Westen eine geheime Konferenz und Lagebesprechung statt, über die kein Protokoll geführt wurde. Es ist aber interessant, wie die Militärs die Zustimmung des Innenministers W. W. Belknap eigenmächtig in eine Aktion umwandelten, die – einmal angelaufen – nicht mehr aufzuhalten oder rückgängig zu machen war und die politisch Verantwortlichen in Washington nach allen Regeln der Kunst ausschaltete. Sie schienen der »philantropischen Gefühlsduselei« müde geworden zu sein und hatten sich entschlossen, die Geschichte selbst in die Hand zu nehmen.

Nachdem General William Tecumseh Sherman die Aktion genehmigt hatte, kehrte er in sein Hauptquartier in St. Louis zurück, um alles aktenkundig vorzubereiten, damit er später seine Hände in Unschuld waschen konnte, wenn Unvorhergesehenes passieren sollte. General Alfred Terry, der Oberkommandierende des »Department of Dakota« (also für das Sioux-Gebiet zuständig), erteilte Lieutenant Colonel G. A. Custer am 8. 6. 1874 den Spezialbefehl Nr. 117, dessen offizielle Version er der ›Yankton Press and Dakotaian‹ mitteilen ließ: Um den Frieden der Sioux innerhalb ihrer Reservation, der immer wieder von weißen Eindringlingen in die Black Hills gestört worden war, zu gewährleisten, unternehme die US-Armee eine wissenschaftliche Expedition unter militärischem Schutz zu dem Zwecke, den Gerüchten um Goldvorkommen in den Black Hills ein für alle Male dadurch den Boden zu entziehen, daß man feststellte, daß es kein Gold dort gäbe.[64]

Damit hatte man der Bitte des Innenministers entsprochen, im offiziellen Teil der Aufgabe nichts von der Suche nach einem geeigneten Gelände für ein Fort zu erwähnen, damit er – der oberste Dienstherr des BIA – sein Gesicht wahren konnte. Um auch öffentlich würdigen zu lassen, daß es eine ausschließlich den Sioux zugute kommende Aktion gegen weiße Infiltration

General G.A. Custer während der Black-Hills-Expedition auf Bärenjagd

der Black Hills war, lud man drei Pressekorrespondenten als Teilnehmer ein (William Eleroy Curtis, ›Chicago Inter-Ocean‹; Samuel J. Barrows, ›New York Tribune‹; Nathan H. Knappen, ›Bismarck Tribune‹).

Zuerst wollte der Verleger der ›Yankton Press and Dakotaian‹ in einer scharfen Stellungnahme Armee und Regierung angreifen. Als er aber mit General Terry ein vertrauliches Gespräch geführt hatte, erschien in einer kleinen Randnotiz in der Ausgabe vom 2. Juli 1874 die befriedigte Feststellung, daß die Bürger der Missouri-River-Städte ganz beruhigt sein könnten, denn die Armee sei endlich wieder zu Verstand gekommen. Custer würde es schon gelingen, das Gold zu finden![65] Daß die Black-Hills-Expedition den ausdrücklichen Befehl hatte, Gold in den geheiligten Bergen der Sioux zu finden, unterliegt keinem Zweifel. Daß man aber auch die sich eventuell ergebende Gelegenheit wahrzunehmen gedachte, den Sioux einen vernichtenden Schlag zu versetzen, geht aus dem Rundbefehl Custers an die Kompanieführer des 7. Kavallerie-Regiments in Fort Lincoln eindeutig hervor: Der »Circular Order« vom 18. Mai befahl den Kompanieführern, ihre Truppen unverzüglich für den Kriegseinsatz vorzubereiten. Mängel in Lagern und Ausrüstung waren sofort zu melden. Der Exerzierdienst war einzustellen und umgehend mit ausgedehnten Schießübungen zu beginnen.

Es war schon eher eine kleine Armee, die am 2. Juli 1874 Fort Abraham Lincoln verließ: Der Kommandeur Lieutenant Colonel G. A. Custer mit 30 Offizieren, 951 Soldaten, 20 Musikanten, 3 Feldärzten, 60 Arikara-Scouts, 3 Führern, 1 Fotografen, 3 Journalisten, 2 Prospektoren, 3 Wissenschaftlern, mit 1000 Kavalleriepferden, 800 Maultieren, 110 Wagen und 300 Fleischrindern.

Während des Marsches sammelten die Wissenschaftler (Prof. George Bird Grinell, Yale University, Prof. Newton H. Winchell und Prof. A. B. Donaldson, beide University of Minnesota) Fossilien, Pflanzen und Bodenproben, räumten die Pioniere Hindernisse aus dem Weg oder schlugen Brücken über Bäche, versorgte eine »Jagdkompanie« die Armee mit Wildbret, ritten die Arikara-Späher in Gruppen umher und suchten die Sioux, von denen man aber nur Rauchzeichen zu sehen bekam. Die beiden Prospektoren Horatio N. Ross und William McKay gehörten nicht offiziell der Expedition an, sondern waren mit eigenen Wagen, Pferden und Ausrüstung einfach »nur so dabei«. Sie konnten tun, was ihnen beliebte. Das war jedenfalls die den meisten Journalisten mitgeteilte armeeamtliche Version. Der Kutscher Fred Snow erklärte ein knappes halbes Jahrhundert später, daß »Custer die beiden Goldsucher selbst finanzierte«(!)[66] Zuerst schauten die Soldaten, Offiziere, Journalisten und Wissenschaftler den beiden erfahrenen Goldsuchern zu, wie sie in Flüssen mit Schaufeln und Waschpfannen arbeiteten – aber sie hatten kein Glück. Schließlich kümmerte sich niemand mehr um sie, weil man alles gesehen hatte, was es zu sehen gab, und wahrscheinlich auch viel zu erschöpft von dem Gewaltmarsch war, den Custer befohlen hatte. Am Nachmittag des 30. Juli schlug man zehn Meilen vom Harney's Peak entfernt an einem Bach ein Lager auf. Während man mit dem Aufstellen der Wagen und Zelte, der Korals für Pferde, Maultiere und Rinder beschäftigt war, ging Ross mit Spaten und Schaufel zum Bach. Schon nach wenigen Waschpfannen kehrte er zurück – er hatte einige glitzernde, stecknadelkopfgroße Flocken reinen Placer-Bachgoldes gefunden!

Am nächsten Tag – Custer unternahm mit einigen Offizieren eine Kletterpartie auf den Harney's Peak, die ausgeruhten Soldaten veranstalteten ein Baseball-Spiel – gingen die beiden Prospektoren erneut zum Bach. Dort fanden sie wieder Gold, aber für höchstens etwa fünf bis sieben Cents pro Waschpfanne. Während Custer kletterte und die »Actives of Fort Lincoln« gegen die »Athlets of Fort Rice« spielten, gab Colonel Tilford unter einem Sonnenzelt zwischen zwei Bäumen ein Sektfrühstück für die Offiziere, zu dem der Chor der H-Kompanie schmalzige Serenaden sang: »Come Where my Love Lies Dreaming«, »Dinah's Wedding«, »The Vacant Chair« und »Under the Willows«. Dafür spendete ihnen Samuel J. Barrows, der Korrespondent der ›New York Tribune‹ zwei Flaschen Whisky.[67] Daran sieht man, in welch krassem Gegensatz diese Sorglosigkeit der erfahrenen Indianerkämpfer zu allem Lamento von Armee und Westpresse stand, das man seit Jahren über die »kriegerischen, grausamen« Sioux angestimmt hatte. Immerhin: Man befand sich mitten im Gebiet von 70000 Sioux und am Fuße ihrer geheiligten Black Hills! Und Rauchzeichen kündeten davon, daß die Expedition dauernd beobachtet worden war.

Am nächsten Tag verlegte man das Großlager drei Meilen weiter an einen anderen Bach, wo sich für die vielen Tiere eine bessere Weide befand. Und während man wieder mit dem Lager beschäftigt war, entdeckten die Prospektoren auch hier Gold im Bach, diesmal für etwa zehn Cents pro Waschpfanne. Als sie Offizieren und Soldaten vorrechneten, daß in diesem losen Ufersand ein erfahrener, kräftiger Goldsucher täglich 1500 Pfannen in eine Long-Tom-Schüttelschleuse schaufeln könnte und dies einen Tageserlös von 150 Dollar bedeute, stürzte man sich allgemein mit Schaufeln, Messern, Zeltheringen, Topfhaken, Schöpflöffeln, Bratpfannen, Schüsseln und Zinktassen auf den Bach und wusch bis zur Dämmerung wie besessen nach Gold. Aber der Erfolg blieb ihnen versagt, das einzige Gold hatten die beiden erfahrenen »alten Hasen« gefunden.

Gleich am nächsten Tag (2. 8. 1874) verfaßte Custer einen

langen Rapport an General Sheridan, in dem er die Goldfunde erwähnte: »[...] möchte ich vorerst auf Einzelheiten des Teils unserer Entdeckungen bis zur Rückkehr der Expedition nicht eingehen, außer anzumerken, was ohnehin in den Zeitungen erscheinen wird, daß Gold an verschiedenen Plätzen gefunden wurde und es nach der Meinung derer, die sich mit dieser Sache beschäftigen, in lohnenden Quantitäten vorhanden ist. Vor mir auf dem Tisch liegen 40 oder 50 kleine Partikel puren Goldes, in der Größe von Nadelköpfen, das meiste davon heute aus einer Waschpfanne voll Erde gewonnen. [...] Bis nicht weitere Untersuchungen in bezug auf die Reichhaltigkeit der Goldvorkommen gemacht worden sind, möchte ich mir zu diesem Zeitpunkt keine weitere Meinung hierüber erlauben.«

Mit diesem Bericht und anderen Depeschen schickte Custer den zuverlässigsten seiner Späher, Charley Reynolds, zunächst nach Fort Laramie, wo Reynolds vier Tage später ankam und seine dortigen Aufgaben erledigte. Am 13. August traf er in Sioux City ein, wo er unverzüglich dem ›Sioux City Journal‹ einen »leicht enthusiastischen Bericht über die Goldvorkommen gab. Auf die unvermeidliche Frage nach eigenen Funden antwortete er, daß er persönlich keinerlei Nuggets gefunden habe. Tatsächlich kenne er keinen einzigen, der Gold gefunden habe, aber er habe gewaschenes Gold von zwei oder drei Cents pro Pfanne gesehen. Nach diesem Interview setzte er sich nach Bismarck in Bewegung«[68].

Charley Reynolds war seit Jahren als Mann bekannt, der Anweisungen und Befehle strikt ausführte. Wenn ihm Custer geboten hätte, kein Wort über Gold zu verlieren, so wäre das auch nicht geschehen. Die Tatsache, daß es sowohl Custer wie auch Sheridan darum ging, die Nachricht von Goldfunden in den Black Hills schnellstmöglich an die Öffentlichkeit gelangen zu lassen, geht aber auch daraus hervor, daß General Sheridan Custers »Goldbericht« sofort den Journalisten zugänglich machte. Als dann die Berichte der Expeditions-Korrespondenten erschienen, brach der Tumult los.

Die ›Bismarck Tribune‹ vom 12. 8. 1874 trompetete: »Hier in Custer's Valley sind reiche Gold- und Silberminen entdeckt worden, Placer- und Erzvorkommen, und dieses Gebiet scheint darauf zu warten, Amerikas Eldorado zu werden.«

Der ›Yankton Press and Dakotaian‹ vom 13. August blies mit balkengroßen Lettern kräftig ins Feuer:

Endlich doch gefunden!

Reiche Minen von Gold und Silber gefunden, berichtet Custer
Bereitet Euch auf herrliche Zeiten vor!
Goldpreis soll bis Herbst um 10 Cent fallen
Preise für Spaten und Hacken steigen
Die Nationalschulden sollen alle gezahlt werden können, sobald Custer zurückkehrt!

Die ›New York Tribune‹ vom 28. August äußerte sich maßvoller und zurückhaltender: Samuel Barrows mahnte zur Vorsicht, weil über Reichhaltigkeit und Verbreitung der Funde keinerlei Hinweise vorlägen, und er erinnerte daran, daß die Black Hills immerhin den Sioux gehörten, »die geschworen haben, daß sie sich jedem Eindringen des weißen Mannes widersetzen werden«. Er fuhr fort: »Jene, die in den Black Hills nur nach Gold suchen wollen, sollten darauf vorbereitet sein, zu scheitern. Die sich des Sieges mehr als gewiß sind, sollten die Geschichte der Pike's-Peak-Region studieren. Auch die Black Hills sind nicht ohne Denkmäler für Märtyrer, die in ihren Tälern verderben werden.«

Einen Tag zuvor hatte der ›Inter-Ocean‹ das Goldfieber weiter angeheizt: »Gold! Das Land der Verheißung – Erregende Berichte aus den Black Hills! Sie nennen es die ›10-Dollar-Diggins‹, und das ganze Lager glüht im Goldfieber. In vergangenen Berichten und Notizen habe ich von der Entdeckung gesprochen, aber der erste Fundort hatte den Namen ›Diggins‹ noch nicht verdient, und nur ein paar winzige gelbe Partikelchen waren aus einer Pfanne voll Sand herausgewaschen worden. Dieses aber ist die erste Gelegenheit, die unsere Prospektoren hatten, um die ›Farben‹ durch einen wirklich guten Test zu prüfen, und es stellte sich heraus, daß es reichlich davon gibt, von den Graswurzeln an war alles Goldstaub, und nach einigen Dutzend Pfannen kamen die Pioniere eines neuen Goldenen Staates mit gelbem Staub ins Lager, den sie in das herausgerissene Blatt eines alten Rechnungsbuches eingepackt hatten [...]«

Dann erwähnte William Eleroy Curtis noch so ganz nebenbei den Umstand, daß 21 Mitglieder der Expedition an Ort und Stelle eine »Custer Park Mining Company, District No. 1« gegründet hatten, vergaß aber hinzuzufügen – möglicherweise wußte er es aber auch gar nicht –, daß George A. Custer Hauptaktionär dieser Gesellschaft geworden war und mit ihnen vereinbart hatte, daß die anderen 20 Mitglieder seinen Anteil bezahlen und ihm kostenlos übergeben würden.

Obwohl Custer in seinem Goldbericht an Sherman, den dieser sofort der Presse übergab, sehr vorsichtig und zurückhaltend von den ersten Funden gesprochen und es als selbstverständlich dargestellt hatte, daß man weitere Untersuchungen anstellen werde, ehe man etwas Definitives aussagen könne, machte er nach dem zweiten Fund vom 2. August keinen Versuch mehr, sondern kehrte über Bear Butte und Little Missouri in harten Eilmärschen durch das Herzstück des Hunkpapa-Sioux-Gebiets nach Fort Lincoln zurück. Er hoffte ganz offensichtlich, Sitting Bull zum Kampf herauszufordern, aber die Sioux – allgegenwärtig zwar – ließen sich nicht sehen. Am 30. August 1874 traf die Expedition, nachdem sie über 880 Meilen zurückgelegt hatte, wieder in Fort Lincoln ein.

Obwohl das Ergebnis die Oberste Heeresleitung im Westen offensichtlich sehr befriedigte, weisen alle im nachhinein sichergestellten Indizien eindeutig folgendes aus:

Offizieller Auftrag war es, einen geeigneten Platz für ein Fort in den Black Hills zu suchen. Aber Custer unternahm weder den Versuch, einen solchen Platz zu finden noch einen Posten zu bauen und mit Soldaten zu besetzen.

Offizieller Grund für die Errichtung eines solchen Forts waren die Behauptungen der Armeeführung, die Sioux wären so kriegerisch, aggressiv und kampfbereit, daß zum Schutz der Grenzen des Sioux-Gebiets Truppen in den Black Hills stationiert werden müßten. Tatsache aber ist, daß die offiziellen Berichte der Armee von 1868–74 keinerlei Aggressivität der Sioux vermerken. Tatsache ist auch, daß die Expeditionsmitglieder sorglos Klettertouren, Baseball-Spiele und Gelage veranstalteten, noch sorgloser jagten und Pflanzen und Fossilien sammelten. (Custer vergrößerte seine Sammlung ausgestopfter Tiere in einem Maß, daß nachher alle Ambulanzen voll von präparierten Eulen und Schlangen waren.) Tatsache ist auch, daß Custer die Sioux während des ganzen Weges zum Kampf zu provozieren suchte, diese ihm aber geschickt auswichen.

Ein weiterer Auftrag lautete festzustellen, daß es keine Goldvorkommen gäbe, um entsprechende Gerüchte ein für allemal zu ersticken. Tatsache ist aber, daß Custer privat die beiden erfahrenen Prospektoren Ross und McKay zur Teilnahme einlud und bezahlte! Tatsache ist auch, daß Ross Geschäftsführer einer Goldmine in Colorado, McKay Mitglied des Territorium-Parlaments von Dakota war und seit vier Jahren die Bürger aufforderte, die Black Hills einfach zu stürmen, um die Goldminen für Dakota zu erschließen. Tatsache ist ebenso, daß Custer ein paar Goldstaubpartikel genügten, um hiernach sofort in Eilmärschen wieder zurückzukehren, während Reynolds den Auftrag erhielt, den Fund unverzüglich publik zu machen.

Offiziell behauptete Custer, daß die ihm von Ross und McKay übergebenen Goldpartikel am French Creek gefunden worden seien. Tatsache ist aber, daß bei beiden Funden niemand zugegen war, daß alle anderen, die daraufhin nach Gold wuschen, keines fanden. Tatsache ist auch, daß Prof. Winchell nachher behauptete, die Prospektoren hätten zwar immer vorgegeben, Gold gefunden zu haben, aber es wären »immer die gleichen Körner gewesen, die sie vorzeigten. Ich glaube nicht, daß überhaupt Gold gefunden wurde«[69]. Der Sohn Präsident Grants, Fred Grant, der auch an der Expedition teilnahm, stimmte dem zu. Auch er hatte – außer den Partikeln, die Custer von Ross und McKay erhielt – kein Gold gesehen!

Damit bestand das Ergebnis dieser aufwendigen Aktion aus einigen Goldkörnchen, von denen man nicht einmal mit Sicherheit weiß, ob sie wirklich dort gefunden wurden! Trotzdem war die Black-Hills-Expedition seit 1869 ganz offensichtlich die erste Aktion – besser gesagt: der erste Coup – der US-Armee, der ein voller Erfolg wurde: Der unvermeidliche Run goldhungriger Amerikaner, die von allen Seiten in die Black Hills eindrangen, setzte augenblicklich ein. Diese Massenbewegung schlug alle Warnungen in den Wind, die Sioux würden sich ihnen mit Gewalt widersetzen, im Gegenteil: Die Emotionen wurden dadurch nur noch mehr aufgepeitscht.

Es fehlte aber nicht an massiven Vorwürfen der »philantropischen Indianerfreunde« des Ostens, die die Armee beschuldigten, den Run bewußt herbeigeführt zu haben. Demgegenüber wiesen die Militärs darauf hin, daß

Custers in die Presse lancierter Bericht doch viel zu skeptisch gewesen sei, um einen solchen Run zu rechtfertigen,

die Armee von Anfang an deutlich gemacht habe, daß das Betreten des Sioux-Gebiets verboten sei,

Truppen bemüht seien, wilde Siedler und Goldsucher mit Gewalt wieder aus dem Sioux-Gebiet zu entfernen,

sie laufend das gesamte Eigentum solcherart Gefaßter in Beschlag nähmen und errichtete Unterkünfte in den Black Hills anzündeten,

aber im übrigen die Truppenstärke bei weitem nicht ausreiche, um die Black Hills vor der Flut der Amerikaner zu bewahren.

Die US-Armee wusch die Hände in Unschuld. Man bemühte sich tatsächlich anfangs hier und dort, stichprobenartige Kontrollen durchzuführen und Ausweisungen vorzunehmen. Es wurden auch einige Wagen und Gerätschaften beschlagnahmt, ein paar provisorisch zusammengenagelte Unterkünfte angezündet. Im übrigen war man in den Garnisonen fieberhaft bemüht, über die Union Pacific und Northern Pacific Nachschub an Ausrüstung, Waffen und Munition herbeizuschaffen und die Truppen für den »großen Sioux-Krieg« vorzubereiten. Während in den Black Hills Tausende und aber Tausende die dicht bewaldeten Hänge kahlschlugen und Ortschaften gründeten, aus denen über Nacht Städte (z.B. Deadwood und Custer) wurden, während Postkutschenlinien eingerichtet und Frachtwagenstraßen erbaut wurden, alles Wild im weiten Umkreis innerhalb kürzester Zeit ausgerottet war und die vordem idyllischen Black Hills mit ihren paradiesischen Tälern sich allmählich in eine Mondlandschaft verwandelten, putschten sich die Warnungen der Armee vor den furiosen Sioux und die »Sie-sollen-nur-kommen«-Schlagzeilen der West-Presse gegenseitig auf, so daß gegen Ende 1875 die Hysterie einen bisher noch nie dagewesenen Höhepunkt erreichte.

Kleine jagende Sioux-Gruppen oder irgendwo auftauchende und wieder verschwindende Stammeshorden, umherstreifende Krieger, beerensammelnde Squaws – immerhin befanden sich die Sioux in ihrem Gebiet – riefen sowohl in Goldgräberlagern, Ortschaften und Städten wie auch in Armeeposten und Forts Schreckensvisionen von Massenaufmärschen blutrünstiger Krieger, von Hinterhalten, trickreichen Wildnismanövern und Massaker-Vorbereitungen hervor, so daß ein Alarm den anderen jagte. Hatte der erste Goldgräber drei Krieger in 200 Meter Entfernung vorbeireiten sehen, waren es beim zweiten schon ein Dutzend, beim dritten waren es hundert, und schließlich lauerten Tausende hinter Bäumen und Sträuchern. Wurde einem Prospektor der Esel gestohlen, so waren es am nächsten Bach schon zwei Dutzend Pferde, und hinter dem nächsten Hügel sprach man bereits von Skalpierten, lebendig Verbrannten und Geschändeten, von Brandschatzung und dem Heraufdämmern des Jüngsten Tages.

Als aber in Wirklichkeit die erwarteten Angriffe, Überfälle und Greueltaten der Sioux ausblieben und sich sowohl Red Clouds Oglalas wie Spotted Tails Brulés in ihren Reservationsgebieten ruhig verhielten, als auch Crazy Horses nördliche

Oglalas und Sitting Bulls Hunkpapas ebenso wie die kleineren Stämme der Minniconjous, Sans Arcs, Two Kettles und die Splittergruppen der Santees, Sissetons und Yanktonnais sich nicht provozieren ließen und der »große Sioux-Krieg« weder stattfand noch herbeigeredet werden konnte, wurde die Situation für Armee, Regierung und Wirtschaft noch schwieriger, als sie durch den Bankkrach von 1873 ohnehin schon war: Alle Spekulanten der Missouri-Dampfschiffahrt, die bereits in eine Yellowstone-Schiffahrt investiert hatten, gingen zum Teil bankrott, zum Teil retteten sie sich mit knapper Not.

Auch die Northern Pacific stand vor dem Ruin, als man überraschend in den nordwestlichen Rocky Mountains ausgedehnte Kohlevorkommen fand. Der neue Manager Frederick Billings kam auf die Idee, den westlichen Teil der Strecke, die sich vom Pudget Sound am Pazifik bis an die Westgrenze des Sioux-Gebiets erstreckte, weiterzubauen und durch die Eisenbahn die Ausbeutung der reichen Kohlenminen möglich zu machen. Durch eine geniale Börsen-Manipulation rettete er immense Summen des Altkapitals und wich dadurch dem Konkurs aus. Er tauschte die alten Stammkapital-Aktien gegen Vorzugs- und Standardaktien um: Für tausend Altaktien gab er entweder vierhundertneunzig Vorzugs- oder fünfhundertzehn Standardaktien; die Vorzugsaktien waren zwei Jahre zinsfrei, brachten aber dann acht Prozent Zinsen; die Standardaktien brachten nur Gewinndividenden, und erst dann, wenn die Zinsen der Vorzugsaktien ausgezahlt waren. Daneben standen ihm noch weitere acht Millionen Dollar zur Verfügung. Mit diesen Mitteln und mit den zu erwartenden Gewinnen aus Transportaufträgen konnte der Weiterbau in den Bergen gesichert werden. Aber dies bedeutete nur einen kurzen Zeitgewinn für das Mittelstück der kompletten Bahn, das im Sioux-Gebiet lag. Stand dieses Gebiet nicht mitsamt den Landschenkungen bis 1876/77 zur Verfügung, so drohte eine noch größere Wirtschaftskrise als die des Jahres 1873.

Da die Black Hills mitten im Sioux-Gebiet lagen, mußten zwangsläufig alle Zufahrtswege ebenfalls durch Sioux-Gebiet führen. Der Friedensvertrag von 1868 war also nicht nur von der Armee mehrfach gebrochen, sondern auch von der Besiedlungswelle in den Black Hills ignoriert worden. So erhielten die Indianer immer mehr Argumente für ihre Anklagen. Je zahlreicher und offenkundiger diese Vertragsverletzungen wurden, um so mehr wuchs die Zahl der Indianerfreunde in den Atlantikstaaten, immer stärker wurde der Druck der Öffentlichkeit auf die Politiker und Militärs. Damit einher ging eine sich ständig steigernde Polemik, die ein sich immer mehr vergiftendes und verhärtendes Klima schuf.

So verunglimpft fühlten sich die Militärs, daß viele Offiziere in der Zeit von der Black-Hills-Expedition bis zum Custer-Massaker auf Urlaub in den Atlantikstaaten verzichteten. Die Frustrationen erreichten einen Höhepunkt, als bald auch im Westen die durch die Goldfunde ausgelöste Hochstimmung wieder ins Gegenteil umschlug, als die Armee manche Goldsucher mit Gewalt aus dem Sioux-Gebiet schaffte, Konferenzen mit Stadtvätern neugegründeter Gemeinden einberief und sie unter Druck setzte – und das alles nur, um den Indianerfreunden nicht noch mehr Argumente zu liefern. Die Militärs hatten die Invasion provoziert, aber der erwartete Sioux-Aufstand blieb aus. Jetzt standen sie mit dem Rücken zur Wand. Die Amerikaner des Ostens wie des Westens droschen auf sie ein, und die Sioux fügten ihnen mit ihrer Öffentlichkeitsarbeit eine Niederlage nach der anderen zu: Im Frühjahr 1875 hatte die Regierung wieder eine große Sioux-Delegation nach Washington eingeladen, wo man ihnen den Vorschlag machte, die Black Hills zu verkaufen. Aber die Sioux lehnten ab, und die atlantische Presse unterstützte sie.

Inzwischen hatten Beschuldigungen, Custer habe seine Goldfunde manipuliert, und sich häufende Meldungen über geradezu groteske Mißerfolge bei der Suche nach Gold in den Black Hills auch die Regierung unter schweren Druck gesetzt: Man setzte eine zweite Black-Hills-Expedition ein, die dieses Mal unter rein bergbau- und mineraltechnischen Gesichtspunkten durchgeführt werden sollte. Sie wurde von Prof. Walter P. Jenney (von der New York School of Mines) geleitet und von Colonel Richard I. Dodge mit dem 6. Kavallerie-Regiment und zwei Infanterie-Kompanien begleitet. Dieses Mal recherchierten die Fachleute sehr sorgfältig. Und sie stellten eindeutig fest, daß es dort, wo Custer angeblich Placer-Gold gefunden haben wollte (am Castle Creek und French Creek), kein solches Placer-Gold gab! Aber Jenney fand zahlreiche Erzvorkommen, die einen sehr gewinnträchtigen industriellen Bergbau versprachen, Vorkommen also, nach denen Custer überhaupt nicht gesucht und von denen er demnach auch nicht berichtet hatte.

Nach diesen Ergebnissen der Jenney-Expedition wurde die Regierung augenblicklich von der weit verzweigten Industrielobby derart unter Druck gesetzt, daß sie sich entschloß, eine Kommission zu bilden, die versuchen sollte, die Sioux doch noch zum Verkauf des Black-Hills-Gebiets zu bewegen: Angeführt von Senator William B. Allison aus Iowa machten Brigadegeneral Alfred H. Terry, der Kongreßabgeordnete Abraham Comingo aus Independence, Missouri, Reverend S. D. Hinman von der Santee Agency, G. P. Beauvais aus St. Louis, W. H. Ashby aus Beatrice, Nebraska, und A. G. Lawrence aus Providence, Rhode Island, den mehr als 60000 Indianern, die alle Stämme und Gruppen des Sioux-Gebiets vertraten, den Vorschlag, entweder 400000 Dollar jährlich für die Schürfrechte oder sechs Millionen Dollar Kaufpreis für das Black-Hills-Gebiet zu zahlen.

Die Sioux aber, die sich seit der Rückkehr ihrer Delegation aus Washington beraten hatten, stellten die Forderung, daß die USA den gesamten Übergang zur Zivilisation für sieben Generationen als Kaufpreis bezahlen sollten, was etwa einem Betrag von 40 bis 50 Millionen Dollar und Zinsen von jährlich zwei bis zweieinhalb Millionen Dollar entsprochen hätte.

Die Konferenz, die am 20. September 1875 begann, endete bereits am 29. wieder. Die Sioux-Häuptlinge kehrten zu ihren Zeltdörfern zurück, die Kommission nach Cheyenne, wo sie Präsident Grant traf, der gerade mit General John M. Thayer (Gouverneur von Wyoming) von einer Reise nach Salt Lake City zurückkehrte. Alle Herren waren sich darüber einig, daß ihnen die Sioux wieder einmal den Schwarzen Peter zugeschoben hatten, indem sie Forderungen erhoben, die die Regierung nicht erfüllen wollte. Es war wieder Red Cloud gewesen, der darauf hinwies, daß erste Schätzungen von Mineralogen besagten, daß allein in zehn Jahren für etwa 80 Millionen Dollar Gold in den Black Hills gewonnen werden könnte, wahrscheinlich mehr. So hatten die Sioux das Angebot der US-Regierung, die Black Hills zu kaufen, gar nicht brüsk abgelehnt, wie man das erwartet hatte, sondern lediglich einen ihnen angemessen erscheinenden Preis genannt. Und dieser Preis erschien nicht nur den Indianern angemessen, sondern auch einer Vielzahl gewichtiger Persönlichkeiten der Atlantikstaaten, die zum Beispiel vorschlugen, daß die Regierung mit Wyoming eine Art Sonderbesteuerung aller Amerikaner, die sich in den Black Hills ansiedelten und dort Geld verdienten, vereinbaren könnte, aus der dann ein Hauptteil des Kaufpreises und der Zinsen zu bestreiten wäre.

Indianerstämme des Siouxgebiets um 1875

Agentur	Zahl	Stämme
Red Cloud Agency	11000	Oglalas
	4100	Cheyennes und Arapahoes
Spotted Tail Agency	10000	Brulés
	1800	Minniconjous
Cheyenne River Agency	9000	Two Kettles, Sans Arcs, Minniconjous und Blackfoot-Sioux
Standing Rock Agency	5000	Hunkpapas und Blackfoot-Sioux
	6000	Yanktonnais
	4000	nördl. Oglalas (Crazy Horse)
Fort Peck Agency	5000	Yanktonnais und Sissetons
	3000	Assiniboines
Streifende Gruppen:		
Hunkpapas-Oglalas	1000	Hunkpapas (Sitting Bull)
	1400	Shooters
	1100	Tatkonnais
Nördliche Cheyennes und	250	Black Tigers
	350	Long Sioux
	500	Yellow Livers
Minniconjous	400	White Eagles
Insgesamt:	63900	

Der Präsident, das Kabinett, die Kommission, die Militärs und die Lobbyisten der Industrie und des Kapitals waren empört über die Unverschämtheit der Sioux, über ihre Unverfrorenheit und Frechheit und empfanden ihre Forderung als Provokation. Auch der »Commissioner of Indian Affairs« war tief enttäuscht, betroffen und brüskiert. Er wandte sich von seiner Politik der Beschwichtigung ab und »übergab den Militärs das Sioux-Problem zur Lösung«[70]. General Sherman, der seit langem eine Politik der Gewalt befürwortete und darauf wartete, einmal so richtig nach eigenem Ermessen losschlagen zu können, »glaubte, daß sie während des Winters angegriffen und bestraft werden sollten, wenn sie sich in kleine Gruppen aufgeteilt hatten und ihre Pferde durch den Mangel an Frischfutter schwach waren. Sofort wurden Pläne für einen Winterfeldzug gegen die Sioux formuliert [die bereits vorhanden waren und ständig dem neuesten Stand angepaßt wurden], aber der Einspruch des Innenministeriums stoppte Sherman noch einmal: Sie sollten eine letzte Chance erhalten«[71].

Man hatte den Indianern immer wieder gesagt, daß nur Besitz und Eigentum eine passable Zukunft in Zivilisation gewährleiste und sie sich allmählich zu diesen Lebens- und Spielregeln bekennen müßten. Aber nun, da Red Cloud sich ganz genau nach eben diesen Regeln richtete, da man zusammengekommen war, ein Geschäft zu machen, und Red Cloud eine faire Forderung stellte, hielt sich der »Lehrherr« nicht mehr an diese Regeln: Entweder sollten die Indianer die US-Bedingungen annehmen, oder es drohte ihnen die Vertreibung! Nach internen Darstellungen des Innenministeriums verlangte es aber die Lage, daß vor einer militärischen Intervention den Indianern ein Unrecht nachgewiesen werden mußte. Und das war nach der Konferenz vom 20.–29. 9. 1875 nicht der Fall. Auch am Ende des Jahres 1875 hatte der offizielle »Record of Engagements« für dieses Jahr nichts dergleichen aufzuweisen:

»Am 1. Juli schoß eine Abteilung der D-Kompanie der 2. Kavallerie unter First Sergeant Mitchell am Little Popoagie Creek auf Sioux und tötete dabei zwei Indianer.

Am 7. Juli stahlen bei Camp Lewis 50 Indianer ein Dutzend Pferde. Eine Abteilung der Kompanie G der 7. Infanterie unter Lieutenant G. H. Wright verfolgte die Diebe und nahm ihnen sieben Pferde wieder ab.«

Das war keine Bilanz, die einen Vernichtungsfeldzug gerechtfertigt hätte. Zudem hatte William Worth Belknap, der Innenminister und Schwager des Präsidenten Grant, Gründe genug, der Oppositionspresse nicht den geringsten Anlaß zur Kritik zu bieten: Ende 1875 verstummten die Gerüchte nicht, er verkaufe Indianeragenten-Posten für hohe Beträge, mit denen er seine Privatkasse aufbessere. Jedenfalls war er nicht ohne Grund vorsichtig: Im April 1876 drohte ihm ein regelrechtes parlamentarisches Impeachment-Verfahren, das mit seiner Absetzung enden konnte.

»[Der Posten des Indianeragenten] gab einem gewieften Manne Gelegenheit, sein Gehalt durch Viehhaltung auf Regierungsland mit Hilfe kostenloser Regierungsangestellter aufzubessern. Verträge für Heu, Holz, Warentransport und ähnliches konnten über Strohmänner abgewickelt werden [...].

Allgemein war in diesen Zeiten der Posten eines Agenten wenigstens 20000 Dollar Nebenverdienst im Jahr wert.«[72]

In der Regel machte das – ohnehin schon recht beträchtliche – Gehalt eines Indianeragenten nur einen Bruchteil der Nebeneinnahmen aus, die sich aus fingierten Verträgen, aber auch aus Vertragsprovisionen oder irgendwelchen Beteiligungen ergaben. Politisch gehörten Agenten stets der regierenden Partei an, die diese Pfründe an »kommende Männer« vergab. Häufig war der Agentenposten das politische Sprungbrett zu hohen und höchsten Stellungen in einem Bundesstaat oder Territorium. Die dominierende Bedeutung des Indianeragenten ergab sich einfach aus dem Umstand, daß die Regierungsmittel für die Unterhaltung von Getto-Indianern häufig die einzigen, immer aber die wichtigsten und umfangreichsten Geldquellen in einem großen Gebiet waren. Pioniergebiete waren traditionell »Schuldnergebiete«. Bezahlungen für Land, Zäune, Farmausrüstungen und Saatgut flossen in andere, bereits zivilisierte Staaten, die hierdurch immer liquider wurden. Nur durch Verkäufe von Vieh und landwirtschaftlichen Produkten war an Bargeld zu kommen. Es dauerte aber mindestens zehn Jahre, ehe Überschüsse erzielt werden konnten. So stellten die Regierungsmittel, die in Form von Armeesold und Indianer-»Annuities« ins Land kamen, eine lebenswichtige Bargeldquelle für Handel und Entwicklung dar. Diese Regierungsgelder wurden als ebenso natürliche Ausbeutungsquelle angesehen wie Pelze, Büffelhäute, Rindfleisch, Erze, Kohle, billiges Land oder Stadtgründungen. Die Abhängigkeit der Eisenbahn- und Dampfschifffahrts-Gesellschaften, Fleischlieferanten und westlichen Handelsfirmen von Regierungsaufträgen glich etwa der heutigen totalen Abhängigkeit gewisser Verteidigungsindustrien.

Das war natürlich ein weites Feld der Korruption, die auf dem Wege von Washington bis zu den Indianern blühte. Es begann an höchster Stelle damit, daß der Innenminister Agentenposten nicht vergab, sondern verkaufte. (Manche Agenten behaupteten später, an Innenminister Belknap zwei Drittel ihrer Gehälter abgeführt zu haben.) Der Agent wiederum hielt sich schadlos an den Vertragspartnern, an die er Aufträge nicht vergab, sondern verkaufte. So wurden – unter dem Tisch – entweder saftige Provisionen oder einmalige Abschlagssummen vereinbart, oder es wurden minderwertige Waren billig eingekauft, aber Preise für erstklassige berechnet und der Profit unter den Mitwissern aufgeteilt. Ungezählt sind die Beispiele solcher Manipulationen. Wenn zum Beispiel die Regierung für einen Stamm vertraglich die Lieferung von 1000 Rindern monatlich vereinbart hatte, so lieferte der Viehzüchter nur 600 miserabelster Rinder, von denen der Agent dreihundert auf Regierungsweide wieder herausfütterte und dann verkaufte. So zahlte die Regierung für 1000 gute, fette Rinder, aber die Indianer erhielten nur 300 miserable, häufig sogar noch weniger, manchmal überhaupt nichts.

Man kann davon ausgehen, daß im Durchschnitt von 100000 Dollars, die Washington vereinbarungsgemäß ausschüttete, höchstens 10000 die Indianer-Reservationen tatsächlich erreichten. 90 Prozent aller dieser Regierungsgelder flossen in die Taschen eines weit verzweigten Netzes von Händlern und Leuten, die sich auf irgendeine Weise einen Posten in der Administration verschafft hatten.

Die Indianer selbst konnten dieses »Versickern« der Regierungsgelder auf dem Weg zu ihnen weder begreifen noch beeinflussen. Sie verstanden das sich im Dunkeln abwickelnde System nicht, und ihre Proteste, die sich meist als Gewalttaten artikulierten, lenkten nur von dieser Ursache ab, konzentrierten das Interesse und die Reaktion auf sie selbst. Da aber solchen Gewalttaten stets Straffeldzüge der Armee auf dem Fuße folgten, wurden im Endeffekt wieder mehr Indianer in Reservationen gesperrt. Dadurch erhöhten sich die Regierungsgelder noch. So machte sich diese massive Korruption für die Pionierbevölkerung auch noch bezahlt.

Es kann also mit gutem Recht behauptet werden, daß die Reservationspolitik der Regierung im Westen aus zwei Gründen zur Ausrottungspolitik wurde: weil erstens das korrupte Profitstreben von Kabinetts- und Parteimitgliedern, von Regierungsbeamten, Bundesstaats-Gouverneuren, Banken und Handelshäusern bis hinunter zu kleinen Beamten und Händlern alle Zivilisierungsabsichten der Regierung von vornherein zunichte machten, und weil zweitens die Westsiedler selbst mit ihrem unersättlichen Land- und Ausbeutungshunger von dieser Korruption profitierten. Die Indianer des Westens wurden im Grunde nicht Opfer einer stärkeren und überlegenen Zivilisation, sondern einer zur nationalen Tugend erhobenen Wirtschaftskriminalität. Ob die Unterprivilegierten von heute diesen Mechanismen ebenso ausgesetzt sind, sich also die Politik der USA im Grunde noch nicht gewandelt hat – diese Frage muß der Leser selbst beantworten. Hier geht es um Dinge, die nachweislich hundert Jahre zurückliegen.

Als George A. Custer im Impeachment gegen Innenminister

Belknap wegen »Gesetzesübertretung im Amt« auch noch als Zeuge für die Anklage aussagte, fiel er bei Präsident Grant, der seinem Freund, Schwager und Offizierskameraden beistand, in Ungnade. Dabei war Custer selbst als Fortkommandant, der die Posten der zivilen Marketender zu vergeben hatte, nicht weniger korrupt verfahren – wie sich nach seinem Tode herausstellen sollte: Aber er hatte diese Posten nicht vergeben, sondern, wie es stillschweigender Usus unter Fortkommandanten gewesen zu sein scheint, verkauft.

Im allgemeinen liegen die Gründe, aus denen im Westen von Zivilisten sogenannte »Handelsforts« gegründet und betrieben wurden, vor der kritischen Betrachtung der Geschichte vollkommen offen dar. Man wollte mit Indianern Handel treiben, Geschäfte machen und die Freiheit eines ungebundenen Lebens genießen. Der Handelsposten, der im Herbst 1875 von einer Handvoll Abenteurer am Yellowstone River, drei Meilen von der Mündung des Big Horn River entfernt, erbaut und »Fort Pease« genannt wurde, machte eine Ausnahme: Die wirklichen Absichten, die mit seinem Bau verfolgt wurden, liegen im dunkeln. Aber starke Indizien weisen darauf hin, daß es im Verlauf der vielen fruchtlosen Bemühungen der US-Armee, den »großen Sioux-Krieg« zu provozieren, ein weiterer Versuch gewesen sein könnte, nach einem geheim gebliebenen Plan doch noch eine Reihe »brutal abgeschlachteter harmloser Amerikaner« vorweisen zu können, die besten Willens gewesen waren, mit den ruchlosen Sioux nur harmlosen Handel zu treiben. »Der wirkliche Anlaß zu diesem Unternehmen war die Spekulation, daß in Kürze am Yellowstone River ein neues Armeefort erbaut würde, um die kommende Yellowstone-Dampfschiffahrt, die Siedler, die ins Territorium strömten, und den umfangreichen Handel zu schützen, der sich entwickeln würde.«[73]

Offiziell hieß es, daß ein kleines Häuflein von Abenteurern sich entschlossen habe, mit den Sioux dieses Gebiets einen erschwinglichen Tauschhandel zu betreiben. Dem widerspricht aber so ziemlich alles, was an Tatsachen vorhanden ist: Der Initiator dieses Unternehmens war Major F. D. Pease, ehemaliger Indianeragent der »Old Crow Agency« am Mission Creek in West-Montana. Er war Regierungsbeamter und seit der Aufgabe der Agentur mit »Sonderaufgaben in Indianerangelegenheiten« betraut. Plötzlich tauchte dieser erfahrene Soldat, Agent und Sonderbeamte als Zivilist in Fort Benton auf, offensichtlich des Beamtenstatus sowie des feinen Gehalts und der Pensionsansprüche müde. Er suchte in den Forts und Städten des oberen Missouri nach hartgesottenen, im Umgang mit Indianern erfahrenen Abenteurern, um mit ihnen mitten im Sioux-Gebiet ein Handelsfort zu gründen: Zu einer Zeit, da der Pelz- und Häutetauschhandel nicht nur aus Mangel an Pelz und Häuten so gut wie beendet war, sondern auch, weil im Osten daran nur noch sehr spärliches Interesse bestand. Und ausgerechnet mitten in einem Gebiet, in dem man auch noch Kopf und Kragen riskierte, wie die Westpresse seit Jahren zu betonen nicht müde geworden war.

Pease gewann als harten Kern dieses – von Kennern als »geradezu blödsinnig« bezeichneten – Unternehmens ausgerechnet den erfahrenen Armee-Scout Muggins Taylor, die als Armee-Scouts und Späher gefeierten Brüder Paul und John McCormack, den gewieften ehemaligen Marketender von Fort Ellis, Zed Daniels, und den berühmten Führer der Vigilanten (eine Art Volksjustiz) in Montana, Johann Xaver »X« Beidler. Alle bisherigen Bemühungen dieser Männer waren darauf gerichtet, sich mit lohnenden Geschäften zur Ruhe zu setzen. Die Armee-Scouts hatten den Pelzhandel längst aufgegeben, weil er sich nicht mehr lohnte. »X« Beidler, der Vigilantenführer des Goldrauschs in der Alder-Schlucht, hatte es zum bekanntesten Faustrechtsvertreter des Territoriums, zu Gold und Bankkonto gebracht, aber von Pelzen überhaupt keine Ahnung, und jagte nun hinter großen, soliden Geschäften her. Selbst Daniels, der Marketender von Fort Ellis, träumte davon, daß ihm einmal ein großes Warenlager gehören würde. Aber auch er verstand von Pelzen so gut wie nichts. Schließlich gehörten noch 41 Abenteurer, Kartenhaie, Zuhälter, ehemalige Trapper, Soldaten, Saloonbesitzer, Goldsucher und gescheiterte Vertragspartner der Eisenbahn dazu, die allesamt für die große Profitchance die »Hölle mit einem Eimer Wasser angegriffen« hätten. Der Indianertauschhandel hätte ihnen für eine Wintersaison noch keine 20 Dollar pro Mann eingebracht, wenn man die Unkosten für die Tauschwaren und den Fortbau in Abzug brachte. Für keinen einzigen dieser Männer hätte das Unternehmen – wie es offiziell genannt wurde – auch nur den Hauch einer Chance geboten, ihre Ziele zu verwirklichen.

Wenn man aber am Yellowstone ein Handelsfort errichtete, bis Anfang Februar 1876 friedlich Handel trieb, dann den Zorn der Sioux provozierte, Überfälle riskierte und nur ein paar Tage aushielt, bis ein »Rettungskommando« der Armee die Bedrängten heraushieb, so würden die zu erwartenden 30 bis 40 Prozent Toten den Anlaß für einen Straffeldzug bieten. Man könnte die Sioux schlagen und ihnen das Yellowstone-Gebiet abnehmen. Den Überlebenden könnte man dann von Bahn und Schiffahrt großzügige Finanzhilfen, Hotel-, Handels-, Sägemühlen-, Bordell- und Glücksspielkonzessionen anbieten, und ihre Zukunft erschiene im rosigsten Licht. Die drei Scouts wären von ihren Verträgen mit der Armee entbunden und könnten ihre Schäfchen anderweitig ins trockene bringen. Und ist es wirklich zu glauben, daß der Fort-Ellis-Marketender Daniels, der viel Geld in sein Fortgeschäft investiert hatte und allmählich recht gut zu verdienen begann, das aufgeben würde, um in sechs Monaten knapp 20 Dollar zu erlösen? Hypothesen, gewiß! Oder Indizien?

Die kleine Expedition war gut ausgerüstet und setzte sich in Marsch, als plötzlich F. D. Pease in »dringenden Regierungs-Sondergeschäften« von der Armee zurückgepfiffen wurde. Pease war über Nacht wieder Major, Gehaltsempfänger, pensionsberechtigt und befehlsgebunden! Die Expedition zog ohne ihn los. Sie errichteten Fort Pease, trieben Handel mit den Sioux, die erfahrenen Scouts knüpften freundschaftliche Bande mit den Hunkpapas an, die heilfroh waren, für ihre Pelze und Felle Nützliches zu erhalten.

Plötzlich aber geschah etwas nicht Vorhersehbares: In der Eile, einen Fortkoch zu finden, hatte man einen unerfahrenen jungen Franzosen genommen, den man »Frenchy« nannte. Eines Nachts wurde Frenchy von einem plötzlich auftauchenden Sioux erschreckt, der ihm nach »Heyoka-Art«[74] ein Geschenk machen wollte. Frenchy schoß auf »Long Face« und tötete ihn. Tags darauf forderten die Sioux die Herausgabe des Mörders. Andernfalls würden sie das ganze Fort belagern. Unter der Fortbesatzung entstand Streit darüber, ob Frenchy ausgeliefert werden sollte oder nicht. Die Partei, die den jungen Franzosen nicht opfern wollte, behielt die Oberhand. Von nun an belagerten die Sioux das Fort und schossen auf jeden, der es zu verlassen suchte, um Frischfleisch zu jagen. Bald brach dort die Cholera aus. John McCormack gelang es jedoch eines Nachts, sich aus dem Fort zu stehlen, um in Billings Hilfe zu erbitten. General Terry erteilte Major Brisbin in Fort Ellis den Auftrag, mit vier Kompanien der 2. Kavallerie der Fortbesatzung zu Hilfe zu eilen. Am 4. März erreichte Brisbin das Fort, wo er nur noch 19

Überlebende vorfand. Die Cholera – nicht die Indianer – hatte sechs Männer getötet und acht zu Invaliden gemacht, dreizehn waren während der Belagerung entflohen. Wenn es je einen Geheimplan gegeben hatte, die Sioux im Frühjahr mit Beginn der Schneeschmelze zum Angriff zu provozieren, so war auch dieser Plan durch die Unerfahrenheit des kleinen Franzosen gescheitert.

In der Lokalhistorie Montanas wird dieses Ereignis als eine Randerscheinung nur beiläufig erwähnt, zumeist aber vergessen. Sieht man es kurzsichtig ohne Bezug auf die ökonomischen und militärischen Hintergründe, so erscheint es tatsächlich als das halsbrecherische Wagnis einer Handvoll Abenteurer, denen Profitinteressen wahrhaftig nicht nachgesagt werden konnten. Eine unbegreifliche Sinnlosigkeit. Im Zusammenhang mit dem durchaus bekannten Charakter dieser Männer, mit den verblüffenden sonstigen Umständen und mit den großen Hintergründen der Zeit erscheint das Sinnlose und Zufällige plötzlich in einem anderen Licht und erhält einen »Sinn«. Allerdings ist es durchaus verständlich, daß den meisten Amerikanern – auch Historikern – der Vorfall als Heldentat einer Handvoll selbstloser Verrückter besser ins Geschichtsbild paßt.

9. George A. Custer – Mythos und Realität

»Der Kiefer des kleinen George Armstrong Custer schmerzte. Er ballte seine Faust, als sein Vater ihn aus dem Behandlungsraum des Zahnarztes über die Straße zum Pferdezügel-Pfosten führte. ›Vater‹, piepste er und schaute zu dem bärtigen Manne auf, dessen große schwielige Hand seine kleine festhielt, ›ich und du, wir können alle Whigs von Ohio schlagen, nicht wahr?‹«[75]

Als Emanuel Custer, der Hufschmied aus Ohio, diese Worte seines Sohnes »Autie« hörte, war er überzeugt, daß einmal »Großes aus ihm werden würde«. Und in der Tat, als der West-Point-Kadett Custer zu Beginn des Bürgerkriegs im Alter von 22 Jahren als 2. Lieutenant in die US-Armee eintrat, lag eine steile militärische Karriere vor ihm: Am 17. 7. 1862 wurde er mit 23 Jahren Lieutenant, am 5. 6. 1863 Captain, am 29. 6. 1864 Brigadegeneral und am 15. 4. 1865 Generalmajor[76]. Der »Boy General« war zum jugendlichen Apollo der amerikanischen Militärgeschichte geworden, zum Idol der Kavallerie, zum Alptraum gelernter, älterer Kämpen, zum uniformierten Prinzen dreier Generationen junger und ältlicher Mädchen.

Am 23. Mai 1865 beschrieb ein Korrespondent den Eindruck, den Custer bei der Siegesparade der US-Truppen in Washington auf die Menge machte: »Die Menschenmenge begann zu jubeln. Die Leute hatten seinen breitrandigen Hut erkannt, das rote Halstuch, dessen einer Zipfel über eine Schulter hing, und den Schimmer von roten Halstüchern an den Männern hinter ihm – das stolzeste Abzeichen der Armee des Potomac [...] Er saß leicht im Sattel, sein sehniger Körper ein Teil des edlen Pferdes, seine Augen lachten, als er in die Menge schaute, Frauen winkten, Väter hielten kleine Knaben hoch, damit sie ihn sehen konnten: ›Da ist er! Schau! Das ist Custer! Old Curly, der größte Kavallerist, der je lebte. Zwölf Pferde unter ihm weggeschossen. Schau seinen breiten Hut! Eine Kugel mitten durchgeflogen. Eine Locke seines Haares von fliegendem Blei abgerissen. Wurde verwundet beim Angriff auf Brandy Station. Klatsch für ihn in die Hände! Schrei!‹«[77]

»Wir werden bald den reichen Segen des Friedens genießen«, schrieb Custer am 21. April 1865 an seine Schwester Lydia Reed[78]. Aber im Frieden zu leben hatte Custer nicht gelernt. Er fühlte sich als Zivilist dem »reichen Segen des Friedens« so wenig gewachsen, daß er dem vertraulichen Ruf seines ehemaligen Kommandeurs, General Philip Sheridan, der jetzt Kommandeur im Gebiet westlich des Mississippi war, spornstreichs folgte, bei der Niederwerfung der letzten Rebelleneinheiten in Texas mitzuwirken.

Im Juni 1865 traf Custer mit seiner noch mädchenhaften Frau »Libbie« in Alexandria, Texas ein. Er fand hier ein Freiwilligen-Regiment vor, das man, anstatt es nach Kriegsende zu entlassen, wie dies korrekt gewesen wäre, ohne Erlaubnis einfach nach Texas verschifft hatte, damit es hier eine Aufgabe erledige, die die reguläre Armee nicht wahrnehmen konnte, weil man sie in den Atlantikstaaten feiern mußte. Diese Freiwilligen hatten sich bereits auf die Demobilisierung vorbereitet und trugen nur noch Teile ihrer alten Uniformen. Sie fühlten sich schon wieder als Zivilisten und forderten von ihren Kommandeuren die längst fällige Entlassung. Zudem wollten sie von Custer dessen Marschbefehle erklärt haben und wissen, wieso er den Frieden ignoriere und den Krieg als noch nicht beendet betrachte.

Der jugendliche General, in West Point zu blindem Kadavergehorsam erzogen, in Schlachten wegen seines tollkühnen Dreinschlagens zum Nationalhelden geworden, kannte es nicht anders, als daß Soldaten blind zu gehorchen hatten – Frieden hin oder her. Er jagte das Freiwilligen-Regiment in wilden Gewaltmärschen hinter eingebildeten Rebellen-Horden her, und dies durchaus nicht nur, weil er die »Segnungen des Friedens« festigen wollte, sondern aus sehr eigensüchtigen Karrieremotiven: Die große Freiwilligen-Kriegsarmee wurde jetzt demobilisiert, nur der harte Kern der regulären Armee würde bleiben. Darin war nur Platz für einen Bruchteil der Offiziere, die der Krieg hervorgebracht hatte. Diese Rebellenjagd war daher für ihn eine unwiederbringliche Gelegenheit, sich weitere Lorbeeren zu erwerben, die ihm eine allzu tiefe Zurückstufung in Rang und Sold ersparen konnte. Das Angebot der Armee lautete bisher, ihn als Oberstleutnant regulär einzustufen. Vielleicht gelang es ihm mit spektakulären Erfolgen bei der Rebellenjagd in Texas, so starken öffentlichen Druck auszuüben, daß man ihn als General übernahm. Briefe, die Custer an seine Brüder und Schwestern schrieb, untermauern diese Vermutung durchaus.

Während der Gewaltmärsche, die Custer anordnete, häuften sich die Anzeichen, daß auch die Reserveoffiziere des Freiwilligen-Regiments diese Maßnahmen als illegal und eine Art von Freiheitsberaubung empfanden. Custer begegnete dieser, den militärischen Gehorsam in Frage stellenden Geisteshaltung in einer charakteristischen Art:

»Custers sorglose Ritte wurden immer von der Drohung der Lagermeuterei überschattet. Zwei Soldaten wurden vors Kriegsgericht gestellt, der eine wegen Desertion, der andere wegen Befehlsverweigerung, und beide wurden zum Tode durch Erschießen verurteilt. Die Truppe protestierte, sie drohte, den General statt der Gefangenen zu erschießen. Custer ignorierte die Drohungen und bereitete die Vollstreckung des Urteils vor. Je bedrohlicher die Haltung der Soldaten wurde, um so mehr bestand er darauf, daß seine Befehle befolgt wurden. Keine Fragen! Keine Diskussionen! Ein Mann gegen ein ganzes Regiment, das war etwas, was ihm gefiel. Der Tag der Hinrichtung kam. Es wurde geraunt, daß Custer erschossen würde, bevor sein Befehl ausgeführt werden konnte, aber er ritt furchtlos zum Hinrichtungsplatz. Libbie verbarg im Quartier den Kopf unterm Kissen, damit sie nicht die Schüsse hörte, die den Tod von Armstrong oder den der Opfer bedeuteten. Auf dem Exerzierplatz wurden den Gefangenen vor dem Exekutionskommando Augenbinden angelegt. Armstrong stand an der Seite, die Meuterer geradezu herausfordernd. Dann, im letzten Augenblick, führte er den weniger Schuldigen der zwei zur Seite und ließ den Deserteur – erschießen. So demonstrierte der ›Boy General‹, daß sein Wort Gesetz war, und niemand ihn einschüchtern konnte.«[79]

Als General konnte sich Custer seinen persönlichen Adjutanten aussuchen und den Auftrag zur Lieferung von Nahrungs- und Futtermitteln einem Händler (»Forage Agent«) erteilen. Er bewies seinen Familiensinn, indem er seinen Bruder Thomas Custer zum Adjutanten und seinen Vater Emanuel Custer für die Nahrungsmittel der Truppe verantwortlich machte, was immerhin einigermaßen ungewöhnlich war, denn in Texas gab es Händler genug, und sein Vater mußte erst aus Ohio kommen, um ein Geschäft abzuwickeln, vom dem er gar nichts verstand. Aber es stellte sich heraus, daß es sich hauptsächlich um die Einnahme beträchtlicher Regierungsgelder handelte, das Geschäft selbst wickelten dann tatsächlich lokale Händler zu Dumping-Preisen ab.

In bezug auf die Armeeführung erwies sich Custers Vorgehen als richtig, seine Härte gegenüber der Mannschaft und seine Beflissenheit bei der Rebellenjagd trug Früchte: Am 9. 12. 1865 empfahl General Phil Sheridan dem Kongreß, Custer als regulären Generalmajor in die Armee einzustufen. Aber der Kongreß bestand aus Zivilisten, und für die war der Krieg vorbei. Sie dachten über Custers Härte, Beflissenheit und Familiensinn anders und lehnten Sheridans Empfehlung ab. Am 31. 1. 1866 lief Custers Freiwilligen-Dienstzeit ab. Damit verlor er auch seinen militärischen Reserve-Rang. Er wurde als Captain des 5. Kavallerie-Regiments der regulären Armee eingestuft und aus Texas abgezogen. Es hatten sich nämlich Anzeichen dafür ergeben, daß Custers Härte nicht etwa rebellische Südstaatengemüter entmutigte, sondern geradezu herausforderte.

Die »Segnungen des Friedens« hätten ihm nun zuteil werden können, denn zahlreiche Firmen boten ihm Direktorenposten an. Aber Custers Vorliebe für Kommando und Abneigung gegen Bilanzen gaben den Ausschlag: Als im Herbst 1866 in Fort Riley, Kansas, das 7. Kavallerie-Regiment aufgestellt wurde, um Krieg gegen die Indianer zu führen, erschienen seine Qualitäten den Militärs wieder attraktiv. Als Oberstleutnant unter dem Regimentskommandeur Colonel Smith übergab man ihm die Ausbildung der jungen Rekruten.

Läßt man die volkstümlichen Ausmalungen seiner Verdienste im Westen unbeachtet, so ergeben die historischen Fakten ein Bild, das mit dem Mythos wenig übereinstimmt: Im Frühjahr 1867 war die 7. Kavallerie einsatzbereit. General Hancock nahm sie mit zu einer »Pazifizierungsaktion« gegen die südlichen Cheyennes in Kansas. Dort sah Custer die ersten Büffel und Indianer. Schon im Sommer stand fest, daß Hancocks »Feldzug« ein Fehlschlag gewesen war, die Indianer liefen ihm einfach davon. Custer erhielt den Auftrag, sie selbständig zu verfolgen. Da er die Indianer, den Westen und die Mentalität seiner Soldaten nicht kannte, unternahm er nach dem West-Point-Motto »Gelobt sei, was hart macht« Gewaltmärsche, »moralbildende Übungen«, wie er behauptete. »Custer demonstrierte eine Halsstarrigkeit und ein Urteilsunvermögen, die sich mit zunehmendem Alter noch zu verstärken schienen. Vielleicht wurden seine knabenhaften Charakterzüge als Mann nur sichtbarer, offensichtlicher [...] statt für die Soldaten die Härte des Armeelebens zu mildern, befahl er Gewaltmärsche. Ein Kommandeur muß manchmal seine Männer bis an die Grenze des Erträglichen fordern, aber Custers Schwäche war, daß er diese Grenze nicht kannte, er merkte nicht, daß sie keinen militärischen Ehrgeiz hatten.«[80] Einziges Ergebnis dieser sinnlosen Anstrengungen war, daß nach dem Marsch mehr als 40 Prozent der

Pferde unbrauchbar, die Soldaten erschöpft waren und in immer steigender Zahl zu desertieren begannen (so desertierten laut Regiments-Bericht vom 19. 4.–13. 7. 1867 von acht Kompanien = 520 Soldaten insgesamt 156 Soldaten, also genau 30 Prozent).

Als er nach einem solchen Gewaltmarsch (er hatte an einem Tag fast 60 Meilen zurückgelegt) an einem Armeeposten ankam, erfuhr er, daß Lieutenant Lyman S. Kidder neue Befehle von Sherman für ihn – Custer – erhalten hatte und mit einem Scout und zehn Soldaten aufgebrochen war, ihn in den Plains zu suchen. Aber eben weil Custer so ungemein stramm marschiert war, hatte er ihn verfehlt. Da die Gefahr bestand, daß Kidder in einem Hinterhalt des Cheyenne-Häuptlings »Pawnee-Killer« geriet, ließ Custer seinem Männern gerade Zeit, die Pferde zu wechseln, und befahl den nächsten Gewaltmarsch, worauf sogleich 40 Soldaten desertierten und auf Nimmerwiedersehen verschwanden. Wäre Custer in normalem Tempo wie jeder erfahrene Frontier-Offizier marschiert, so hätte Kidder ihn zweifellos früh einholen können. So aber geriet er tatsächlich in Pawnee-Killers Hinterhalt, und alle zwölf Soldaten wurden umgebracht.

Auf der Suche nach Kidder ließ Custer die Truppe erst am Mittag des 7. Juli nach einem 15-Meilen-Galopp rasten. Dort machten sich plötzlich 15 weitere Soldaten unter den Augen des gesamten Regiments davon. Custer schrie dem Offizier vom Dienst, Henry Jackson zu: »Halten Sie sie auf! Schießen Sie sie auf der Stelle nieder! Bringen Sie keinen lebend zurück!« Custers Bruder Tom, Major Elliott und Adjutant Cooke hatten ihre Pferde noch nicht entsattelt und jagten sofort hinter den Deserteuren her, ein Trompeter folgte ihnen. 25 Minuten später hörte man entfernte Schüsse. Dann forderten Trompetenstöße einen Wagen an. Mit diesem kehrten fünf gefangene Deserteure zurück, drei davon schwer verwundet. Die anderen zehn hatten entfliehen können. Als sich der Feldarzt um die Verwundeten kümmern wollte, befahl ihm Custer: »Bleiben Sie von dem Wagen weg, Doktor! Ich habe keine Sympathie für diese Männer. Adjutant, lassen Sie alle Kompanieführer den Marsch fortsetzen!« Am Abend ließ Custer die Offiziere auf Posten ziehen und befahl ihnen, unverzüglich auf jeden zu schießen, der sein Zelt verlasse. Am nächsten Tag fand man die Leichen der Männer aus Kidders Depeschenpatrouille, entkleidet und verstümmelt.[81] In einem erneuten Gewaltmarsch zog Custer nach Fort

Wallace zurück, wo sich mehr als die Hälfte seines noch verbliebenen Regiments in Lazarettbehandlung begeben mußte.

In Fort Wallace erwartete Custer ein Brief seiner Frau, die ihm aus Fort Riley berichtete, daß dort die Cholera ausgebrochen sei, sie sich sehr fürchte und unruhig auf ihn warte. Fort Riley war von Fort Wallace etwas mehr als dreihundert Meilen entfernt. Am 14. Juli kurz vor Mitternacht war er mit der total erschöpften Truppe in Fort Wallace angekommen. Am 15. Juli um 5 Uhr 30 jagte er mit hundert Soldaten, die die Augen noch öffnen konnten, und ein paar Wagen nach Osten auf Fort Riley zu. Sie marschierten zwei Tage und zwei Nächte lang fast ununterbrochen und kamen dabei an rauchenden Trümmern von Postkutschenstationen vorbei. Sie rasteten nur, um die Pferde zu füttern und Kaffee zu kochen – nie länger als eine Stunde. 35 Meilen vor Fort Hays stolperte Custer in Downer's Station hinein, warf sich auf ein Lager und schlief ein. Eine halbe Stunde später wurde er mit der Nachricht geweckt, daß Indianer zwei Soldaten seiner Nachhut abgeschnitten und getötet hatten. Statt sich um diese Soldaten zu kümmern, ließ Custer wieder aufsitzen. Neun Stunden später erreichte die Truppe Fort Hays, kaum noch fähig, sich im Sattel zu halten. Fort Harker war 70 Meilen entfernt. Er befahl Captain Hamilton, mit Wagen und Truppe langsam nachzukommen und galoppierte mit Bruder Tom, Adjutant Cooke und zwei Soldaten auf frischen Pferden los. 24 Stunden später erreichten sie – mehr tot als lebendig – Fort Harker, wo Tom Custer, Adjutant Cooke und die beiden Soldaten beim Absteigen schlafend zu Boden fielen. Custer selbst saß eine Stunde später im Zug nach Fort Riley, und nach zweieinhalb Stunden stand er seiner »Libbie« in Fort Riley gegenüber, das Gespenst eines Ehemanns.

Am 28. Juli 1867 wurde Custer unter Arrest gestellt. Die Anklagen waren happig: 1. unerlaubtes Entfernen von der Truppe; 2. übermäßige Grausamkeit gegenüber ihm anvertrauten Soldaten; 3. illegale Befehlserteilung zum Schießen auf Soldaten; 4. fahrlässiges Verschulden des Todes eines Soldaten (der Deserteur Private Charles Johnson, Kompanie K, starb an seinen Schußverletzungen); 5. übermäßiges, gesundheitsschädigendes Marschieren; 6. Beschädigung und Zerstörung von Armee-Eigentum; 7. Verwendung von Armee-Eigentum zum privaten Gebrauch; 8. Befehlsmißbrauch zum privaten Gebrauch; 9. Verletzung der Sorgfaltspflicht gegenüber getöteten Soldaten.

Das Militärgericht in Fort Leavenworth befand Custer in allen Punkten der Anklage für schuldig! Das Urteil, das am 11. Oktober verkündet wurde, lautete auf »Suspendierung von Rang, Kommando, Dienst und Sold für die Dauer eines Jahres«. Der Oberkommandierende der US-Armee, General Ulysses S. Grant, bestätigte das Urteil im November mit der Bemerkung: »Der berichterstattende Offizier [...] ist überzeugt, daß das Gericht die Kriegsverdienste des Angeklagten berücksichtigt haben muß, als es bei den mit ›schuldig‹ bewerteten Anklagepunkten solch eine milde Strafe verhängte.«[82]

Die Kriegsverdienste werden bei diesem Strafmaß erst in zweiter Linie eine Rolle gespielt haben. Viel größeren Einfluß hatten wohl die Ehefrauen der Gerichtsoffiziere, die Ehefrauen aller Armeeoffiziere, ja die Ehefrauen der gesamten Vereinigten Staaten: Als die Anklagepunkte bekannt wurden und die Presse über den ungeheuerlichen Gewaltmarsch berichtete, mit dem der schon total erschöpfte Custer dann schließlich 335 Meilen zurücklegte, um seine sich ängstigende Frau zu beruhigen, dafür Soldaten, Offiziere und US-Eigentum abstellte, Rang, Kommando, Dienst und Sold riskierte, ja sogar Gefängnis und unehrenhafte Entlassung – da gab es in ganz Amerika kaum eine Ehefrau, deren Augen nicht glänzten, kein weibliches Wesen, das nicht von einem solchen Manne träumte und schwärmte.

Niemand verlor ein Wort über die geschundenen Soldaten und zuschanden gerittenen Pferde, über die massakrierten Soldaten der Kidder-Gruppe und das Elend der Familie des gestorbenen Deserteurs Johnson, über die im Stich gelassenen toten Kameraden und die perfide Grausamkeit, schwerverwundeten Soldaten sogar die ärztliche Betreuung zu versagen. Das war vergessen, das wollte man nicht hören, nicht zur Kenntnis nehmen. Die gesellschaftlich dominierende amerikanische Frau hatte – neben dem jugendlichen Kriegshelden – ihr Idol eines idealen Ehemanns. So stellte man sich den amerikanischen Mann vor, der gleichzeitig Draufgänger, Kavalier, Liebhaber, Don Juan, Minnesänger und ein Verehrer von Frauen war! Wer es gewagt hätte, diesem amerikanischen Romeo-und-Julia-Ehepaar »Autie & Libbie« Ungemach – und wenn nur in verbaler Schmähung – zuzufügen, über den wäre der heiligste Zorn des gesamten weiblichen Amerika hereingebrochen. Auch Offiziere sind nur Menschen!

Für die höheren Offiziere waren Custers Verfehlungen »Kavaliersdelikte«, das Kriegsgerichtsverfahren ein Ereignis, das Custers Neider in Szene gesetzt hatten. Um das Wohl von Sol-

US-Major John H. Elliott wurde am Washita von Custer im Stich gelassen und getötet

daten war man in jenen Zeiten – nicht nur in Amerika – nur in schönen Reden besorgt. Die barbarischen Bestrafungen beweisen einen solch extremen Grad von Menschenverachtung, daß verständlich wird, warum – besonders in hohen Offizierskreisen – Custers brutale Schleiferei und Härte auch nach der Verurteilung durchaus auf Zustimmung stieß. Die einfachen Soldaten waren überwiegend europäische Einwanderer. Die sollen ruhig merken, daß die US-Uniform keine Kaminjacke ist, war die vorherrschende Ansicht der Offiziere. So konnte man kaum erwarten, daß Custer sein Verhalten überdenken würde. Seine unmittelbaren Vorgesetzten machten ihm die Einsicht, irgend etwas nicht richtig gemacht zu haben, noch schwerer: Am 24. 9. 1868 teilten ihm die Generäle Sherman, Sheridan und Sully aus dem Westen mit, daß man ihn vorzeitig benötige und beim Präsidenten um einen Gnadenerweis und vorzeitige Wiederindienststellung nachgesucht habe. Custer eilte mit Libbie nach Fort Leavenworth, wo ihm Sheridans Eisenbahnsalonwagen zur Verfügung stand. In Fort Dodge erklärte Sheridan ihm sein Vorhaben: Sein Versuch, fliehende Indianer mit der stets schwer beladenen Kavallerie einzuholen, sei gescheitert. Cheyennes, Arapahoes und Kiowas hätten allein in zwei Monaten in Kansas, Colorado und Texas 124 Siedler getötet und am 29. 8. Colonel Forsyth mit 51 Scouts bei »Beecher's Island« am Republican River in eine Falle gelockt und beinahe vernichtet. Nun beabsichtige er, seine neue Strategie der »Winterfeldzüge« auszuprobieren. Er wolle die den Winter über in Zeltdörfern lebenden Indianer angreifen und ihre gesamten Vorräte und Pferde zerstören. Wer dann nicht freiwillig in die Reservationen gehe, müsse verhungern. Seine Scouts seien gegen solche Winterfeldzüge. Sie meinten, Weiße würden in den Blizzards zugrunde gehen. Custers Antwort war die von Sheridan erwartete: »Wann geht's los?«

Am 23. November 1868 verließen sie Fort Dodge, vier Tage später hatte Custer mit zwölf Kavallerie-Kompanien das Cheyenne-Dorf von Black Kettle (derselbe, der 1864 dem Chivington-Massaker entkommen war) umzingelt und fiel mit der Morgendämmerung über die ahnungslosen Indianer her. Custer meldete nach dieser »Schlacht« 103 getötete Indianer und führte 53 gefangene Frauen und Kinder vor. Spätere Untersuchungen kamen zu dem Ergebnis, daß zwischen 9 und 20 Krieger und zwischen 18 und 40 Frauen getötet worden waren. Custer zerstörte 51 Zelte, 1000 Büffelfelle, 700 Pfund Tabak, große Mengen Trockenfleisch, Gewehre, Revolver, Pulver, Blei, Zündhütchen, Pfeile, Bogen, Werkzeuge und Geschirr. Er tötete 875 Pferde und alle Hunde. Als sich herausstellte, daß dieses Zeltdorf am Washita River nur eines von vielen war, die den Cheyennes, Arapahoes, Kiowas und Comanchen gehörten, und ihm von anderen Gefahr drohte, trat Custer eiligst den Rückzug an, obwohl Major Elliott, Lieutenant Hamilton und 19 Soldaten, die die fliehenden Cheyennes verfolgten, noch nicht zurückgekehrt waren. Custer ließ sie im Stich, ohne den geringsten Versuch zu unternehmen, ihnen beizustehen. Spätere Untersuchungen haben ergeben, daß er die 21 Männer durchaus hätte retten können, ohne selbst etwas zu riskieren. So wurden sie nach kurzem, heftigem Kampf alle getötet, als Custer mit seinen 800 Soldaten längst in Sicherheit war. Das Oberkommando und die Westpresse feierten diesen Überfall als überwältigenden Schlachtensieg, aber die Gegenüberstellung der realen Zahlen ergibt ein anderes Bild: Custer überfiel mit etwa 830 Soldaten überraschend 360 schlafende Cheyennes, von denen höchstens 60 Krieger im Alter zwischen 18 und 37 waren, der Rest Alte, Frauen und Kinder.

Die Cheyennes töteten die gefangene Mrs. Clara Blinn, ihren Sohn und ein zweites weißes Kind. Custer verlor Major Elliott, Captain Barnitz, Lieutenant Hamilton und 19 Soldaten; drei Offiziere und elf Soldaten wurden schwer verwundet. Als er selbst die Übermacht hatte und der weit unterlegene Gegner wehrlos war, griff er an. Als ihm ein gleichwertiger Gegner gegenüberzutreten drohte, überließ er zwei Offiziere und 19 Soldaten ihrem Schicksal und floh!

General Sheridan ließ Custer und seinen Männern im Camp Supply gerade Zeit, sich etwas auszuruhen, und nahm sie dann wieder mit zum Washita, um die Überreste von Major Elliott und seinen Männern würdig zu bestatten. Außerdem sollten sie reservationswillige Indianer aufsammeln und nach Fort Cobb bringen. Custer bat um Erlaubnis, die außergewöhnlich hübsche, 19jährige Cheyenne-Indianerin Mo-nah-se-tah als Dolmetscherin mitnehmen zu dürfen, was ihm gewährt wurde, obwohl diese schöne Tochter des Häuptlings »Little Rock«, der von Custer getötet worden war, kein einziges Wort englisch sprach. Neun Monate später gebar sie ein hellhäutiges Kind mit braunen Haarlocken und behauptete, daß es Custers Baby sei. Seither war er unter dem Namen »Hi-es-tzie« in den Stamm der südlichen Cheyennes aufgenommen.

Den Winter 1868/69 verbrachte Custer im neuerrichteten Fort Sill mit einer intensiven Syphilis-Behandlung[83], Pokerspielen und kleinen Nebengeschäften: So hatte zum Beispiel Colonel West von General Sheridan die Zusage erhalten, daß er die Marketenderei in Fort Sill betreiben könne. Daraufhin reiste er nach Osten, um Waren einzukaufen. Als er damit zurückkehrte, hatte Custer den Leavenworth-Händler »Pop« Price zum Fort-Marketender gemacht.[84] Wenig später hinterlegte Custer in Ohio einen größeren Geldbetrag als Anzahlung für eine Farm.[85] Im Frühjahr 1869, als er im Camp Supply mit seinem Regiment die Halbjahres-Soldzahlungen vom US-Zahlmeister erhielt, verhängte er für alle Offiziere und Mannschaften Ausgangssperre, womit er jede Möglichkeit zu Einkäufen bei der dortigen Marketender-Firma unterband. Anschließend machte er dieser Firma (Tappan & Weichelbaum) das Angebot, die Ausgangssperre aufzuheben, wenn man ihm 3500 Dollar zahle. Andernfalls werde er nach Fort Hays marschieren, wo das Regiment dann einkaufen könne. Immerhin: Das Regiment hatte eine Halbjahres-Soldzahlung von ca. 105000 Dollar erhalten, wovon in wenigen Tagen ein beträchtlicher Teil bei den Händlern ausgegeben wurde. Tappan & Weichelbaum lehnten aber ab, und Custer marschierte tatsächlich nach Fort Hays.

In den nächsten drei Jahren wechselten verschiedenste Aufgaben mit größeren Ruhepausen: Im Sommer 1869 bewarb sich Custer um den Kommandantenposten der West-Point-Akademie, wurde aber abschlägig beschieden. 1870/71 erhielt er insgesamt acht Monate Urlaub, die er – ohne Libbie – in New York mit Theater-, Zirkus- und Gesellschaftsbesuchen verbrachte. Anschließend wurde die 7. Kavallerie in die Südstaaten verlegt, wo Custer sie bei Ku-Klux-Klan-Unruhen einsetzte. Daraufhin wurde er nach Kentucky verlegt, um hier in den Schnapsbrennereien die Staatssteuern einzutreiben. Bis Januar 1872 verbrachte er seine Zeit dann damit, auf den Pferdemärkten des Südens für die US-Kavallerie Pferde einzukaufen. Schließlich wurde er mit dem militärischen Begleitschutz des russischen Großfürsten Alexander betraut, der eine Reise quer durch die Plains machte. Custer organisierte ein großes Büffeljagd-Spektakel und labte sich im übrigen am mitgebrachten Krimsekt des zukünftigen Zaren von Rußland. In der folgenden Zeit (bis Februar 1873) ließ er sich in der noblen Gesellschaft des Ostens feiern und schrieb unter dem Pseudonym »Nomad« Artikel über den Indianerkrieg im Westen (›Turf, Field and Farm‹ und in ›Forest and Stream‹). Dann versuchte er sich als regelmäßiger Mitarbeiter des Magazins ›Galaxy‹, gab Partys, bei denen er seinen Gästen auf einer alten Orgel aufspielte und seiner Libbie von den »Great Plains« vorträumte. Als ihn die Armee im Februar 1873 nach Dakota rief, um dort Stanleys »Yellowstone-Vermessungs-Expedition« zu begleiten, hatte er fast zwei Jahre ziviler Ruhe und Beschaulichkeit in Elizabethtown, Kentucky, hinter sich.

Mehr kann man über Custers »Indianerfeldzüge« und »Plains-Erfahrungen« im Westen zwischen 1865 und 1873 beim besten Willen nicht sagen. Dennoch galt Custer, der von allen Kommandeuren der US-Armee im Westen die denkbar geringsten Erfahrungen mit Indianern gesammelt hatte, unbegreiflicherweise landauf, landab als gewiefter »Indianerkämpfer« – allerdings nicht bei seinen eigenen Soldaten und Offizieren. Für die war er ein primadonnenhafter Geck, der übergeordnete Autorität nicht ertragen konnte, dem die Vorstellung, wie andere Offiziere gekleidet zu sein, unerträglich schien, so daß er seine Uniform häufig mit operettenhaftem Schmuck versah. Seine Allüren, stets mit viel Gepäck und Toilettenutensilien »ins Feld zu ziehen«, sich mit einer privaten Dienerschaft zu umgeben, eine Hundemeute mitzuführen und einen eigenen Stall kostbarer Rennpferde zu unterhalten, erschienen den meisten recht deplaciert. Custer neigte – im Gegensatz zu allen anderen, in spartanischer Einfachheit lebenden Offizieren – dazu, selbst im entlegensten Steppendorf eine Art Hofhaltung zu pflegen, die peinlich grotesk wirkte: So versammelte er in seinem Regiment alle erreichbaren Verwandten um sich, sein Bruder Tom war sein persönlicher Adjutant, der Ehemann seiner Schwester, James Calhoun, und dessen Bruder Fred, der Custers Lieblingsnichte geheiratet hatte, dienten als Offiziere unter ihm, sein Bruder Boston, sein Neffe »Autie« und die Frauen des »Custer-Klans« gehörten dem 7. Kavallerie-Regiment als Zivilangestellte an. Colonel Stanley, der militärische Führer der Yellowstone-Expedition von 1873, schrieb über den ihm unterstellten Custer: »Custer verursacht sehr viel Ärger – in der ganzen Armee hat er den Ruf der Widersetzlichkeit, Auflehnung und widerrechtlicher Autoritätsanmaßung. Ich habe genug von ihm gesehen, um mich davon zu überzeugen, daß er ein kaltblütiger, unwahrhaftiger und gewissenloser Mann ist. Er wird von allen Offizieren dieses Regiments verachtet, mit Ausnahme von ein paar Schmeichlern. Er brachte einen Händler ohne

Erlaubnis mit, hält sich eine alte Negerdienerin und schleppt ständig einen eigenen gußeisernen Herd mit sich herum, auf dem er sich Menüs bereiten läßt, und morgens verzögert er stets den Abmarsch mit seiner ausgedehnten Packerei.«[86] Als Custer einen ausdrücklichen Befehl Colonel Stanleys mißachtete, stellte dieser ihn unter Arrest und verbannte die Kavallerie ans Ende des Trecks, hinter die Infanterie, was die Kavalleristen zu hämischen Spottliedern auf ihren Kommandeur veranlaßte.

Zur Theatersaison 1875/76 meldete sich Custer nach New York in Urlaub ab. Zweimal wurde sein Urlaub verlängert, so daß er sich insgesamt von September bis Februar in der feinen Gesellschaft New Yorks die Zeit vertrieb und sich nicht bei seinem Regiment aufhielt, was nicht gerade dazu beitrug, sich als Offizier beliebt zu machen. Inzwischen war sein Buch ›My Life on the Plains‹ erschienen, das in weiten Passagen die Handschrift seiner Frau trug. In diesem Buch befanden sich spektakuläre Angriffe gegen Präsident Grants Friedenspolitik. Custer hielt in Buchhandelszirkeln Signierstunden ab und verbreitete sich bei Gesellschaften über die korrupte Politik des Innenministers Belknap, dessen Machenschaften er mit Präsident Grants Bruder Orvill in Verbindung brachte. Allgemein wertete man im Vorwahljahr 1876 diese private Rufmordkampagne Custers als Rache für Grants Bemerkung zu Custers Kriegsgerichtsverurteilung von 1867 und seine hartnäckige Weigerung, Custers Beförderung zu befürworten.

Im Januar 1876 hatte Custer eine Reihe von Einladungen der »New York Historical Society« erhalten. Die Kampagne der Indianerfreunde der Atlantikstaaten einerseits und der politischen Gegner des Grant-Systems andererseits befand sich auf einem absoluten Höhepunkt, und Custer hatte sich mit seinem »Washita-Massaker«, seiner Leuteschinderei und seinen Starallüren, aber auch mit seinem Buch und den Korruptionsanklagen gegen den Innenminister praktisch zwischen zwei Feuer begeben:

Für die Indianerfreunde war er insgeheim »Persona non grata«, sie nutzten aber Custers pseudonyme Artikel und die darin enthaltene Denunziation des Innenministers, diesen in immer größeren Mißkredit zu bringen.

Die Offiziersgesellschaft der Armee hielt Custers gesellschaftliches Verhalten insgeheim für einen eklatanten Affront gegen die ungeschriebenen Gesetze der Kameraderie, nutzte

George A. Custer

aber Custers Aussagen und Stellungnahmen gegen Präsident Grants Friedenspolitik für ihre Zwecke.

Als Custer eines Abends in der New York Historical Society Colonel Henry Carrington, den ehemaligen Kommandanten von Fort McKearny, traf, waren sich beide Offiziere in einer Diskussion darüber einig, daß die atlantische Bevölkerung gegenüber der US-Armee im Westen eine völlig falsche Einstellung habe und die Entwicklung verhängnisvoll sei. Schließlich entfuhr Custer jene prophetische Äußerung, die ein knappes halbes Jahr später Anlaß zu heftigen Kontroversen geben sollte: »Es wird wohl ein anderes Phil-Kearny-Massaker notwendig sein, um den Kongreß endlich zu veranlassen, die Armee großzügiger zu unterstützen.«[87]

Journalisten, die diesem Gespräch beiwohnten, erinnerten sich später betroffen daran, daß Custer auch gesagt habe, die indianerfreundlichen Gefühlsduseleien in den Atlantikstaaten könnten wahrscheinlich nur noch durch ein großes Massaker amerikanischer Soldaten im Westen auf ein vernünftiges Maß reduziert werden.[88] Daß ausgerechnet er selbst das Opfer dieses großen Massakers sein würde, legten Presseleute später als Ironie der Geschichte aus.

Im Februar lud der Kongreßabgeordnete Hiester Clymer, der einen parlamentarischen Ausschuß zur Untersuchung der Korruptionsvorwürfe gegen das Innenministerium leitete, Custer als Zeugen vor. Dieser versuchte dem Auftritt zu entgehen, aber der Ausschuß bestand auf Vorladung. Nun erfuhr die amerikanische Öffentlichkeit während des bis April dauernden Hearings, wie leichtfertig und unqualifiziert Custers Äußerungen waren: Der Ausschuß mußte feststellen, daß alle Aussagen Custers unbrauchbar waren, weil sie »ausschließlich auf Hörensagen beruhten«. Custer machte eine so schlechte Figur, daß ihm Offiziere wie Politiker auf den Gängen aus dem Wege gingen. Plötzlich tauchten auch die Verwandten, der beiden erschossenen Deserteure (von 1865 und 1867) auf, und ihre Rechtsanwälte brachten mit dem Hinweis auf die Illegalität beider Tötungen, sowohl nach militärischem wie zivilem Recht, Custer in schwere Verlegenheit. Und nicht nur ihn, sondern auch die Armee und vor allem das Innenministerium.[89]

Zunächst erschienen die Vorwürfe der Angehörigen der Getöteten und ihrer Anwälte für Regierung, Innenministerium und Armee zwar peinlich, aber im Grunde zwecklos zu sein. Aber allmählich führten die Erkenntnisse des Hearings zu einem nationalen Skandal, und der vordem als unantastbarer Kriegsheld und Volksliebling gefeierte Custer holte sich vor dem Ausschuß selbst vom Sockel nationaler Verehrung. Er war plötzlich wieder ein Mensch, kein Idol mehr. Die Anwälte erkundeten, noch während sich Custer in Washington zur Verfügung halten mußte, die »Stimmung des Volkes«. Sie hätten es niemals gewagt, ein Volksidol der Brutalität, Grausamkeit, Rechtsbeugung und des Totschlags anzuklagen. Aber jetzt begannen sie vorsichtig, in der Presse ihre Fälle zu diskutieren, Einzelheiten, die bisher verborgen geblieben waren, preiszugeben. Auch Offiziere und Soldaten, insbesondere des 7. Kavallerie-Regiments, meldeten Einzelheiten weiterer spektakulärer »Fehlleistungen« Custers. Und schon waren die ersten Gerüchte zu hören, auch Custer habe sich der Korruption schuldig gemacht und sich – wie die verachteten »Squawmänner« – Indianerinnen als Schlafgefährtinnen gegönnt.

Wenn im Anschluß an das Impeachment-Verfahren gegen Innenminister Belknap die Anwälte der getöteten Deserteure vor einem zivilen Strafgericht Anklage gegen Custer erhoben hätten, wäre eine Verurteilung kaum zu vermeiden gewesen. In einem zivilen Strafprozeß aber hätten Dutzende von Offizieren und Soldaten aussagen müssen. Es wären Dinge zur Sprache gekommen, die Regierung, Innenministerium und Armee unter keinen Umständen publik werden lassen wollten. So wurde auf den Untersuchungsausschuß Druck ausgeübt mit der Begründung, Custer werde dringend im Westen bei seinem Regiment gebraucht. Gleichzeitig bat Belknap den Präsidenten um seine Entlassung – und dieser entsprach seinem Wunsch. Damit hatte sich Belknap einer weiteren Untersuchung durch das Repräsentantenhaus entzogen, der Fall »Belknap« war, soweit es das Parlament betraf, erledigt.

Unverzüglich machte sich Custer nun auf den Weg nach Fort Lincoln – allerdings mit einem Umweg über New York, um dort Geschenke für seinen Klan einzukaufen. Prompt wurde er dort wegen »unerlaubter Entfernung vom Ausschuß in Washington« In Haft genommen und nach Washington zurückgebracht. Als er den Präsidenten zu sprechen wünschte, um ihm sein Handeln zu erklären, ließ Grant ihn einige Stunden in seinem Vorzimmer warten, um ihm dann mitteilen zu lassen, daß er keine Zeit für ihn habe. Hierauf machte sich Custer wieder auf den Weg nach Fort Lincoln, diesmal auf direktem Wege, wurde aber in Chicago am 3. Mai 1876 auf Weisung Washingtons wieder in Haft genommen, weil er es versäumt hatte, sich eine Erlaubnis geben zu lassen.

Offensichtlich waren die beiden Festnahmen, trotz der Bemühungen der Militärs, sie geheim zu halten, irgendwie publik geworden. Es bestand jetzt die Gefahr, daß die Anwälte der getöteten Deserteure zum entscheidenden Schlag ausholen, Custer anklagen und von einem Sheriff festnehmen lassen würden. Daher erhielt er von seinem Vorgesetzten, General Sheridan, den Befehl, nach Fort Lincoln zurückzukehren und seine Verteidigungsargumente von St. Paul telegraphisch nach Washington durchzugeben.

Weisungsgemäß telegrafierte Custer von St. Paul seine »Insubordinations-Verteidigung« nach Washington und erhielt als Antwort eine von Präsident Grant persönlich angeordnete Strafe: Es wurde ihm verboten, das 7. Kavallerie-Regiment bei den kommenden Feldzügen zu führen.[90]

Custer kam am 10. Mai 1876 in Fort Abraham Lincoln an, wo sich »das Regiment bereits marschfertig ausgerüstet unter Zeltplanen befand«[91]. Der Befehl des Präsidenten, im Fort zu bleiben, während sein Regiment einen Feldzug unternahm, stellte für Custer eine Demütigung dar, wie sie massiver gar nicht hätte sein können. Praktisch war er damit in der Armee ein erledigter Mann.

Innerhalb der sieben Tage bis zum Abmarsch des Regiments am 17. Mai 1876 geschahen in Fort Lincoln Dinge, die seither in tiefstes Dunkel gehüllt blieben. Die Historiker haben nicht mehr ergründen können, als daß Custer sich in seinen schwärzesten Tagen an General Terry gewandt habe, dem der Präsident das Oberkommando für den Sioux-Feldzug übertragen hatte, und diesem es gelungen sei, den Präsidenten davon zu überzeugen, daß »man auf Custer militärisch nicht verzichten«[92] könne. Andere behaupteten, daß sich alle drei Vorgesetzten von Custer, nämlich Sherman, Sheridan und Terry, beim Präsidenten für ihn verwendet hätten, »weil Generäle in einer Krise immer den unentbehrlichen Custer benötigten«[93]. Jedenfalls modifizierte Präsident Grant plötzlich seinen Bann, indem er erlaubte, daß Custer das 7. Kavallerie-Regiment führen dürfe, allerdings unter dem Expeditions-Oberkommando von General Alfred Terry.

Nach Custers Tod aber ist gar nicht mehr versucht worden, die Ereignisse während der sieben Tage zu durchleuchten, schon gar nicht solche, die Kompromittierendes hätten zutage fördern können. Vielleicht ist aber auch tatsächlich niemand auf den Gedanken gekommen, es könnte sich bei der plötzlichen Sinneswandlung des Präsidenten oder bei der von den drei Generälen wiederentdeckten Kameraderie um ganz andere Motive gehandelt haben. Nach der Schlacht mag der Respekt vor dem gefallenen Custer und den vielen toten Soldaten jeden Versuch in diese Richtung von vorneherein unterbunden haben. Das ist verständlich, denn den Zeitgenossen bleiben die großen Zusammenhänge eines geschichtlichen Ereignisses häufig verborgen. Hier muß die Arbeit späterer Historiker-Generationen einsetzen.

»An Custer veranschaulicht sich die Gefahr, einem Manne mehr Ehre und Verantwortung aufzubürden, als er tragen kann. Er war – für ihn zum Glück – von politischen Einflüssen umgeben, die während seiner ganzen Dienstzeit seine Beförderungen und sein Image seinen Einnahmen weit vorauseilen ließen. Er besaß ein gerütteltes Maß an Schneid, Feuer und glänzendem Auftreten, das ihm Popularität verschaffte, weil Offiziere niedrigeren Ranges und Männer gleicher Beherztheit freiwillig die Strafe für seine unbesonnene Tollkühnheit bezahlten und seine Fehler mit der verbissenen Entschlossenheit von echten Soldaten wiedergutmachten.

Dennoch erhielt er hohe Auszeichnungen, und wir bedauern sehr, daß er nicht die Klugheit besessen hat, seine Lorbeeren festzuhalten, ob er sie nun verdient hat oder nicht.«[94]

»Wahrscheinlich hat niemals ein Held, der auf dem Schlachtfeld gefallen ist, einem eines natürlichen Todes Gestorbenem so ähnlich gesehen. Sein Ausdruck war eher der eines Mannes, der in Schlaf gesunken war und sich friedlicher Träume erfreute, als der eines Menschen, der den Tod inmitten solch schrecklicher Szenen fand, wie das Schlachtfeld sie erlebt hatte. Seine Gesichtszüge waren vollkommen ohne Grauen und irgendeinen Eindruck von Furcht, Schrecken oder Verzweiflung. Er starb, wie er lebte – als ein Held.«[95]

Nachdem die Versuche, den Sioux die Black Hills abzukaufen, gescheitert waren und Red Cloud das Innenministerium und das Indianerbüro mit einer Preisforderung schockiert hatte, die man »Wilden« nicht zugestehen wollte, wurden alle sogenannten »Nicht-Reservations-Sioux«-Gruppen aufgefordert, sich bis zum 31. Januar 1876 – also innerhalb von sechs bis sieben Wochen – auf dem Agenturgelände einzufinden, falls sie Wert darauf legten, als »freundlich gesinnte Sioux« angesehen und behandelt zu werden. Die Aufforderung mündete in ein Ultimatum: Alle Sioux-Indianer, die bis zu diesem Zeitpunkt nicht »freundlich gesinnte Sioux« seien, würden hiernach als feindliche betrachtet. Feindliche Sioux aber würden von der US-Armee mit Waffengewalt zu »freundlich gesinnten« gemacht werden.

Ganz abgesehen davon, daß eine solche Aufforderung illegal war, bestand im Innenministerium und Indianerbüro durchaus Klarheit darüber, daß selbst der gutwilligste Indianer zu diesem Zeitpunkt einem derartigen Ansinnen überhaupt nicht nachkommen konnte, weil man sich mitten im Winter befand. Die »Nicht-Reservations-Indianer« befanden sich in ihren festen Winterlagern und hätten mit den Wintervorräten für sich und ihre Pferde keinen langen Marsch unternehmen können, ohne nicht große Verluste an Menschen, Tieren und Vorräten hinnehmen zu müssen. Dazu aber sahen sie keinen Anlaß.

So stellte diese Aufforderung praktisch eine Kriegserklärung dar. Verständlich wird dieser Wandel der Politik des Innenministeriums durch verschiedene Ursachen:

Nach der »Brüskierung« durch Red Cloud in den Black-Hills-Verkaufsverhandlungen breitete sich »Indianermüdigkeit« aus.

Die alte Rivalität zum Kriegsministerium drohte durch die allmählich laut werdenden Korruptionsvorwürfe zum Vorteil des gegnerischen Ressorts auszuwachsen.

So hatte man sich intern bereitgefunden, dem Kriegsministerium – und damit der Armee – endgültig die Lösung der Sioux-Frage zu überlassen – auch schon deshalb, um dem immer stärker werdenden Druck der Industrielobby zu entgehen, die zunehmend drohender eine gewaltsame Lösung durch einen Feldzug forderte, weil dies der Industrie die einzig dauerhafte Lösung zu sein schien.

Die Indianerfreunde, mit der geographischen und klimatischen Lage kaum vertraut, begriffen anfangs gar nicht, was sich hinter der harmlos erscheinenden Aufforderung an die »Nicht-Reservations-Sioux« verbarg. Offiziell hatte das Innenministerium mitgeteilt, daß es sich lediglich darum handle, weitere Verkaufsverhandlungen um die Black Hills nicht durch unkalkulierbare Aktionen einer Handvoll frei umherstreifender Wilder gefährden zu lassen. Dies klang ganz friedfertig und plausibel, zudem ja auch Red Cloud und Spotted Tail immer wieder betont hatten, daß sie keinerlei Kontrolle über solche Indianergruppen besäßen, die sich weitab von den Agenturgebieten herumtrieben. Als dann auch noch von höchstens fünfhundert bis achthundert Indianern gesprochen wurde, um die es sich handeln würde[96], erhoben auch die Indianerfreunde keinen Widerspruch. Möglicherweise waren aber auch Innenministerium und Indianerbüro tatsächlich davon überzeugt, daß es sich nur um eine Handvoll »wilder Sioux« handeln mochte; denn das Kriegsministerium stellte nur sehr spärliche Informationen zur Verfügung. Man rechnete wohl auch zu diesem Zeitpunkt noch damit, die halbe Besatzung des Handelforts Pease massakriert vorweisen zu können, so daß der für den 1. März angesetzte Feldzug genau zum richtigen Zeitpunkt anlaufen und in ganz Amerika den Eindruck einer Armee erwecken würde, die rasch, unbürokratisch und effektiv zu handeln vermochte.

Von Fort Ellis aus marschierte Colonel Gibbon mit sechs Kompanien Infanterie und vier Kompanien Kavallerie, einer 12-Pfünder-Kanone und zwei Gatling-Kanonen am Nordufer des Yellowstone River entlang nach Osten.

Von Fort Fetterman aus setzte sich General Crook mit einer Armee von zehn Kompanien der 3. Kavallerie, fünf Kompanien der 2. Kavallerie, drei Kompanien der 9. Infanterie, zwei Kompanien der 4. Infanterie, mit 86 Shoshonen-Scouts unter Häuptling Washakie und 176 Crow-Scouts, mit 20 Kutschern und 65 Montana-Bergleuten (insgesamt 1128 Soldaten, 262 Indianern und 85 Zivilisten) nach Norden in Marsch.

Von Fort Abraham Lincoln aus wandte sich General Terry mit dem 7. Kavallerie-Regiment (650 Mann), drei Kompanien Infanterie (300 Mann) und einer Batterie Gatling-Schnellfeuerkanonen nach Westen.

Im Gebiet zwischen Rosebud Creek im Osten, Yellowstone River im Norden und Big Horn River im Westen, in dem man die Sioux-Gruppen von Crazy Horse und Sitting Bull vermutete, würde man sich zu einer Einkesselungsbewegung treffen, um das Sioux-Problem in einer Vernichtungsschlacht ein für alle Male zu lösen.

Ein außergewöhnlich harter Winter veranlaßte die Generäle Crook und Terry, nach einigen Wochen Marsch wieder in die Forts zurückzukehren, nachdem Colonel Reynolds unter Crooks Kommando am 17. März an der Mündung des Little Powder River ein großes Zeltdorf der Sioux und nördlichen Cheyennes überfallen, angezündet und einen großen Teil der Indianerpferde erbeutet hatte. Aber die Indianer holten sich gleich darauf ihre Pferde durch einen überraschenden Husarenstreich wieder zurück.

Schon am 18. März setzte sich Colonel Gibbon aus Fort Shaw (bei Benton) mit seiner Infanterietruppe in Marsch, las bei Fort Ellis das Kavallerie-Kontingent seines Expeditionskorps auf und marschierte anschließend am nördlichen Ufer des Yellowstone River entlang nach Osten, um sich dort Mitte Juni an der Mündung des Rosebud Creek mit Terrys Truppe zu treffen. Die drei Monate brachte Gibbon damit zu, von einzelnen Spähtrupps das gesamte Mündungsgebiet zwischen den Yellow-

US-General George Crook war einer der wenigen Indianerfreunde in der Armee

stone-Zuflüssen Big Horn, Rosebud und Tongue River zu erkunden. Es gelang diesen Spähtrupps auch, sich einen sehr genauen Überblick über die Anzahl und Bewegungen der Sioux in diesem Gebiet zu verschaffen.

Am 17. Mai marschierte General Terrys Truppe nach Westen zum Yellowstone River und erreichte am 7. 6. an der Mündung des Powder River ein Nachschublager. Von hier aus schickte er Major Reno mit einem Spähtrupp des 7. Kavallerie-Regiments nach Südwesten, zum Quellgebiet des Rosebud Creek, wo er die Spuren einer großen Anzahl Sioux fand, die zum Little Big Horn River wiesen. Terry marschierte mit dem Rest seiner Truppe weiter und traf an der Mündung des Tongue River auf Gibbons Truppe.

General Crook verließ Fort Fetterman am 29. Mai und marschierte nach Norden. Er überquerte den Powder und Tongue River. Am 8. Juni errichtete er am Goose Creek, nur etwa 30 Meilen vom Little Big Horn entfernt, ein großes Nachschublager und verlegte seine Truppe anschließend zum Quellgebiet des Rosebud Creek. Zu diesem Zeitpunkt wußten sowohl Colonel Gibbon wie General Terry und General Crook, daß sich eine außergewöhnlich große Anzahl von Sioux am Little Big Horn aufhielt und eine zweite Streitmacht der Sioux (unter Crazy Horse) nur 18 Meilen entfernt am Rosebud lagerte. General Crook marschierte am 13. 6. zum Rosebud. Am 17. wurde er von Crazy Horse gestellt und im Kampf zurückgewiesen.

Die Sioux und Cheyennes hatten aus der Vernichtungstaktik der Armee Konsequenzen gezogen: Sie wußten, was ein Armeeangriff auf ein Zeltdorf bedeutete. Um Frauen und Kinder zu schützen und den Feind von ihnen abzulenken, stellten sie sich nur noch abseits eines Zeltlagers zum Kampf, um denen Gelegenheit zur Flucht zu geben, die am Kampf nicht teilnahmen.

Während die drei Truppenteile am Yellowstone River und Rosebud Creek aufmarschiert waren und praktisch die gesamte Sioux-Streitmacht regelrecht in die Zange nahmen, standen die Kommandeure der einzelnen Truppenteile durch Kuriere in Dauerverbindung miteinander. Am 21. Juni 1876 fand eine denkwürdige Konferenz zwischen General Terry, Colonel Gibbon und Lieutenant Colonel Custer an Bord des Dampfers »Far West« statt, der im Yellowstone River an der Rosebud-Mündung ankerte. Über das, was während dieser Konferenz wirklich beschlossen und besprochen wurde, herrscht seitdem Dunkel. Nach Custers Tod allerdings machten die überlebenden Beteiligten Terry und Gibbon hierüber entsprechende Aussagen. Demnach hatte Custer klare Befehle und Anweisungen mißachtet und das Fiasko selber verschuldet. Man behauptete auch, er habe strategische Fehler gemacht, indem er seine Truppe angesichts eines überwältigend übermächtigen Gegners in vier Kampfgruppen aufteilte. Sowohl der Hinweis auf Befehlsmißachtung wie auch eine völlig falsche Einschätzung der strategischen Situation – was man auf seinen Ehrgeiz, einen Sieg für sich allein erringen zu wollen, zurückführte –, paßten in das Bild, das man damals von Custer hatte. Diese Darstellung vom renitenten und selbstherrlich agierenden Custer nahm man den Generälen daher ab. Andere Ungereimtheiten und einiges Unerklärliche wurden als Zufälle und als schicksalhafte Fügungen abgetan. Aber diese seltsamen Zufälle sind es dennoch wert, daß man sich mit ihnen beschäftigt:

Zunächst einmal sollte festgehalten werden, daß Custer sich, was seine militärische Karriere betraf, regelrecht auf des Messers Schneide bewegte. Der Präsident, das Innen- und Kriegsministerium und die Generalität waren seiner – gelinde gesagt – überdrüssig. Custer befand sich in einer Lage, in der ihn die geringste Insubordination nahezu automatisch vor ein Kriegsgericht gebracht hätte. Aber für Custer war die Armee der einzige Schutz vor einer Öffentlichkeit, die ihm ihre Gunst entzogen hatte, und vor zivilrechtlicher Verfolgung und Anklage.

Man ging häufig davon aus, daß Custer die Befehle, die die Generäle – laut eigenen Aussagen nach Custers Tod – erteilt hatten, mißachtet habe und damit praktisch an seiner Selbstherrlichkeit zugrundegegangen sei. Die vielen Ungereimtheiten aber, die in diesem Zusammenhang und unter diesen Voraussetzungen keinerlei Sinn ergaben, wurden als eine Kette von schicksalhaften Fügungen in den Bereich der historischen Nebensächlichkeiten verwiesen. Zieht man aber einmal die postumen Zeugnisse der Generalität in Zweifel und geht nicht von vielen Zufällen aus, sondern sucht nach realistischen Erklärungen für sie, so erscheint manches plötzlich in einem ganz anderen Licht:

So erwähnte zum Beispiel Captain E. S. Godfrey, Kompanieführer der K-Kompanie der 7. Kavallerie, in seinem Schlachtbericht[97], daß man Custer sehr wohl auf das genaueste über Lage und Größe des Sioux-Lagers am Little Big Horn River informiert habe und auch darüber, daß eine Konfrontation mit etwa 1500 Kriegern bevorstand, die noch um ca. 500–800 Krieger von Crazy Horse verstärkt sein könnten. Das aber entsprach genau dem, was Custer tatsächlich vorfand! Dieser Bericht widerspricht allen späteren, nach denen Custer weder wußte, wo das Sioux-Lager war, noch daß ihn eine solche Übermacht erwartete. Captain Godfrey schilderte, daß Custer am 22. Juni punkt 12 Uhr mittags losmarschierte, fast gleichzeitig mit General Terry und Colonel Gibbon, die sich mit ihren Truppen am Big Horn River entlang bewegten, um eine Zangenbewegung durchzuführen. Am Abend des ersten Marschtages versammelte Custer die Offiziere und hielt eine lange Ansprache. Danach schrieb Godfrey seinen Eindruck nieder:

»Dieses ›Gespräch‹ von Custer, wie wir es nannten, wurde von uns als für Custer außergewöhnlich angesehen, denn es war sonst nicht seine Angewohnheit, sich seinen Offizieren gegenüber zu offenbaren. Er zeigte einen Mangel an Selbstvertrauen, schien sich auf jemand anderen zu verlassen; da war ein undefinierbares Etwas, das keine Ähnlichkeit mehr mit Custer hatte. Seine Art und sein Ton, gewöhnlich brüsk und aggressiv oder irgendwie aufreizend, war bei dieser Gelegenheit gedämpft und versöhnlich. Da war etwas Ähnliches, das an Bitten erinnerte, als ob er niedergeschlagen sei, was auf alle Anwesenden einen tiefen Eindruck machte. Wir verglichen die Uhren, um die gleiche Zeit einzustellen, und wandten uns unseren verschiedenen Pflichten zu. Die Lieutenants McIntosh, Wallace und ich gingen schweigend zu unserem Zelt, bis Wallace bemerkte: ›Godfrey, ich glaube, daß General Custer sterben wird.‹ – ›Wieso, Walker‹ erwiderte ich, ›was läßt Sie das glauben?‹ – ›Weil‹, sagte er, ›ich Custer noch niemals in solcher Weise habe sprechen hören.‹ «[98]

Wenn Custer sich »auf jemand anderen« verlassen mußte, so wird etwas verständlich, das bisher nicht zu erklären war: General Crook, der am 17. Juni am Rosebud Creek bei seinem Vormarsch nach Norden – die Stoßrichtung zielte genau auf das Sioux-Lager am Little Big Horn – von Crazy Horse in einem blendend geleiteten taktischen Manöver ausgetrickst worden war, hätte hiernach seinen Marsch ohne weiteres fortsetzen können, denn Crazy Horse zog sich mit seinen Kriegern in eben dieses Groß-Zeltlager zurück. Crook war über jede Bewegung des Sioux-Feldherrn durch seine Indianer-Scouts informiert. Er hatte Munition und Proviant genug, und es war seine ausdrückliche Aufgabe, mit seiner Einheit, die so stark war wie

Terrys und Gibbons Truppen zusammen, an der Einkesselung der Sioux teilzunehmen und eine maßgebliche Rolle zu übernehmen.

Wenn Crook dem sich zurückziehenden Crazy Horse gefolgt wäre, so hätte er mit seiner Armee vor Custer am Sioux-Großlager eintreffen müssen. Berücksichtigt man nun einmal Crook bei allen Bewegungen, die Custer anschließend durchführte – natürlich auch seine Erwartung, daß Crooks Armee schon da sein würde –, so wird Custers militärisches Handeln sehr plausibel, denn dann nahm er genau die Position ein, um die zu Kampfbeginn fliehenden, nicht teilnehmenden Indianer abzufangen und zu vernichten. Aber Crook war nicht da! Er hatte seit jenem 18. Juni am Rosebud sieben Tage Zeit gehabt, die knapp 20 Meilen bis zum Groß-Zeltlager der Sioux am Little Big Horn zurückzulegen. Kein Indianer stellte sich ihm in den Weg. Kein Befehl hinderte ihn daran. Es gab keinen Grund, vom Rosebud Creek nicht weiter zum Little Big Horn zu marschieren. Doch General George Crook marschierte nicht nur nicht weiter, sondern er zog sich auf sein Vorratslager am Goose Creek, also in die entgegengesetzte Richtung zurück! Das bedeutete, daß Crook auf eine weitere Teilnahme am Feldzug verzichtete.

Nach Custers Tod gaben weder Crook noch Terry irgendeine sinnvolle Erklärung für diesen Rückzug ab, und seither ist es ein Rätsel, wieso Crook am Goose Creek mit seinen Offizieren Karten spielte, während Custer sich plötzlich allein der ganzen Sioux-Streitmacht gegenübersah und – natürlich – vernichtet wurde. An Versuchen, Crook von Vorwürfen zu entlasten, mangelte es nicht, aber ihnen fehlte die Überzeugungskraft sachlicher Gründe oder militärischer Notwendigkeiten.

In seinem offiziellen Bericht schrieb General Philip Sheridan: »Am nächsten Tag kehrte er [Crook] zu seinem Versorgungslager am Goose Creek zurück und erwartete Verstärkungen und Nachschub, weil er sich für zu schwach hielt, noch irgend etwas zu unternehmen, bevor er nicht zusätzliche Truppen erhalten hatte.«[99]

General Fry erklärte: »[...] Crooks Truppe [...] wurde so vollständig geschlagen, daß sie praktisch an dem Feldzug nicht mehr teilnehmen konnte.«[100]

Hierzu muß festgehalten werden, daß Crooks Armee aus 1475 Mann bestand. Es fehlte ihm nicht an Munition, weder für Gewehre, Revolver oder Schnellfeuerkanonen. Und Crazy

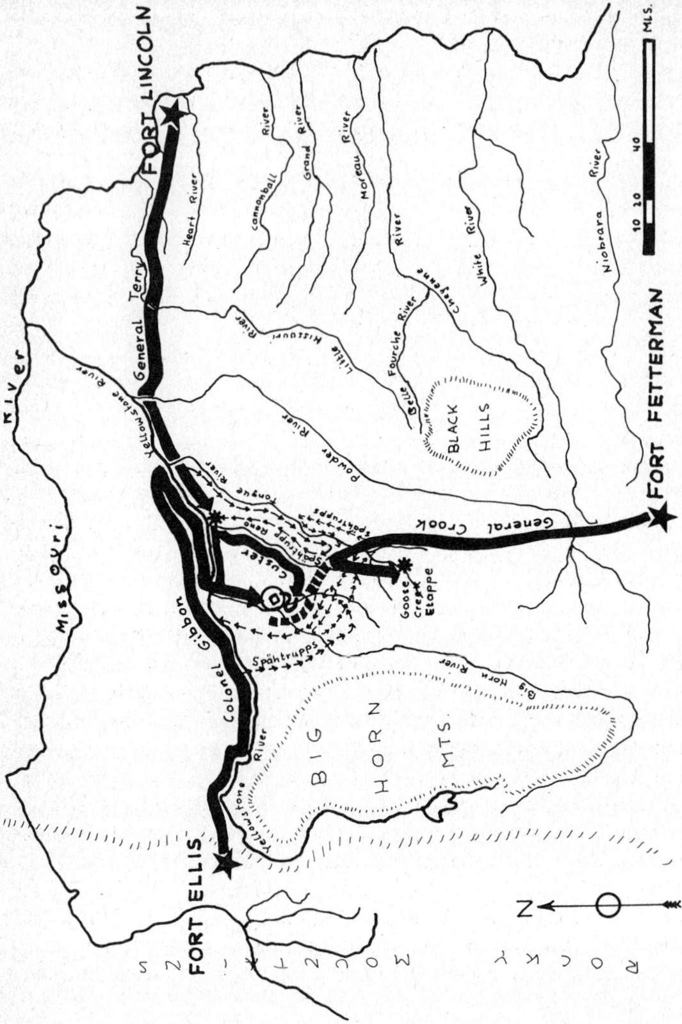

Truppenbewegungen der drei US-Armeegruppen vor der Custer-Schlacht

Horse hatte nur 500–800 Krieger einzusetzen. Crooks Armee war also in jeder Hinsicht den Oglala-Sioux überlegen. General Frys Beurteilung, daß Crook so vollständig geschlagen war, daß er nicht mal am Feldzug teilnehmen konnte, möge man einmal die tatsächlichen Verluste und Ausfälle gegenüberstellen: Tote: 9; Verwundete: 14. 16 Pferde wurden getötet, 6 verwundet, 7 Karabiner gingen verloren und 25 000 Schuß Munition wurden verfeuert.[101] Der »Record of Engagements«[102] gibt 9 Tote und 21 Verwundete an und fährt fort: »Der Kampf dauerte einige Stunden, dann wurden die Indianer in Auflösung versetzt und einige Meilen verfolgt, wobei bei ihrem Rückzug sehr viele von ihnen getötet und verwundet wurden.«

Von Crooks kämpfender Truppe hatte jeder Soldat also knapp 25 Schuß verfeuert, ein Bruchteil der Munition, die ihm zur Verfügung stand. Demnach muß davon ausgegangen werden, daß Brigadegeneral George Crooks Truppe nach der »Schlacht am Rosebud« noch voll einsatzfähig war. Ein Korrespondent des ›Daily Independent‹ aus Helena, Montana, berichtete später, daß Crook seinen Vorgesetzten, General Sheridan, um Verstärkung gebeten, Sheridan solche Verstärkung abgelehnt und Crook aufgefordert habe, weiterzumarschieren, daß die Offiziere Crooks Verhalten aufs schärfste verurteilt und seinen Rückzug als Feigheit vor dem Feinde gewertet und sich die Crow-Scouts geweigert hätten, länger bei ihm zu bleiben, und wie ein Mann zu Gibbons Truppe am Yellowstone River übergewechselt seien – weil er ein »Squaw Chief« und viel zu ängstlich zum Kämpfen sei.

Schließlich beschränkte sich die Armeeführung darauf, Crooks Verhalten strategisch zu rechtfertigen: Crook habe größtes Feldherrentalent bewiesen, indem er das Schicksal, das Custer durch seine »heldenhafte Leichtfertigkeit« erlitt, für seine Truppe vermied. Er sei der besonnenen Überlegung gefolgt, seine ihm anvertrauten Soldaten nicht eher zu gefährden, bis er des Erfolgs habe absolut sicher sein können.

Rein militärisch aber bedeutet eine solche Beurteilung folgendes:

1. Es wird als selbstverständlich unterstellt, daß Crook seinen eigenen Feldzug unabhängig von Terry führte, aber – rein zufällig – beider Gegner und geographisches Ziel dieselben waren. Das widerspricht aber allen gegebenen Realitäten und strategischen Gewohnheiten.

2. Als »besonnene Überlegung« wird erachtet, daß Crook,

der im Kampf gegen Crazy Horse neun Soldaten verloren hatte und zahlenmäßig etwa zweieinhalbfach, der Feuerkraft nach zehnfach überlegen war, auf Verstärkungen wartete.

Nimmt man solche abenteuerlichen Annahmen als Maßstab, erhebt sich die Frage, wie dann Terrys Feldzug zu beurteilen ist, der mit 1500 Soldaten auszog, um 2500 Sioux zu schlagen? Das eine widerspricht militärischer Realistik ebenso eklatant wie das andere. Es kann nicht befriedigen, daß die Geschichtsschreibung solch massiven militärischen Widersinn einfach hinnahm; denn gerade dadurch wurde das Custer-Massaker zum Problem mit (zu) vielen Unbekannten. Keine noch so hartnäckige Behauptung des Armeeoberkommandos führt an der Tatsache vorbei, daß General Terry mit einer Armee von 1500 Soldaten von Norden her auf das Sioux-Lager am Little Big Horn zumarschierte, daß General Crook mit einer Armee von 1500 Soldaten von Süden her auf das gleiche Sioux-Lager am Little Big Horn zumarschierte und daß General Crooks Armee bereits acht Tage, bevor Custer das Sioux-Lager erreichte, auf 20 Meilen Entfernung an dieses Lager herangekommen war. Diese militärischen Realitäten lassen ohne jeden Zweifel ein koordiniertes gemeinsames Feldzugskonzept zwischen beiden Armeen und damit auch das eindeutige Ziel erkennen, die Sioux-Ansammlung am Little Big Horn River von Norden und Süden her einzukesseln.

Im Zuge einer solchen Einkesselung aber erscheint nicht nur Terrys Befehl an Custer, sich von Osten her der Ansammlung zu nähern, verständlich, sondern auch Custers anschließende Handlungen. Wenn nämlich Custer davon ausgehen konnte, daß Crooks Armee die unverhältnismäßig lange Zeit von acht Tagen dazu verwendet hatte, das Sioux-Lager langsam und vorsichtig von Süden her zu umzingeln, so bestand Custers Aufgabe darin, das Ausbrechen der etwa zehntausend »Nichtkombattanten« der Sioux zu verhindern.

Ein solches gemeinsames Feldzugskonzept erklärt aber nicht nur allein Crooks Vorhandensein in diesem Gebiet überhaupt, nicht nur Terrys Befehl an Custer und dessen anschließende Bewegungen, sondern auch Custers Resignation und sein mangelndes Selbstvertrauen. Denn immerhin wäre ihm ja dann die Aufgabe gestellt worden, gegen zehntausend »Nichtkombattanten« – Alte, Frauen und Kinder – vorzugehen. Und was dann geschehen wäre, läßt sich in der Geschichte der Indianerkriege immer wieder finden: ein Massaker Wehrloser. Es hätte auch die Vernichtung von ca. 20000 bis 25000 Indianerpferden, von großen Vorräten und der gesamten Habe von 12800 Indianern bedeutet. Angesichts des »Ruhms« der hierbei zu erringen war, wäre auch ein von weniger Skrupeln und noch mehr Frustrationen geplagter Mann wie Custer in schwermütiges Sinnieren verfallen.

Was sein »mangelndes Selbstvertrauen« betrifft und die Notwendigkeit, sich »auf jemand anderen verlassen zu müssen«, so mag er wohl auch daran gedacht haben, was ihm und seinem Regiment zu widerfahren drohte, wenn dieser andere mit seiner Armee nicht im Hinterhalt bereitstände oder nicht rechtzeitig eingriffe!

Bis zu dem Augenblick, da Custer mit seinem Regiment den Little Big Horn River erreichte, erscheint alles, was die US-Truppen tun, strategisch absolut logisch und plausibel. Es entspricht vollkommen sämtlichen militärischen Gepflogenheiten der US-Armee seit ihrer Existenz, vor allem aber dem Grundsatz, der bei allen geplanten Aktionen während der Indianerkriege (zwischen 1775 und 1900) strikt befolgt wurde, daß der Gegner stets nur mit überlegenen eigenen Kräften angegriffen wurde. Nicht Custer ist es, der nun Sinnloses, Unerklärbares, strategisch vollkommen Unlogisches und militärisch absolut Unnötiges tut, sondern Crook! Crook zieht sich plötzlich – knapp 20 Meilen vom geplanten Schauplatz entfernt, zurück, geht in Ruhestellung, nimmt am Feldzug nicht mehr teil und wartet auf Verstärkungen aus dem Süden (obwohl ihm diese bereits von Norden her entgegenmarschieren).

Aus diesem unbegreiflichen Verhalten aber resultieren die vielen ungelösten Probleme und Undurchsichtigkeiten, die die Geschichtsschreibung auf das Haupt des toten Custer häuft. Denn wenn man Crook und seine Armee nicht zur Kenntnis nimmt, seinen Marsch nach Norden geradezu als einen »Feldzug ins Blaue« in kein strategisches Kalkül einbezieht, so müssen Custers Aktionen tatsächlich unverständlich bleiben. Aber nicht nur sie, sondern auch zahllose andere Ereignisse, Bewegungen, Handlungen werden zu unlösbaren Rätseln, schicksalhaften Fügungen ohne Sinn und Zweck, die erst verständlich würden, wenn man zur Kenntnis nähme, was ja nun tatsächlich auch vorhanden war: nämlich General Crooks Armee. Aber Crooks Armee ist hinsichtlich des Custer-Massakers aus dem Gedächtnis der Armeeführung und Geschichtsschreibung gestrichen.

11. Das Massaker am Little Big Horn

»Auswahl und Verwerfung [von Informationen] sind mit dem Schreiben von Geschichte untrennbar verbunden. Keine Auswahl, keine Geschichtsschreibung. Aber die Auswahl kann nicht dazu dienen, eine vorgefaßte These zu unterstützen. Die These muß aus der Auswahl erwachsen, nicht umgekehrt.«[103]

Obwohl von der Kerntruppe, die Custer selbst anführte, niemand überlebte, gelang es – allerdings erst einige Jahrzehnte später – durch sorgfältige wissenschaftliche Recherchenarbeit, unter Verwendung und Abwägung aller zugänglichen Informationen, die Vorgänge vor, während und nach der Schlacht zu rekonstruieren. Die amerikanischen Historiker gingen hierbei mit größtmöglicher Akribie vor, so daß heute die Schlacht selbst keinerlei Geheimnis mehr enthält und in nüchternen Fakten wiedergegeben werden kann:

Das 7. Kavallerie-Regiment bestand aus den Kompanien HQ (Stabskompanie), A, C, D, E, F, G, H, I, K, L, M und PT (Packtierzug) mit 29 Offizieren und 637 Soldaten, 19 Indianer-Scouts und 6 Zivilisten. Um schneller und geräuschloser voranzukommen, verzichtete Custer auf die üblichen Troßwagen, und ließ Reservemunition, Rationen etc. auf Maultiere verladen.

Am 22. Juni 1876 um 12 Uhr blies der Trompeter zum Abmarsch. Nach zwölf Meilen lagerte das Regiment um 16 Uhr am Rosebud Creek. Am nächsten Morgen um 5 Uhr früh ging es weiter. Als um 17 Uhr gelagert wurde, hatte man 33 Meilen zurückgelegt, aber bereits nach 8 Meilen die ersten Zeichen für große Sioux-Wanderungen entdeckt. Am 24. Juni folgte das Regiment den Spuren eines Indianertrecks, die immer zahlreicher und frischer wurden. Man fand den Stangenrahmen eines Sonnentanzzeltes, abgenagte Büffelrippen und frischen Pferdedung. Alle Zeichen deuteten darauf hin, daß sich hier Sitting Bulls »Sonnentanz-Lager« befunden hatte. Das Regiment marschierte nun in breiter Formation, damit keine zu hohe Staubwolke aufgewirbelt wurde. Als man gegen Sonnenuntergang lagerte, hatten die Soldaten wieder 28 Meilen hinter sich gebracht. Custer entschloß sich nun, den Rest des Weges zum Groß-Zeltdorf der Sioux am Little Big Horn in einem Nachtmarsch zurückzulegen. Gegen 23 Uhr 30 wurde der Marsch unter größten Vorsichtsmaßregeln fortgesetzt. Um 2 Uhr früh (25. 6.) legte man nach 10 Meilen Marsch eine Rast ein. Gegen Sonnenaufgang kehrten dann die Scouts zurück und gaben einen Bericht über die Groß-Zeltlager am Little Big Horn River. Von 8 Uhr bis 10 Uhr 30 legte das Regiment weitere 10 Meilen zurück und blieb dann in einer tiefen Hügelrinne – etwa zwei bis drei Meilen vom großen Sioux-Zeltdorf entfernt – in Stellung.

Hier nun finden jene Gespräche zwischen Custer und seinen Spähern statt, die man – weil er allen Warnungen zum Trotz weitermarschiert sei – als Beweis für Custers Ignoranz, Ruhmsucht und maßlose Selbstüberschätzung anführt:

Custers Indianerfreund, der Späher »Bloody Knife«, warnte ihn: »Wir werden genug Sioux vorfinden, um zwei bis drei Tage kämpfen zu müssen.« Darauf habe Custer lächelnd geantwortet: »Oh, ich denke, daß wir an einem Tag mit ihnen fertig werden.«

Der Halbblut-Scout Mitch Bouyer, der die Sioux-Ansammlung Stunden vorher observiert hatte, »teilte ihm [Custer] mit, daß es das größte Dorf sei, das er je in den drei Jahrzehnten seines Lebens unter Indianern gesehen habe. Wenn aber in diesem Augenblick Klarheit über irgend etwas in bezug auf Custer herrscht, dann darüber, daß es ihn überhaupt nicht kümmerte, wie groß das Sioux-Lager war.«[104]

Custer hatte, bevor er seinen Marsch fortsetzte, Lieutenant Varnum mit einer Scout-Gruppe weggeschickt und von diesem einen ausführlichen Bericht über die Ansammlung von Zelten und Reservepferden (1800 Zelte und 20–25 000 Pferde) erhalten, so daß er sich über die zahlenmäßige Stärke der Sioux absolut im klaren war.

Obwohl die ungefähre Anzahl der Sioux-Krieger (1500 bis 2500) schon während der Konferenz auf der »Far West« bekannt und Custer durch die Berichte der Scouts über die genaue Anzahl informiert war, tauchte später sowohl in militärischen wie privaten Untersuchungsberichten immer wieder die Spekulation auf, daß Custer wahrscheinlich die Anzahl und Stärke des Feindes erheblich unterschätzt haben mochte.

Was Custer gegen Mittag des 25. Juni unternahm, war, wenn er nicht damit rechnete, daß Crooks Armee eingreifen würde, nach allen seinen Informationen über die Sioux reiner Selbstmord. Es war aber auch taktisch vollkommen unverständlich. Nahm er aber an, daß Crook eingreifen würde, so waren seine

Befehle und Bewegungen äußerst umsichtig und taktisch klug. Er teilte sein Regiment in vier Gruppen auf:

Major Markus Reno erhielt ein Bataillon, bestehend aus den Kompanien A, G und M und einer Gruppe Indianer-Scouts (11 Offiziere, 146 Soldaten).

Captain Frederick W. Benteen formte ein Bataillon aus den Kompanien D, H und K (5 Offiziere, 136 Soldaten).

Captain Thomas M. McDougall übernahm den Packtier-Zug mit Kompanie B (2 Offiziere, 129 Soldaten).

Lieutenant Colonel Custer übernahm die Kompanien C, E, F, I und L (9 Offiziere, 280 Soldaten).

Während Major Reno den Sundance Creek überquerte und am Südufer des Ash Creek entlang mit seinen drei Kompanien im gestreckten Galopp zum Little Big Horn River jagte, erhielt Captain Benteen den Auftrag, mit seinen drei Kompanien die südliche Hügellandschaft zwischen Ash Creek und South Fork erkundend zu durchqueren, während Captain McDougall langsam mit dem Packtier-Zug in Richtung Little Big Horn River folgen sollte.

Custer selbst ritt mit seinen fünf Kompanien am Ash Creek entlang, überquerte den North Fork und wandte sich den Hügeln am Ostufer des Little Big Horn River zu (was einer kompletten Sperrung des möglichen Fluchtweges der Sioux gleichkam).[105] Da aber die Armee Crooks nicht vorhanden war, entbrannte nun ein hoffnungsloser Kampf der einzelnen Bataillone der 7. Kavallerie gegen die Krieger der Hunkpapa-Sioux unter Gall, Sitting Bull, Crow King und Black Moon, der Oglala-Sioux unter Crazy Horse, Low Dog und Big Road, der Sans-Arc-Sioux unter Spotted Eagle, der Minniconjou-Sioux unter Hump und der Cheyennes unter White Bull und Little Horse.

Das Reno-Bataillon wurde etwa tausend Meter, bevor es die ersten Hunkpapa-Zelte erreichte, von einer Streitmacht des Hunkpapa-Häuptlings Gall mit solcher Vehemenz angegriffen, daß Reno die Truppe absitzen und Verteidigungsstellung in einem Gehölz beziehen lassen mußte. Als aber seine Verluste immer höher wurden, ordnete er in Panik den Rückzug über den Little Big Horn River an, hart bedrängt von Galls Hunkpapas. Es gelang Reno, nach hohen Verlusten auf einem Hügel am Ostufer des Little Big Horn Stellung zu beziehen, sich mit dem nachrückenden Benteen-Bataillon zu vereinigen und diese Stellung zu halten. Eine Stunde später wurde die Reno-Benteen-Gruppe durch den Packtier-Zug verstärkt, so daß sich jetzt hier am Nachmittag eine intakte Stellung von sieben Kompanien der 7. Kavallerie bildete, die über allen Nachschub des Regiments verfügte.

Custer bewegte sich inzwischen langsam mit seinem Bataillon parallel zum Fluß über die Hügel in nordwestlicher Richtung, als ob er auf etwas Entscheidendes warte. Als nichts passierte und Custer klar zu werden schien, daß auch nichts Entscheidendes passieren würde, spornte er plötzlich seine Truppe zu furiosem Galopp an und suchte ganz offensichtlich eine günstige Verteidigungsstellung auf den Hügelhöhen. Er schickte Sergeant Kanipe mit dem dringenden Befehl zurück, dafür zu sorgen, daß der Packtier-Zug so schnell wie möglich kommen solle. Wenig später schickte er den Trompeter Giovanni Martini mit einer zweiten, noch dringenderen Botschaft zu Captain Benteen: »Benteen. Kommen Sie. Großes Lager – machen Sie rasch – bringen Sie Munition. W. W. Cooke. PS. Bringen Sie Munition.«

Aber zu dieser Zeit haben Benteen und Reno bereits genug damit zu tun, ihr eigenes Leben zu retten. Sie graben sich ein, erschießen Pferde, um Deckung hinter den Kadavern zu finden, und sind vollständig eingeschlossen. Als sie sich weigern, sich zu Custer durchzuschlagen, weil ihnen dies wie ein Weg in den sicheren Tod erscheint, reitet der jugendliche Captain Weir mit einem Teil seiner Kompanie D los, um zu Custer zu stoßen. Custer hatte sich inzwischen auf der Kuppe eines Hügels konzentriert und für eine Rundum-Verteidigung eingerichtet. Er wurde eine Stunde lang angegriffen, konnte sich aber erfolgreich zur Wehr setzen, bis ihn plötzlich die Aktion Captain Weirs, der von Indianern eingekesselt zu werden drohte, zu einem entlastenden Ausfall zwang, der zwar Weirs Truppe das Leben rettete – er konnte sich wieder zu Reno und Benteen zurückschlagen –, aber sein eigenes Schicksal besiegelte. Seine Verteidigungsstellung war nun nicht mehr wiederherzustellen, seine Kompanien blieben zerstreut. Die Sioux griffen in Massen zu Fuß – nicht, wie es immer geschildert worden ist, in berittenen Attacken – an, indem sie den von tiefen Rinnen zerklüfteten Hügel hinaufschlichen und dabei die Soldaten unter ständigem Feuer hielten. Hierbei verursachten sie unter den Soldaten besonders hohe Verluste, indem sie – für diese unsichtbar in Deckung liegend – Pfeile in steilem Winkel in die Luft schossen, die dann senkrecht auf die auf engem Raum konzentrierten Soldaten niedersausten und diese schwer verletzten. Während Custer versuchte, die Höhe des Hügels wieder zu erreichen, führte Crazy Horse Hunderte seiner Oglalas durch tiefe Rinnen um den Hügel herum und besetzte, von Custer unbemerkt, die Höhe. Nun hatte Custer keine Chance mehr.

»Es gab keinerlei Attacken auf dem Custer-Hügel, nichts von jenen aufregenden Handgemengen und berittenen Nahkämpfen, wie sie die Maler und Storyschreiber dargestellt haben. Die Soldaten auf diesem Hügel sahen stets nur blitzschnell den Kopf eines Indianers auftauchen und eine Pulverrauchwolke. Auf diese feuerten sie ungezielte Schüsse, denn Zeit zum Zielen blieb keine. Aber da war dieses Ziel schon wieder verschwunden. Und da die Indianer diese Art des Kampfes meisterhaft beherrschten, die Kavalleristen hierin aber absolute Neulinge waren, war es eine gänzlich einseitige Angelegenheit, und das auf dem gesamten Schlachtfeld, denn alle Indianer verfolgten die gleiche Taktik. Nirgendwo fand die Kavallerie eine Gelegenheit, in der Art zu kämpfen, in der sie den Indianern zweifellos überlegen war: in der berittenen Attacke, bei der sie an die Indianer auf Nahkampfentfernung herankam und diese zwang, sich aufrecht der überlegenen Waffen- und Schlachtordnung zu erwehren.«[106]

Es ist so gut wie sicher, daß während des ganzen Kampfes nicht ein einziger Indianer jemals sichtbar in Revolverschußweite eines Soldaten kam. Ein Umstand, der die Kavalleristen zur Verzweiflung getrieben haben mag, war die Tatsache, daß die einschüssigen Springfield-Karabiner des Modells 1871 dazu neigten, daß sich bei heißgeschossenen Patronenlagern die Hülsenauszieherkrallen versetzten, so daß man die Kupferhülsen umständlich und mühsam mit Messerspitzen aus dem Lager herausheben mußte.

Dann war alles vorbei, Offiziere und Soldaten tot. Eine Zeitlang fielen noch weitere Schüsse, zischten Pfeile durch die Luft, aber Kugeln und Pfeile trafen nur noch Tote. Es war bei den Prärie-Indianern üblich, die toten Körper ihrer Feinde voll Kugeln und Pfeile zu schießen und die Leichen getöteter Feinde mit Beilhieben und Messern in bestimmter Weise zu verstümmeln (z.B. wurden Oberschenkelmuskeln tief der Länge nach eingeschnitten, Geschlechtsteile abgetrennt, der Leib aufgeschlitzt, Hand- und Fußgelenke aufgehackt, die Kehle durchgeschnitten, der Schädel zertrümmert und das Haar skalpiert.)

Gegen Abend zogen sich die Krieger zurück, und die Überlebenden um Reno und Benteen hörten vom Großlager her

Trommeln und Siegesgeschrei. In der Nacht verstärkten sie die Brustwehren. Am 26. Juni setzten die Sioux die Belagerung der restlichen sieben Kompanien fort, zogen sich aber am Nachmittag überraschend zurück. Mit dem Sonnenuntergang waren alle Zelte verpackt und die Sioux vom Little Big Horn River in die Berge verschwunden.

Immer wieder wurde von Überlebenden General Crook und seine Truppe erwähnt, die nun doch endlich eingreifen müsse. In seinem Bericht schrieb Captain Godfrey, Kompanieführer der K-Kompanie:

»Nachdem [am Abend des 26.] das Schießen aufgehört hatte, verbreiteten sich die wildesten Gerüchte. So glaubten Männer, Truppenkolonnen über die Hügel reiten zu sehen, das Trampeln von Hufen, die Kommandos von Offizieren, ja selbst Trompetenstöße zu hören. Unsere Trompeter bliesen Signale und unsere Männer gaben Schüsse ab, um den angeblichen Marschkolonnen Zeichen zu geben, daß wir hier waren [...] Irgendwer verwies darauf, daß General Crook kommen müsse [...] ein ziviler Packer bestieg ein Pferd und galoppierte an der Linie vorbei und schrie: ›Nur Mut, Jungens, Crook kommt!‹ Aber bald merkten sie, daß die herbeigesehnten Verstärkungen nur fantastische Einbildungen waren.«[107]

»Am Dienstagmorgen, dem 27. Juni [...] um 9 Uhr 30 war eine Staubwolke einige Meilen stromabwärts zu sehen. Kampfbereitschaft wurde geblasen, die Pferde in Schutzpositionen gebracht, Kessel und Feldflaschen mit Wasser gefüllt. Dann folgte eine Stunde gespannter Erwartung; aber aus dem langsamen Nähern [der Staubwolke] schlossen wir, daß es unsere eigenen Truppen waren. Aber wessen Truppe war es? Vergeblich hielten wir Ausschau nach einer Graupferd-Truppe [Custer hatte eine vollkommen mit grauen Pferden ausgerüstete Kompanie]. Es konnte nicht Custer sein; dann mußte es Crook sein, denn wenn es Terry war, mußte Custer bei ihm sein. Hochruf auf Hochruf wurde auf Crook ausgebracht.«[108]

Gibbons Kavallerietruppe erreichte als erste das Schlachtfeld. Der Haupttruppe ritt Lieutenant James H. Bradley, der Kommandeur von Gibbons Scout-Truppe, etwa zwei bis drei Meilen voraus. Er sah als erster die Leichen auf dem Custer-Hügel. In seinem Brief vom 25. Juli 1876 an den Herausgeber des ›Helena Herald‹ schrieb Bradley u.a.:

»Von den 206 Leichen, die auf dem Schlachtfeld begraben wurden, es gab nur sehr wenige, die ich nicht sah [...] waren nur sehr wenige Fälle von Verstümmelung zu sehen. Viele der Leichen waren nicht einmal skalpiert, und in den wenigen Fällen von Verstümmelung schienen mir diese eher auf Hiebe mit einem Messer, Beil oder einer Kriegskeule zurückzuführen als absichtliche Verstümmelungen zu sein. Viele von Custers Männern müssen während des Kampfes durch Verwundungen außer Gefecht gesetzt und, als die Wilden das Feld erobert hatten, von ihnen auf diese Weise getötet worden sein. Die Leichen waren beinahe alle entkleidet, aber es ist ein Irrtum zu behaupten, daß Kellogg [der Zeitungskorrespondent der ›Bismarck Tribune‹] der einzige war, der dieser Behandlung entging. Ich sah verschiedene vollständig Angezogene, etwa ein halbes Dutzend [...] Wirkliche Verstümmelungen geschahen im Falle der Reno-Männer, die in der Nähe des Lagers gefallen waren. Diese wurden von den Frauen und Kindern in wahrlich schrecklicher Weise zugerichtet.«

Dieser Bericht des ersten Augenzeugen Bradley ist umso interessanter, als spätere Armee- und Korrespondentenberichte im Gegensatz hierzu allgemein davon sprechen, wie schrecklich nahezu alle Männer Custers verstümmelt gewesen seien. Daß George Armstrong Custer – wie Lieutenant Bradley ebenfalls bezeugte – mehr einem »schlafenden Mann [glich], der sich friedlicher Träume erfreute«, findet eine durchaus plausible Erklärung in der Darstellung der Cheyenne-Frau Kate Bighead:

»[...] aber ich erfuhr etwas mehr über ihn [Custer] von unseren Leuten in Oklahoma. Zwei der Cheyenne-Frauen, die in unserem Lager am Little Big Horn gewesen waren, erzählten, daß sie, kurz nachdem der Kampf endete, auf dem Schlachtfeld waren. Sie sahen Custer tot daliegen. Sie hatten ihn im Süden kennengelernt. Während sie ihn anschauten, kamen einige Sioux-Krieger und wollten seinen Körper zerhacken. Die Cheyenne-Frauen, die an Me-o-tse [anderer Name für Mo-nah-se-tah] dachten, machten die Zeichen für: ›Er ist ein Verwandter von uns‹, aber ohne mehr über ihn zu sagen. Deshalb schnitten die Sioux-Männer nur ein Glied seines Fingers ab. Dann stachen die Frauen Nähnadeln durch seine Ohren in seinen Kopf hinein. Dies wurde gemacht, sein Gehör zu verbessern, denn es schien, daß er nicht zugehört hatte, was unsere Häuptlinge ihm sagten, als er die Friedenspfeife mit ihnen rauchte. Sie hatten ihm gesagt, daß der allgegenwärtige Geist ihn ganz sicher töten werde, wenn er jemals sein Friedensversprechen brechen und gegen die Cheyennes kämpfen würde.«[109]

Auch für den Umstand, daß die meisten von Custers gefallenen Soldaten nicht skalpiert waren, gibt es eine sehr einleuchtende Erklärung: Der Cheyenne-Häuptling »Wooden Leg« behauptete wenig später, die Indianer hätten von Custers Truppe auf dem Hügel nur etwa 35 Soldaten wirklich getötet, alle übrigen hätten Selbstmord begangen. Die Militärs wiesen diese Behauptung, die auch von Sioux-Kriegern bestätigt wurde, zurück. Andere Indianer, die bereit waren, Custers Soldaten heldenmütigen Kampfesmut zu bescheinigen, wurden immer wieder zitiert.

Hält man sich die unangezweifelten Tatsachen vor Augen, so ergibt sich folgendes Bild:

Lieutenant Bradley bezeugte, daß nur sehr wenigen Soldaten die Skalps fehlten.

Springfield-Karabiner des 1873er Modells, mit dem Custers Truppe ausgerüstet war, neigten bei heißgeschossenem Patronenlager zu schwer entfernbaren Hülsenauszugsklemmern und waren nach zehn Schuß kaum noch einsatzbereit.

Den Soldaten blieben deshalb nur noch die Revolver [Colt, Modell Single Action Army, SAA, Kaliber 45]. Säbel besaßen Custers Soldaten keine.

Custers Kavalleristen waren den blitzschnellen Angriffen aus dem Verborgenen, die die Sioux perfekt beherrschten, in keiner Weise gewachsen.

Ca. 80 Prozent der »gemeinen« Soldaten waren junge, unausgebildete und also unerfahrene Rekruten.

Prärie-Indianer nahmen ihren Gegnern, die sie im Nahkampf getötet hatten, den Skalp und fügten ihnen sofort rituelle Verstümmelungen zu. Sie waren sehr stolz auf solche Trophäen, weil diese im Kampf erworbene Beute ihren Rang innerhalb ihrer Kriegergesellschaft beträchtlich erhöhte.

Ein Selbstmord war für einen Indianer eine absolut unbegreifliche Handlung. Wenn man schon sterben mußte, so gab man sich die größte Mühe, so viele Gegner wie nur eben möglich in den Tod mitzunehmen. Selbstmord im Kampf galt als das Schimpflichste, was sich ein Krieger überhaupt vorzustellen vermochte. Einem Gegner den Skalp zu nehmen, der dem natürlichen Kampfestod durch Selbsttötung entfloh, galt als Schande.

Nun wird plötzlich der Umstand, daß Lieutenant Bradley so viele unverstümmelte und unskalpierte Leichen von Soldaten und Offizieren fand, erklärbar. Auch der Selbstmord so vieler junger, unerfahrener Rekruten ist in Anbetracht der hoffnungslosen Situation verständlich, da sie von ihren Korporalen und Sergeanten mit den grausamen Torturen bekanntgemacht worden waren.

Die Indianer hatten mehr als genügend Zeit, sich der Skalps ehrenvoll getöteter Feinde zu bemächtigen, niemand bedrängte, vertrieb oder hinderte sie. Aber dennoch skalpierten sie nicht mehr als 35 bis 40 Soldaten. Lieutenant Colonel George Armstrong Custer wies zwei Kugelwunden auf: einen Durchschuß in die linke Brust, und eine Kugelwunde in der rechten Schläfe! Die Offiziere, die die Leichen notdürftig bestatteten, bescheinigten übereinstimmend, daß sich in Custers Schläfenhaut keine Pulverpartikel befanden, die auf eine Selbsterschießung deuteten.

In der offiziellen Kurzdarstellung der Armee[110] heißt es: »General Terry wurde auch davon informiert, daß General Crook vom Süden her in Richtung auf die Oberläufe der Flüsse Powder, Pumpkin Bud, Tongue, Rosebud und Big Horn operieren würde, an denen sich Crazy Horse und seine Verbündeten aufhielten, und daß die Grenzlinien zwischen den beiden Militärbezirken von den Truppen unbeachtet bleiben sollten, bis die vom Innenminister gestellte Aufgabe erfüllt sei.

Ähnliche Direktiven erhielt General Crook, und da die Indianerlager beweglich waren, konnte kein konkreter Fixpunkt für abgestimmte Operationen der zwei verschiedenen Expeditionen des Platte-Militärbezirks und des Dakota-Militärbezirks festgelegt werden.«

Hierzu muß festgehalten werden, daß die Armee von der beabsichtigten Konzentrierung der Sioux und der nördlichen Cheyennes, die von Sitting Bull ausging, ebenso früh Kenntnis erhalten hatte wie die zahllosen weitverstreuten Einzelgruppen dieser Indianer. Sitting Bull brauchte zur Verwirklichung seines Plans, die Nicht-Reservations-Indianer angesichts der Kriegsdrohung zu vereinen, drei bis vier Monate Zeit. Es war der Plan der Obersten Armeeführung, in diese Sammlungsbewegung hineinzustoßen, ehe sie strategisch wirksam werden konnte. Aber auch die beiden Armeegruppen unter Terry und Crook brauchten Vorbereitungszeit. Das frühe Erscheinen Colonel Gibbons mit seiner sehr beweglichen 2. Kavallerie – nahezu acht Wochen bevor Terrys Armee am Yellowstone eintraf – hatte nur dann einen Sinn, wenn Gibbon während dieser Zeit eine bestimmte Aufgabe erfüllen mußte. Diese hätte beispielsweise darin bestehen können, einmal durch seine berittenen Späher die Region sorgfältig zu erkunden und herauszufinden, zu welchem Versammlungspunkt die verschiedensten Indianergruppen zogen, zum anderen die Kommunikation mit Crook herzustellen. Das erstere wird von der Armee zugestanden, vom letzteren ist nicht die Rede.

Nachdem nun die Custer-Tragödie passiert war, heißt es im »Record of Engagements« auf Seite 58: »Von General Terry wurden unverzüglich (ab 2. 7. 1876) Versuche unternommen, mit General Crook, der sich irgendwo in diesem Teil des Landes aufhielt, Kontakt aufzunehmen, um zwischen den beiden Expeditionen eine gemeinsame Aktion festzulegen. Zwei Versuche scheiterten, aber ein dritter hatte Erfolg [...]«

Hierzu ist wiederum zu sagen, daß sich die Sioux unmittelbar nach der Custer-Schlacht in zahllose kleine Einzelgruppen auflösten, die in alle Himmelsrichtungen davonwanderten, um der US-Armee die Verfolgung zu erschweren. Auch hiervon war das Armee-Oberkommando ebenso informiert wie die beiden Kommandeure Terry und Crook. Die offizielle Kurzdarstellung der Armee enthält in diesen beiden zitierten Passagen ähnlich gelagerte Widersinnigkeiten, wie sie so typisch für das ganze »Custer-Problem« sind: So stellt sie zuerst fest, daß gemeinsame, abgesprochene Operationen der beiden verschiedenen Expeditionen deshalb nicht möglich waren, weil man wegen der Beweglichkeit der Indianerlager keine bestimmte Stelle in der Landschaft fixieren konnte. Man wußte aber, daß zahllose kleine Gruppen von Indianern einem Sammelpunkt zustrebten, was eine gemeinschaftliche Aktion geradezu herausforderte. Tatsache war auch, daß beide Expeditionsgruppen genau und gezielt aus Norden und Süden aufeinander zumarschierten, und daß sich genau im Zielgebiet das Großlager der Sioux befand!

Aber nach einer Schilderung des Custer-Massakers mit seinen einzelnen Truppenbewegungen stellt die gleiche Kurzdarstellung der Armee fest, daß – nach Custers Tod – plötzlich eine gemeinsame Operation beschlossen wurde und bereits nach dem dritten Versuch gelang! Und dies angesichts der Tatsache, daß für eine solche Operation wegen der Auflösung der Sioux die Chancen um ein Vielfaches geringer waren, als dies vorher der Fall war. Hier wird nun endgültig klar, daß es sich bei der Custer-Schlacht in Wirklichkeit gar nicht um ein »Custer-Problem« und »Custer-Rätsel« handeln kann, sondern um ein

»Crook-Problem« und damit um ein Problem der gesamten Armeeführung.

Normalerweise müßte der Gedanke an ein solch rätselhaftes Problem in der Armeeführung in den Bereich der Absurdität verwiesen werden; denn in der US-Armee gehört es seit ihrem Bestehen zur Gewohnheit, daß jeder Mann, der in einem Feldzug wichtige Befehle und Bewegungen ausführt, Rapporte schreibt. Von diesem Gebrauch ist weder die Terry- noch die Crook-Expedition abgewichen. Es gibt Akten voller winziger Details aus der ganzen Geschichte der US-Armee. Aber alles, was auf eine gemeinsame Operationsplanung zwischen Terry und Crook vor der Custer-Schlacht hinweisen könnte, fehlt. Das einzige, das nicht fehlt, sind Widersprüche und Unsinnigkeiten, Sinnloses und Unbegreifliches, sind Offiziere, die plötzlich eine Reihe von unverständlichen Handlungen begehen, die wider alle militärischen Gepflogenheiten und Regeln Dinge tun, für die es keinerlei Erklärung gibt.

Die Geschichtsschreibung, die sich an Fakten hält, muß zur Kenntnis nehmen, daß es offiziell keine gemeinschaftliche militärische Planung zwischen den Einheiten von Terry und Crook gegeben hat. Das sollte aber nicht daran hindern, die ökonomischen, politischen, militärischen, journalistischen und ideologischen Hintergründe dieser Tragödie einmal im Zusammenhang zu sehen und den unzähligen gefälligen und wohlfeilen Thesen, die sich mit mehr oder weniger Vordergründigem befassen, Indizien hinzuzufügen, die allerdings geeignet sein könnten, sehr unbequeme Aspekte dieser amerikanischen Nationallegende zu eröffnen.

»Die Schlacht am Little Big Horn war die entscheidendste Niederlage der US-Armee während der Indianerkriege, aber sie besiegelte auch den endgültigen Untergang der Indianer und zerstörte alle Chancen, die für Menschen geblieben waren, die guten Willens versuchen wollten, die Kluft, die Indianer von Weißen trennte, zu überbrücken. Nach dem Tode von Custer und seinen Männern verhärtete sich die nationale Stimmung; sowohl in Washington wie auf militärischem Feld machten sich Regierungsbeamte und Armeeführer dafür stark, den Widerstand der Indianer ein für alle Male zu brechen. Kavallerie-Kompanien wurden von 64 auf 100 Mann verstärkt, und neue Rekruten eilten herbei, als ›Custers Rächer‹ teilzunehmen. General Crook rückte ins Feld ein und trieb seine Männer bis an die Grenze ihrer Kraft, als wolle er damit seine unerklärlichen Aktionen des Frühjahrs wettmachen. General Nelson Miles kleidete seine Männer in Büffelmäntel und peitschte sie während des ganzen Winters kreuz und quer durch die Sioux-Gebiete bis ins Jahr 1877 hinein. Andere Truppen schlugen hier und dort zu und hieben Indianerlager von allen Seiten her zusammen. Die Munition der Sioux ging zur Neige, und sie erhielten nirgendwoher Ersatz. Ihre Krieger wurden getötet, ihre Lager zerstört, ihre Nahrungsmittelreserven verbrannt, ihre Frauen und Kinder obdachlos in schrecklicher Kälte zurückgelassen. Obwohl der Kampf noch 15 Jahre lang periodisch immer wieder aufflammte, gab es nie wieder einen regelrechten Krieg oder eine Schlacht von den Ausmaßen des Little Big Horn.

So bedeutete Custers Tod das Ende einer Ära. Neue Eisenbahnlinien begannen den Westen zu durchziehen, Städte und Ortschaften schossen wie Pilze aus dem Boden und Siedler besetzten das Land. Und wie sich das Land veränderte, so änderte sich auch die Rolle, die der Grenzsoldat spielte.«[111]

Das Ergebnis des Custer-Massakers wurde unmittelbar und augenblicklich sichtbar: Die Frustrationen der Armee waren beendet. Soldaten und Offiziere erhielten im öffentlichen Ansehen einen Status wie niemals zuvor. Der Opferbereitschafts- und Heldenmut-Nimbus dauerte nicht nur bis in die jüngste Zeit an, sondern er ernährte länger als ein halbes Jahrhundert einen großen Teil der Unterhaltungsindustrie. Die Finanzwirtschaft gesundete in kürzester Zeit. Die Northern Pacific begann unverzüglich mit der Vollendung ihres Eisenbahnbaus. Die Yellowstone-Dampfschiffahrt blühte und entwickelte sich zu einem gewinnträchtigen Verkehrspotential. Die Black Hills gehörten den Amerikanern, ein Bergwerk nach dem andern entstand, Städte und Industriezentren wurden gegründet. Siedler und Heimstätter sahen ihre Landkauf-Aktien nicht nur gerettet, sondern die Kurse unaufhörlich steigen. Das große Büffelschlachten, das die südliche Prärie inzwischen von Bisons entvölkert hatte, setzte sich in der nördlichen Prärie fort. Wohlstand und Gewinn, wohin man nur blickte. Ein Sioux-Problem gab es nicht mehr, nur eine Treibjagd auf letzte Gruppen und Reservationen, in denen der amerikanische Vormund sein renitentestes Mündel »hart an die Kandare nahm«. Und man hatte wieder einen unsterblichen Nationalhelden!

Alle Probleme, die, als Custer seinen letzten Brief an Libbie schrieb und einen überwältigenden Sieg voraussagte, noch unlösbar erschienen und die Nation in eine erneute tiefe Spaltung – diesmal in Ost und West – zu treiben drohte, die immer unversöhnlicher werdenden parteilichen Gegensätze, eine drohende zweite Wirtschaftskrise – das alles war mit einem Schlage nicht mehr existent, war vom Tisch. »Gottes eigenes Land« war wieder ein Paradies.

Anmerkungen

Auslassungen und Einfügungen des Verfassers sind im Text jeweils durch eckige Klammern gekennzeichnet. Bei den Literaturhinweisen wurde die neueste Auflage berücksichtigt, die häufig aus den letzten Jahren stammt.

1 Die Briefe befinden sich heute in den »Randall-Papers« der University of Pennsylvania.
2 Don Russel: Custer's Last, S. 3.
3 *New York Herald* vom 2. 9. 1876.
4 M. S. Kennedy: The Red Man's West. New York 1965, S. 304.
5 ibid.; vgl. dazu *New York Times* vom 13. 8. 1961.
6 23. Kongreß, 1. Session, »Indian Removal«, III. Bd.
7 Mutesius in: Human Rights in America, S. 4f.
8 Weinberg: Manifest Destiny, S. 74f.
9 The Law of Nations or Principles of the Law of Nature, Applied to the Conduct and Affairs of Nations and Souvereigns, Mass. 1820.
10 Zu dem entschädigungslos zurückgelassenen Eigentum der Cherokees s. G. S. Woodward: The Cherokees, S. 157–192. Zur Erklärung von P. Pitchlynn s. J. P. Dunn: Massacres of the Mountains, S. 32f.
11 1831, Supreme Court, C. J. Marshall (Cherokee Nation ./. Georgia) 5 Peters, 1.
12 Dunn, S. 19.
13 George E. Hyde: Spotted Tail's Folk. A History of the Brulé-Sioux, 1961, S. 42.
14 Superintendent of Indian Affairs, Report v. 29. 10. 1850, S. 840f.
15 Diese oder eine ähnliche Formulierung tauchte vor etwa 200 Jahren auf, als William Penn einen Vertrag mit den Delawaren schloß.
16 Hyde: Spotted Tail's Folk, S. 47f.
17 L. R. Hafen: Relations with the Indians of the Plains 1857–1861, 1959, S. 15f.
18 Robert M. Peck in: Transactions of the Kansas State Historical Society, 1903–1904, Bd. VIII, S. 489.
19 R. C. Miller: Annual Report of the Commissioner of Indian Affairs, 1857, S. 143.

20 National Archives, A, G. O. Letters Received, 1857, S. 85.
21 Proceedings of a Treaty Council, Sept. 18, 1859, US-Indian Agency of the Upper Platte, Deer Creek, N. T.-Indian Bureau Records, National Archives.
22 ibid.
23 Hyde: Spotted Tail's Folk, S. 83.
24 S. dazu: Stan Hoig: The Sand Creek Massacre, 1958.
25 Aus: Massacre of Cheyenne Indians. Report of the Comittee on the Conduct of the War, 13.–15. 3. 1865, S. 5.
26 F. P. Morse: Cavalcade of Rails, S. 167.
27 W. E. Lass: Steamboating on the Upper Missouri.
28 Aus einem Brief an Bruder John Sherman vom 23. 9. 1868. W. T. Sherman Papers, Bd. 23, National Archives. S. auch Athearn: Sherman S. 223.
29 F. C. Carrington: Army Life on the Plains, S. 291 f.
30 ibid.
31 Aus einem Brief an Lieutenant Colonel H. G. Litchfield (AAAG, Dept. of the Platte, 16. 6. 1866, 50. Congress, 1. Session, Sen. Ex. Doc. 33, S. 6).
32 Sherman an Cooke am 28. 12. 1866 (NARS, RG 98, LE, Dept. of the Platte).
33 J. C. Olson: Red Cloud and the Sioux Problem, 1965, S. 53.
34 40. Cong., 1. Sess. S. Ex. Doc. 13, S. 57–74.
35 *New York Times* v. 23. 6. 1867.
36 NARS, RG 98, LR, Dept. Platte.
37 *Omaha Weekly Herald* v. 10. 6. 1868.
38 R. G. Athearn: William Tecumseh Sherman and the Settlement of the West, 1956, S. 208.
39 Aus einem Brief an Grant v. 7. 6. 1868 (Div. of the Missouri, Letters Received, 1866–69, Special File).
40 Athearn, S. 248 f. Vgl. auch *Chicago Tribune* v. 8. 6. 1869.
41 Diese Region wird als das »Powder River Country« bezeichnet. Der Absatz schließt mit der verbindlichen Zusage, daß die Montana Road und alle an ihr gelegenen Forts aufgegeben werden.
42 Dunn, S. 498.
43 C. R. Wood: The Northern Pacific, 1968, S. 19.
44 The Railroaders, S. 206 (Time-Life-Bücher).
45 ibid., S. 78.
46 Record of Engagements with Hostile Indians, in: Military

Division of the Missouri, 1868–1882, Government Printing Office, Washington D. C.
47 Athearn, S. 283.
48 Athearn, S. 284.
49 *New York Times* vom 24. 2. 1870.
50 Brief vom 24. 3. 1870.
51 Olson, S. 89.
52 K. C. Turner: Red Men Calling on the Great White Father, 1951, S. 116f.
53 Diese Abkürzung steht ohne Erklärung auch im englischen Original so. Wahrscheinlich ist damit Nord, Ost, Süd, West, also aus allen Himmelsrichtungen gemeint.
54 Olson, S. 105f., der nach der Original-Niederschrift zitiert.
55 Wahrscheinlich hat Red Cloud von Manitou gesprochen. Die *New York Times* gab es aber so wieder, wie es im Text steht.
56 Aus: Montana Magazine Vol XX, No. 2, Frühjahr 1970, S. 27.
57 A. C. Laut: The Romance of the Rails.
58 Olson, S. 152.
59 Laut, S. 446.
60 Olson, S. 171. Vgl. auch *Yankton Press and Dakotaian* vom 20. 3. 1872.
61 Bd. I, Nr. 4, Okt. 1868.
62 S. dazu T. R. Fehrenbach: Comanchen. Ebenso: W. Egli: Im Sommer als der Büffel starb.
63 D. Jackson: Custer's Gold, 1966, S. 14.
64 Vgl. auch Olson, S. 172.
65 Jackson, S. 16.
66 ibid., S. 82.
67 ibid.
68 ibid., S. 89.
69 ibid., S. 110.
70 J. W. Vaighn: The Reynolds Campaign on Powder River, 1961, S. 7.
71 ibid., S. 7f.
72 Kennedy, S. 307f.
73 E. A. Brinistol: Fighting Red Cloud's Warriors, 1926, S. 282.
74 Heyoka = der Umgekehrte, ein Indianer, der alles in der entgegengesetzten Art und Weise erledigte als seine Stammesgenossen: Normalerweise bringt man ein Ge-

schenk offen und am Tage, dieser brachte es aber bei Nacht.

75 E. B. Custer: Tenting on the Plains. 3. Bde., 1972, S. 287.

76 Bereits am 5. 6. 1862 war Custer Captain d.R. geworden, was aber lediglich einen Ehrentitel bedeutete.

77 J. Monaghan: The Life of General G. A. Custer, 1959, S. 250.

78 ibid., S. 251.

79 ibid., S. 258.

80 ibid., S.; V295.

81 Quelle: Militärgerichtsverfahren gegen Custer. Special Order No. 426, v. 15. 9.–1. 10. 1867.

82 Monaghan, S. 303.

83 Lt. Fort Sill Medical Records.

84 W. A. Graham: The Custer Myth, 1953, S. 202f.

85 Monaghan, S. 333.

86 ibid., S. 342.

87 Athearn, S. 308.

88 *New York Times* v. 12. 7. 1876.

89 Graham: Custer Myth, S. 232.

90 Monaghan, S. 368; vgl. auch E. B. Custer: Boots and Sadles (1961 neu erschienen), S. 19.

91 E. B. Custer: Boots, S. 20.

92 M. Merington: The Custer Story, 1950, S. 294.

93 Monaghan, S. 364.

94 *Daily Conservative,* Leavenworth v. 19. 1. 1968, nachdem Custer das ihn verurteilende Gericht in der Presse als »parteiisch und voreingenommen« qualifiziert hatte.

95 Lieutenant James H. Bradley im *Montana Herald,* Helena, v. 25. 7. 1876; zit. nach W. A. Graham: The Story of the Little Big Horn, 1945, S. 109.

96 J. W. Vaughn: The Reynolds Campaign on Powder River, 1961.

97 E. S. Godfrey: An Account of Custer's Last Campaign, 1968.

98 Godfrey, S. 35.

99 Godfrey, S. 77.

100 ibid.

101 J. W. Vaughn: With Crook at the Rosebud, 1956, S. 127.

102 S. 51.

103 C. Kuhlmann: Legend into History, 1951, S. 10.

104 The Soldiers, S. 211 (Time-Life-Bücher).

105 ibid., S. 212.
106 Kuhlmann: Legend, S. 209.
107 Godfrey, S. 61.
108 ibid., S. 70. Wenn General Crooks Truppe, seine Teilnahme am Vernichtungsplan so außerhalb jeder Kalkulation, ja jeglicher Spekulation lag, wenn niemand in Custers Truppe etwas von Crook wußte, wie ist es dann zu erklären, daß der nächste Gedanke bezüglich Hilfe, Entsatz, Verstärkung der an Crook war?
109 Kuhlmann: Legend, S. 213.
110 Record of the Engagements with Hostile Indians from 1868 to 1882, S. 50.
111 The Soldiers, S. 220.

Zur Indianer-Politik in den Atlantikstaaten

Bücher

Abel, Annie H.: Proposals for an Indian State, 1908.
Abernethy, T. P.: Western Lands and the American Revolution, 1937.
American State Papers, Indian Affairs. 8 Bde., 1832–61.
Annals of Congress 1789–1824. 42 Bde., 1834–56.
Ball, T. H. und H. S. Halbert: The Creek War of 1813–14, 1895.
Bassett, J. S.: The Correspondence of Andrew Jackson. 6 Bde., 1924–33.
Benson, Henry C.: Life Among the Choctaw Indians, 1860.
Candler, A. D.: Colonial Records of Georgia. 26 Bde., 1904–16.
Constitution and Laws of the Choctaw Nation, New York 1869.
Cushman, H. B.: History of the Choctaw, Chickasaw and Natchez Indians, 1899.
Debo, Angie: The Road to Disappearance, 1941.
Eaton, Rachel Caroline: John Ross and the Cherokee Indians, 1892.
Ford, W. C. und G. Hunt: Journals of the Continental Congress 1774–89. 27 Bde., 1904–28.
Foreman, Grant: Advancing The Frontier, 1933.
– Indian Justice, 1934.
– Indian Removal, 1932.
– Indians and Pioneers, 1930.
– Pioneer Days in the Early Southeast, 1926.
– A Traveller in Indian Territory, 1930.
Halbert, H. S.: s. Ball, T. H.
Hanna, Charles A.: The Wilderness Trail. 2 Bde., 1911.
Hawkins, Benjamin: A Sketch of the Creek Country in the Years 1798–1799, 1916.
Hildreth, J.: Dragoon Campaigns to the Rocky Mountains, 1836.
Hunt, G.: s. Ford, W. C.
Indian Land Cessions in the USA, 1889.
Kappler, Charles J.: Indian Affairs, Laws and Treaties. 3 Bde., 1892–1913.
Laws of the Cherokee Nation, 1852.
Parker, Thomas Valentine: The Cherokee Indians, 1907.
Richardson, James: Messages of the Presidents. 10 Bde., 1903.
Royce, Charles C.: The Cherokee Nation of Indians, 1887.
Shaw, Helen Louise: British Administration of the Southern Indians, 1931.
Schoolcraft, Henry R.: Historical and Statistical Information Regarding the History, Condition and the Prospects of the Indian Tribes of the USA. 6 Bde., 1851–1857.

Sounders, William L.: The Colonial Records of North Carolina. 10 Bde., 1886–1890.
Starr, Emmett: History of the Cherokee Indians, 1921.
Swanton, John R.: Early History of the Creek Indians, 1822.
– Social Organization and Social Usages of the Indians of the Creek Confederacy, Washington 1928.
– Source Material for the Social and Ceremonial Life of the Choctaw Indians, Washington 1931.
Thomas, Cyrus: The Cherokees in Pre-Columbian Times, 1890.
Tishomingo: Constitution, Laws and Treaties of the Chickasaws, 1860.
VanEvery, Dale: Disinherited, 1966.
Washburn, Wilcomb E.: The Indian and The White Man, 1964.

Zeitungen
The Arkansas Advocate, Little Rock, 1833.
The Arkansas Banner, 1845.
The Arkansas Gazette, Little Rock, 1830–1860.
The Arkansas Intelligencer, VanBuren, 1845–1858.
The Army and Navy Chronicle, Washington, 1836–1844.
Batesville News, Arkansas, 1839–1842.
Cherokee Advocate, Tahlequah, 1844–1860.
Chickasaw & Choctaw Herald, Tishomingo City, 1850.
Choctaw Telegraph, Doakesville, 1849.
The Cincinnati Daily Gazette, 1841.
The Constitutional Journal, Helena/Arkansas, 1836.
The Daily National Intelligencer, Washington, 1838, 1839.
The Democrat, Huntsville/Alabama, 1832.
The Fayettville Whitness, Arkansas, 1841.
Houston Post, Texas, 1841.
Houston Telegraph and Texas Register, 1837.
Jackson Gazette, Tennessee, 1825.
Louisiana Journal, 1842.
Military and Naval Magazine, 1834.
Missionary Herald, XXVI, XXVII, XXIX, XXXII, XXXIII.
Nashville Republican, Tennessee, 1833–1838.
The Nation's Business, Washington, 1930.
New Orleans Weekly Picayune, 1840.
New York Journal of Commerce, 1841, 1849.
New York Observer, 1835, 1838.
Niles' Weekly Register, Baltimore, XIII und LII.
The Northern Standard, Texas, 1842–1846.
The Ozark Eagle, 1842.
The Raymond Times, Mississippi, 1837.
The Red Lander, San Augustine/Texas, 1842.
Religious Intelligencer, XV.
Sacramento Transcript, California, 1850.
Shreveport Intelligencer, Louisiana, 1841.

The Sort Smith Herald, Arkansas, 1849–1867.
Southern Advocate, Alabama.
The Southwestern Historical Quarterly, XX.
St. Louis Reporter, Missouri, 1842.
Tennessee Journal and Federal Union, Athens, 1835.
The Van Buren Press, Arkansas, 1859.
Western Citizen, 1842.

Magazine

American Anthropologist, New Series Bd. XLV: »Siouan Tribes in the Ohio Valley« von J. R. Swanton, S. 49–66.
American Historical Review, Nr. XXIV: »The Southern Frontier in Queens Anne's War«, S. 379–395.
The Filson Club History Quarterly, Bd. VI: »Eskippakithiki: The Last Indian Town in Kentucky«, S. 355–382.
Georgia Historical Quarterly, Nr. XIX: »Georgia's Forgotten Industry: Gold Mining« von F. M. Green, S. 93–111, 210–228.
Georgia Historical Quarterly, Nr. XXI: »Creek-American Relations, 1782–1790« von R. C. Downes, S. 142–184.
Journal of Southern History, Nr. XII: »The Virginia-Chickasaw Treaty of 1783« von R. S. Cotterill, S. 483–496.
Tennessee Historical Magazine, Nr. IV: »Indian Wars and Warriors of the Old Southwest 1720–1807« von A. V. Goodpasture.
Tennessee Historical Magazine, Nr. I: »The Indian Policy of the Federal Government and the Economical Development of the Southwest 1789–1801« von Donald L. McMurry, S. 21–39, 106–119.

Zur Indianer-Politik im Westen

Albright, George L.: Official Explorations for Pacific Railroads, 1921.
Alter, J. Cecil: James Bridger, 1925.
Andrews, Ralph W.: Curtis' Western Indians, 1962.
– Indians, as the Westerners saw them, 1963.
– Indian Leaders who helped Shape America, 1971.
Armstrong, M. E.: Early Empire Builders of the Great West, 1901.
Athearn, R. G.: William Tecumseh Sherman and the Settlement of the West, 1956.
Bancroft, Hubert Howe: History of Nevada, Colorado und Wyoming. Bd. XXV.
Belden, George P.: The White Chief, 1871.
Berthrong, Donald J.: The Southern Cheyennes, 1963.
Billington, Ray Allen: Westward Expansion, 1949.
Boller, H. A.: Among the Indians, 1868.
Bordeaux, William B.: Conquering the Mighty Sioux, 1929.
Bourke, John G.: On the Border With Crook, 1891.
Brady, Cyrus Townsend: Indian Fights and Fighters, 1940.

Brinistol, E. A.: Fighting Red Cloud's Warriors, 1926.
Brinistol, E. A. und G. R. Hebard: The Bozeman Trail, 1922.
Brophy, William A.: The Indian, America's Unfinished Business, 1966.
Brower, J. V.: The Mississippi River and its Sources, 1893.
Brown, Dee: Fort Phil Kearny: An American Saga, 1962.
Burdette, Mary G.: A Young Woman Among the Blanket Indians, 1906.
Bushnell, D. I.: Villages of the Algonquin, Siouan, and Caddooan Tribes, 1922.
Byrne, Patrick E.: Soldiers of the Plains, 1929.
Carrington, Frances C.: Army Life on the Plains, 1910.
Carrington, Henry B.: Ab-sa-ra-ka: Land of Massacre, 1896.
Carrington, Margaret: Ab-sa-ra-ka: Home of the Crows, 1868.
Carter, William H.: History of Fort Robinson, 1911.
Castel, Albert: A Frontier State at War, 1861–1865. 1958.
Chambers, William Nisbet: Old Bullion Benton, 1956.
Chittenden, Hiram M.: A History of the American Fur Trade. 2 Bde., 1954.
– Life, Letters and Travels of Father Pierre-Jean DeSmet, 1905.
Clark, W. P.: The Indian Sign Language, 1885.
Cleland, Robert Glass: From Wilderness to Empire, 1959.
Clough, Wilson O.: Fort Russel and Fort Laramie Peace Commission in 1867.
Collins, J. S.: Across the Plains in 1864. 1904.
Colton, Ray C.: The Civil War in the Western Territories, 1959.
Cook, James H.: Fifty Years on the Old Frontier, 1923.
Cortis, Edward S.: The North American Indian. 20 Bde., 1907–1930.
Coutant, Charles Griffin: The History of Wyoming, 1899.
Danker, Donald F.: Man of the Plains: Recollections of Luther North, 1961.
Davidson, Gordon Charles: The North West Companie, 1918.
Davis, Christopher: North American Indian, 1972.
DeKaim, Randolph B.: Sheridan's Troopers on The Border, 1870.
DeVoto, Bernard: Across the Wide Missouri, 1947.
Dodge, Richard I.: Our Wild Indians, 1890.
– The Plains of The Great West, 1877.
Drips, J. H.: Three Years Among Indians in Dakota, 1894.
Dunn, J. P.: Massacres of The Montains, 1886.
Eastman, Charles, A.: From Deep Woods to Civilisation, 1916.
– Indian Heroes and Great Chieftains, 1920.
Eastman, Elaine Goodale: Pratt: The Red Man's Moses, 1935.
Ellis, Elmer: Henry Moore Teller: Defender of the West, 1941.
Ewers, John C. J.: Teton Dakota: History and Ethnology, 1958.
Fehrenbach, T. R.: Comanchen, 1975.
Fielder, Mitred: Sioux Indian Leaders, 1975.
Finerty, John F.: Warpath and Bivouac, 1890.
Fritz, Henry E.: The Movement for Indian Assimilation, 1963.

Gar, Wayne: The Great Buffalo Hunt, 1959.
Grinnell, George Bird: The Cheyenne Indians, 1923.
– The Fighting Cheyennes, 1915.
– Two Great Scouts and Their Pawnee Batallion, 1928.
– When Buffalo Ran, 1920.
Hafen, Leroy R.: Broken Hand: The Life Story of Thomas Fitzpatrick, 1931.
– Fort Laramie and The Pageant of the West, 1834–1890. 1938.
– Powder River Campaigns and Sawyers Expedition, 1961.
– Western America, 1941.
Hand, Fred M.: The Great Sioux Nation, 1907.
Haney, Henry Lewis: A Congressional History of Railways in the US, 1910.
Hare, Bishop William H.: Reminiscences, 1888.
Hassrick, Royal B.: North American Indians, 1974.
– The Sioux: Life and Customs of a Warrior Society, 1964.
Hebard, Grace Raymond: The Pathbreakers from River to Ocean, 1922.
– s. auch unter Brinistol, E. A.
– History of Montana, 1885.
Hodge, Frederick W.: Handbook of American Indians, 1910.
Hoig, Stan: The Sand Creek Massacre, 1961.
Holmes Louis A.: Fort McPherson, Nebraska, Fort Cottonwood, 1963.
Hoopes, Alban W.: Indian Affairs and Their Administration, 1849–1860. 1932.
Howe, M. A.: Life and Labours of Bishop Hare, Apostle to the Sioux, 1912.
Hyde, George E.: Corn Among the Indians of the Upper Missouri, 1917.
– The Pawnee Indians, 1951.
– Red Cloud's Folk, 1957.
– A Sioux Chronicle, 1956.
– Spotted Tail's Folk, 1961.
Jackson, W. Turrentine: Waggon Roads West, 1952.
Johnson, Virginia Wessel: The Unregimented General: Nelson A. Miles, 1962.
Johnson, W. Fletcher: Life of Sitting Bull, 1891.
Johnston, Abraham R.: Marching with The Army in the West, 1936.
Johnston, Sister Mary Antonio: Federal Relations with the Great Sioux Indians, 1948.
The Journals of Francis Parkman, 2 Bde. 1947.
Kappler, Charles, J.: Indian Laws and Treaties, 2 Bde., 1904.
Kelly, Fanny: Narrative of My Captivity Among the Sioux Indians, 1871.
Kelsey, Rayner W.: Friends and Indians, 1655–1917. 1917.
King, James T.: War Eagle: A Life of General Eugene A. Carr, 1963.

Kowie, Robert H.: The Crow Indians, 1907.
– Indians of the Plains, 1936.
– Primitive Society, 1920.
Lamar, Howard R.: Dakota Territory 1861–1889. 1956.
Laubin, Reginald: The Indian Tipi, 1957.
Lavender, David.: Bent's Fort, 1956.
Leckie, W. H.: The Military Conquest of the Southern Plains, 1963.
Lindquist, G. E.: The Red Man in the United States, 1919.
Lowe, Percival G.: Five Years a Dragoon, 1906.
Lutting, John C.: Journal of a Fur-Trading Expedition, 1920.
Malin, James C.: Indian Policy and Westward Expansion.
Manypenny, George W.: Our Indian Wards, 1880.
Mattes, Merril J.: Indians, Infants and Infantry, 1960.
McGillycuddy, Julia B.: Agent McGullycuddy, 1941.
McGregor, Gordon: Warriors Without Weapon, 1946.
McGregor, James H.: The Wounded Knee Massacre, 1940.
McLaughlin, James,: My Friend, the Indian, 1910.
Mekeel, Scudder: A Short History of the Teton-Sioux, 1910.
Meredith, Grace E.: Girl Captives of the Cheyennes, 1927.
Meriam, Lewis: The Problem of Indian Administration, 1928.
Mishkin, Bernard: Rank and Warfare Among Plains Indians, 1940.
Moorehead, W. K.: The American Indian in the United States, 1914.
Morgan, Lewis Henry: The Indian Journals, 1859–1862. 1959.
Morse, Jedidiah: A Report to the Secretary of War, 1822.
Nye, W. S.: The Story of Old Fort Sill, 1938.
Olson, James C.: Red Cloud and the Sioux Problem, 1965.
Paine, Bayard H.: Pioneers, Indians and Buffaloes, 1935.
Parkman, Francis: The Oregon Trail, 1891.
Pelzer, L.: Marches of the Dragoons in the Mississippi Valley, 1917.
Pond, S. W.: Two Volunteer Missionaries Among the Sioux, 1886.
Preuss, Charles: Exploring with Fremont, 1958.
Price, George F.: Across the Continent with the Fifth Cavalry, 1833.
Priest, Loring B.: Uncle Sam's Stepchildren, 1865–1887. 1942.
Prucha, Francis Paul: American Indian Policy in the Formative Years, 1962.
Rahill, P. J.: The Catholic Indian Missions and Grant's Peace Policy, 1953.
Rie, Frank Gilbert: The Indian and the Horse, 1955.
– The North American Buffalo, 1951.
Rister, Carl Coke: Border Command: Phil Sheridan in the West, 1944.
Robinson, Doan: History of the Sioux Indians, 1904.
Rogers Fred B.: Soldiers of the Overland, 1938.
Root, F. A.: The Overland Stage to California, 1901.
Rosen, Peter: Pa-ha-sa-pah, The Black Hills of South Dakota, 1895.
Royce, Charles C.: Indian Land Cessions, 1899.
Rushmore, E.: Indian Policy during Grant's Administration, 1914.
Sabin, Edwin L.: Kid Carson Days, 1935.

Sage, Rufus: Rocky Mountain Life, 1857.
Sandoz, Mari: Cheyenne Autumn, 1953.
– Crazy Horse, 1958.
Schmitt, Martin F.: General George Crook, 1946.
Service, Elman R.: A Profile of Primitive Culture, 1958.
Sheridan, Philip H.: Personal Memoirs, 2 Bde., 1888.
Smith, Maurice Greer: Political Organization of the Plains Indians, 1925.
Spring, Agnes Wright: Caspar Collins, 1927.
Standing, Henry Bear: Land of Spotted Eagle, 1933.
Standing, Luther Bear: My People the Sioux, 1928.
Stanley, Henry M.: My Early Travels and Adventures, 1895.
Struthers, Burt: Powder River, 1939.
Stuart, Robert: On the Oregon Trail, 1953.
Tallent, Annie: The Black Hills, 1899.
Thwaites, R. G.: Early Western Travels, 32 Bde., 1904–1907.
Turner, K. C.: Red Men Calling on The Great White Father, 1951.
Utley, Robert M.: The Last Days of the Sioux Nation, 1963.
Vaughn, J. W.: The Battle of Platte Bridge, 1963.
Vestal, Stanley: New Sources of Indian History 1850–1891. 1934.
– Sitting Bull: Champion of the Sioux, 1932.
– Warpath, 1934.
– Warpath and Council Fire, 1948.
Wagner, Henry R.: The Plains and the Rockies, 1953.
Ware, Eugene F.: The Indian War of 1864, 1911.
Welsh, Herbert: Civilization of the Sioux Indians, 1893.
– A Visit to the Sioux, 1893.
Welsh, William: Sioux and Ponca Indians, 1870.
Willison, George F.: Here They Dug The Gold, 1946.
Wissler, Clark: North American Indians of the Plains, 1927.
– Societies of the Plains Indians, 1916.

Zur Northern Pacific und Missouri-Dampfschiffahrt

Andrews, E. L.: The Watering of Railroad Securities, 1887.
Buck, S. J.: The Agrarian Crusade, 1920.
– The Granger Movement, 1913.
Chittenden, H. M.: Early Steamboat Navigation on the Missouri River, 1903.
Cleveland, F. A.: Railroad Finance, 1919.
– Railway Promotion and Capitalization in the USA, 1909.
Colburn R. T.: The Pacific Railway Depths, 1895.
Cunniff, M. G.: Increasing Railroad Consolidation, 1902.
Dixon, F. H.: State Railroad Control, 1896.
Donaldson, T.: The Public Domain, 1884.
Flanagan, W. M.: Municipal Aid to Railroads, 1891.

Folwell, W. W.: The Five Million Loan, 1915.
Hagen, Christopher S.: Hölle auf Rädern, 1964.
Haney, J. H.: A Congressional History of Railways in the USA, 1850–1887. 1910.
Hassler, C. W.: Railway Rings and Their Relation to the Railroad Question of the Country, 1876.
Hoit, Edwin P.: The Vanderbilts and their Fortunes, 1963.
Holbrook, Stewart A.: The Story of American Railroads, 1947.
Hunter, Louis C.: Steamboats on the Western Rivers, 1949.
Julian, G. W.: Railway Influence in the Land Office, 1883.
Lass, William E.: Steamboating on the Upper Missouri, 1962.
Laut, Agnes C.: The Romance of Rails, 1936.
Millon, J. W.: State Aid to Railways in Missouri, 1896.
Morse, Frank P.: Cavalcade of the Rails, 1940.
Myers, G.: History of the Great American Fortunes, 3 Bde., 1910.
Nichol, R. E.: Steamboat Navigation on the Missouri River, 1952.
Oberholtzer, E. P.: Jay Cooke, Financier of the Civil War, 2 Bde., 1907.
The Overlords of Railroad Traffic, 1907.
Sanborn, J. B.: Congressional Grants of Land in Aid of Railways, 1899.
Sato, S.: History of the Land Question in the USA, 1886.
Short, Lloyd M.: Steamboat-Inspection Service, 1922.
Smalley, E. V.: History of The Northern Pacific Railroad, 1883.
Talbott, E. H.: Railway Land Grants in the United States, 1880.
Taxson, F. L.: The Pacific Railroads and the Disappearance of the Frontier, 1907.
Taylor, B. B.: The Policy That Built up The West, 1875.
Wood, Charles R.: The Northern Pacific, 1968.

Custer und das Massaker am Little Big Horn

Bates, Charles Francis: Custer's Indian Battles, 1936.
Bergholt, A.: The Indian's Revenge or Days of Horror, 1891.
Billington, Ray Allen: Soldier and Brave, 1863.
Bourke, John H.: With Crook at the Border, 1953.
Boyd, J. P.: Recent Indian Wars under the Lead of Sitting Bull, 1891.
Bradley, James H.: The March of the Montana Column, 1961.
Brady, Carus T.: Indian Fights and Fighters, 1904.
Brinistol, E. A.: Crazy Horse, 1949.
– Custer Battle Water Party: The Experience of T. W. Goldin, 1932.
– DeRudio's Thrilling Escape, 1933.
– Major Reno Vindicated, 1935.
– Troopers With Custer, 1952.
– Unwritten Seventh Cavalry History, 1925.
Buel, J. W.: Heroes of the Plains, 1881.
Chandler, Melbourne C.: Of Garryowen and Glory, 1960.
Crichton, Robert: Custers Last Stand, Legend or Blunder?, 1956.

Custer, Elizabeth B.: Boots and Saddles, 1961.
– Following the Guidon, 1966.
– Tenting on the Plains, 3 Bde., 1972.
Custer, George Armstrong: My Life on The Plains, 1962.
Dellenbaug, Frederick S.: George Armstrong Custer, 1917.
Dodge, Richard I.: The Black Hills, 1876.
Dustin, Fred: The Custer Fight, 1936.
– The Custer Tragedy, Events Leading up to and Following the Little Big Horn Campaign of 1876, 1939.
– Echoes from the Little Big Horn Fight, 1953.
Eastman, Charles, E.: Rain-in-the-Face, the Story of a Sioux Warrior, 1906.
Frost, L. A.: The Court-Martial of General George Armstrong Custer, 1967.
Fry, James B.: Comments by General Fry on the Custer Battle, 1892.
Garland, Hamlin: General Custer's Fight as Seen by Two Moon, 1898.
Gibbon, John: Hunting Sitting Bull, 1877.
Gibbon, John: John Gibbon's Last Summer Expedition Against the Sioux, 1877.
Godfrey, D. S.: An Account of Custer's Last Campaign 1892. 1968.
Graham, W. A.: The Custer Myth, 1953.
– The Story of the Little Big Horn, 1945.
Hanson, Joseph Mills: Conquest of the Missouri, 1946.
Heitman, F. B.: Historical Register and Dictionary of the US-Army, 2 Bde., 1902.
Hixon, John C.: Custer's Mysterious Mr. Kellogg, 1950.
Hunt, Frazier: Custer, the Last of The Cavaliers, 1928.
– Faught With Custer, 1947.
Jackson, Donald: Custer's Gold, 1966.
Johnson, W. Fletcher: Life of Sitting Bull, 1891.
Kent, Thomas W.: The Personal Story of Rain-in-the-face, 1903.
King, Charley: Custer's Last Battle, 1890.
Kuhlmann, C.: Custer and the Gall Saga, 1940.
– Did Custer Disobey Orders in the Battle of the Little Big Horn?, 1957.
– Legend into History, 1951.
Luce, Edward S.: Keogh, Comanche and Custer, 1939.
Marquis, Thoms B.: Rain-in-the-Face and Curley, the Crow, 1934.
– She Watched Custers Last Battle, 1933.
– Sketch Story of the Custer Battle, 1933.
– Two Days after the Custer Battle, 1935.
– A Warrior Who Faught Custer, 1931.
– Which Indian Killed Custer?, 1933.
Merington, Marguerite: The Custer Story, 1950.
Monaghan, Jay: The Life of General G. A. Custer, 1959.
Newson, T. M.: Thrilling Scenes Among the Indians, with a Graphic Description of Custer's Last Fight with Sitting Bull, 1884.

Northrop, H. D.: Indian Horrors, or Massacres by the Red Men, 1891.
Prickett, J.: The Malfeasance of William Worth Belknap, 1950.
Pride, W. F.: The History of Fort Riley, 1926.
The Reno Court of Inquiry, Abstract of the Official Record, 1954.
Robinson, Delorme W.: Pizi-Gall, 1902.
Rodenbaugh, T. F.: From Everglade to Canon with the 2nd Dragoons, 1875.
Sage, Walter N.: Sitting Bull's Own Narrative of the Custer Fight, 1935.
Shiflet, Kenneth E.: The Convenient Coward, 1961.
Stewart, Edgar I.: Custer's Luck, 1955.
Talbot, James Joseph: Custers Last Battle, 1877.
Utley, Robert M.: Custer and The Great Controversy, 1962.
Vaughn, J. W.: The Reynolds Campaign on Powder River, 1961.
– With Crook at the Rosebud, 1956.
Vestal, Stanley: The Man Who Killed Custer, 1957.
Walker, Judson Elliott: Custer's Last Stand, 1925.
– Campaigns of General Custer in the Northwest and the Final Surrender of Sitting Bull, 1881.
Van de Water, F.: Glory Hunter: The Life of General Custer, 1934.
Whittacker, F.: A Complete Life of Gen. George A. Custer, 1876.
Who Was Who in America, Bd. I, 1897–1942, 1942.